Mager
Die Performance von Unternehmen vor und nach dem Börsengang

GABLER EDITION WISSENSCHAFT

Ferdinand Bernhard Mager

Die Performance von Unternehmen vor und nach dem Börsengang

Mit einem Geleitwort
von Prof. Dr. Wolfgang Gerke

Springer Fachmedien Wiesbaden GmbH

Die Deutsche Bibliothek - CIP-Einheitsaufnahme

Mager, Ferdinand Bernhard:
Die Performance von Unternehmen vor und nach dem Börsengang /
Ferdinand Bernhard Mager. Mit einem Geleitw. von Wolfgang Gerke. - 1. Aufl..
- Wiesbaden : Dt. Univ.-Verl. ; Wiesbaden : Gabler, 2001
(Gabler Edition Wissenschaft)
Zugl.: Erlangen, Nürnberg, Univ., Diss., 2001

1. Auflage September 2001

Lektorat: Brigitte Siegel / Stefanie Loyal

duv@bertelsmann.de
www.gabler.de
www.duv.de

Gedruckt auf säurefreiem und chlorfrei gebleichtem Papier.

ISBN 978-3-8244-7410-3 ISBN 978-3-663-07937-8 (eBook)
DOI 10.1007/978-3-663-07937-8

Geleitwort

Der deutsche Börsenmarkt hat sich in den letzten Jahren nachhaltig verändert. Im Mittelpunkt des Medieninteresses standen dabei die Neuemissionen von Unternehmen. Teilweise zeichneten die Anleger neue Aktien ohne große Kenntnis des fundamentalen Wertes des emittierenden Unternehmens. Sie verließen sich dabei auf ein Underpricing und auf schnelle Emissionsgewinne.
Auf Grundlage einer breiten Datenbasis wird mit Hilfe eines Kennzahlensystems die fundamentale Performance von Unternehmen über einen Zeitraum von zwei Jahren vor bis zu fünf Jahren nach dem Börsengang statistisch analysiert. Dabei ergibt sich ein ernüchterndes Bild: Im Durchschnitt können Unternehmen im Vorfeld der Börseneinführung ihre Performance deutlich steigern, in den folgenden fünf Jahren nach der Börseneinführung fällt diese kontinuierlich auf ein Niveau, das deutlich unterhalb dem von zwei Jahren vor der Börseneinführung liegt. Die durchgeführten Kursstudien zeigen, dass es ca. ab dem zweiten Jahr nach der Börseneinführung im Durchschnitt zu drastisch rückläufigen Kursen kömmt.
Mit der Untersuchung werden wichtige Erkenntnisse über das Verhalten von Emissionsunternehmen am deutschen Markt gewonnen, die die zahlreichen Studien zum Underpricing in einem neuen Licht erscheinen lassen. Der Autor belegt, wie Altunternehmer durch sogenanntes Window Dressing ihre Unternehmen auf den Börsengang vorbereiten. Dabei nutzen Alteigentümer Phasen besonders günstiger Unternehmensentwicklung zur Börseneinführung. Folgen des Börsengangs und der Kontrolle durch die Kapitalmärkte sind nicht ein effizienter Kapitaleinsatz, sondern dem Shareholder Value widersprechende Überinvestitionen. Der Kapitalmarkt schätzt die zukünftige fundamentale Performance und die Kursentwicklung von Börsenneueinführungen durchschnittlich zu positiv ein. Der Autor kommt zur Schlussfolgerung, dass systematische Fehlbewertungen eine zentrale Determinante des Marktes für Börsenneueinführungen sind.
Das Buch wird allen Anlegern nachhaltig zum Studium empfohlen, die davon ausgehen, dass Neuemissionen automatisch eine positive Performance aufweisen.

Prof. Dr. Wolfgang Gerke

Vorwort

Die vorliegende Arbeit entstand während meiner Zeit als wissenschaftlicher Mitarbeiter am Lehrstuhl für Bank- und Börsenwesen der Friedrich-Alexander-Universität Erlangen-Nürnberg von 1996 bis 2001. Meinem akademischen Lehrer, Herrn Prof. Dr. Wolfgang Gerke, danke ich herzlichst für die persönliche Betreuung und die stete Diskussionsbereitschaft. Mein Dank gilt Herrn Prof. Dr. Wolfgang Gerke auch für die organisatorische Freiheit, die er mir einräumte. Diese ermöglichte es mir neben meiner Lehrtätigkeit, ein Zweitstudium der Sinologie und der Staatswissenschaften an der Philosophischen Fakultät in Erlangen zu verfolgen. Herrn Prof. Dr. Wolfram Scheffler danke ich für die freundliche Übernahme des Korreferats.

Die engagierte Unterstützung durch Kollegen und Kolleginnen, Sekretärinnen und wissenschaftliche Hilfskräfte sowie die freundschaftliche Atmosphäre am Lehrstuhl erleichterten das Fortschreiten meiner Dissertation. Meinen Promotionskollegen und Freund Herrn Dr. Matthias Bank, der in intensiven Diskussionen fachlich und menschlich einen großen Beitrag zum Gelingen meiner Arbeit leistete, schulde ich besonderen Dank. In der Endphase meines Promotionsvorhabens waren mir meine Leidensgenossen Herr Dr. Stefan Arneth und Herr Dr. Robert Bosch, die sich mit ihren Arbeiten im gleichem Stadion befanden, eine große Unterstützung. Danken möchte ich schließlich meinem privaten Umfeld für die Geduld und das Verständnis für die Probleme eines Doktoranden.

Ferdinand Mager

Inhaltsverzeichnis

Abbildungsverzeichnis XIII
Tabellenverzeichnis XV
Abkürzungsverzeichnis XVII

1 Einleitung 1

1.1 Untersuchungsgegenstand und Zielsetzung 1
1.2 Aufbau der Arbeit 3

2 Finanzierungstheoretischer Hintergrund 5

2.1 Die Sichtweise der neoklassischen Theorie 5
2.2 Die Börseneinführung bei asymmetrischer Informationsverteilung 9
2.2.1 Adverse Selektion 10
2.2.1.1 Pecking Order Theorien 11
2.2.1.2 Veröffentlichung wettbewerbswirksamer Informationen 27
2.2.1.3 Emissions-Timing 30
2.2.1.4 Underpricing als Signal zur Reduzierung der adversen Selektion 42
2.2.2 Moral Hazard 46
2.2.2.1 Direkte Agency Kosten 47
2.2.2.2 Überinvestitionsproblematik 50
2.2.3 Window Dressing 61
2.3 Zusammenfassung 68

3 Die fundamentale Performance 73

3.1 Grundlagen der Empirie 73
3.1.1 Empirische Untersuchungen in der Literatur 73
3.1.1.1 Die Studie von Jain/Kini (1994) 73
3.1.1.2 Die Studie von Mikkelson/Partch/Shah (1997) 77
3.1.1.3 Die Studie von Sapusek (1998) 78
3.1.1.4 Die Studie von Langemann (2000) 79
3.1.1.5 Weitere Studien 81
3.1.2 Design der eigenen Untersuchung 83
3.2 Datenbasis der empirischen Untersuchung 85
3.2.1 Untersuchungszeitraum und Unternehmensauswahl 85
3.2.2 Stichprobenbildung und Struktur des Datenbestandes 89

3.2.2.1 Amtlicher Handel und Geregelter Markt ... 91
3.2.2.2 Neuer Markt ... 94
3.3 Spezifikation eines Kennzahlensystems ... 96
3.3.1 Rentabilitätskennzahlen ... 96
3.3.2 Kapitalstrukturkennzahlen ... 100
3.3.3 Fremdkapitalfinanzierung ... 101
3.3.4 Investitionstätigkeit ... 104
3.3.5 Effizienz ... 105
3.3.6 Dividendenzahlung ... 107
3.4 Statistische Methodik ... 108
3.4.1 Vorbereitende Überlegungen ... 108
3.4.2 Statistische Testverfahren ... 110
3.5 Ergebnisse zur fundamentalen Performance ... 113
3.5.1 Rentabilitätseffekt ... 113
3.5.2 Kapitalstruktureffekt ... 117
3.5.3 Leverageeffekt ... 119
3.5.4 Fremdkapitalfinanzierung ... 124
3.5.5 Investitionseffekt ... 128
3.5.6 Effizienz ... 131
3.5.7 Dividendenpolitik ... 134
3.5.8 Wachstum ... 137
3.5.9 Zusammenfassung ... 142
3.5.9.1 Synopsis ... 142
3.5.9.2 Interpretation der Ergebnisse ... 145

4 Die Kursperformance ... 151

4.1 Datengrundlage ... 151
4.2 Underpricing ... 153
4.2.1 Methodik ... 153
4.2.2 Ergebnisse ... 155
4.3 Die langfristige Performance ... 158
4.3.1 Methodik ... 159
4.3.2 Ergebnisse ... 163
4.3.3 Diskussion ... 166
4.4 Zusammenfassung ... 171

5 Eine erste Untersuchung zum Neuen Markt ... 175

5.1 Ergebnisse ... 176
5.1.1 Rentabilitätseffekt ... 176
5.1.2 Kapitalstruktureffekt ... 179
5.1.3 Fremdkapitalfinanzierung ... 181
5.1.4 Investitionseffekt ... 184
5.1.5 Effizienz ... 187
5.1.6 Dividendenpolitik ... 190
5.1.7 Wachstum ... 191
5.2 Zusammenfassung ... 194
5.2.1 Synopsis ... 194
5.2.2 Interpretation der Ergebnisse ... 196

6 Zusammenfassung und Ausblick ... 199

Anhang ... 205
Literaturverzeichnis ... 211

Abbildungsverzeichnis

Abbildung 2-1: Die Emissions-Investitionsentscheidung ... 18
Abbildung 2-2: Investition und Finanzierungsentscheidungen ... 24
Abbildung 3-1: Verteilung nach Emissionsjahren ... 92
Abbildung 3-2: Anzahl der Jahresabschlüsse ... 92
Abbildung 3-3: Anzahl der Jahresabschlüsse Neuer Markt ... 94
Abbildung 3-4: Eigenkapital- und Gesamtkapitalrentabilität ... 114
Abbildung 3-5: Umsatz- und Cash-flow-Rentabilität ... 115
Abbildung 3-6: Eigenkapitalquoten ... 118
Abbildung 3-7: Fremdkapitalfinanzierung ... 125
Abbildung 3-8: Zinsdeckungskoeffizient ... 126
Abbildung 3-9: Investitionen ... 129
Abbildung 3-10: Abschreibungsfinanzierung ... 130
Abbildung 3-11: Effizienz ... 132
Abbildung 3-12: Umsatz pro Mitarbeiter ... 133
Abbildung 3-13: Dividende pro Aktie ... 135
Abbildung 3-14: Dividendenrendite ... 136
Abbildung 3-15: Markt-/Buchwertverhältnis ... 137
Abbildung 3-16: Umsatz- und Bilanzsummenwachstum ... 139
Abbildung 3-17: Veränderung des Gewinns und des Cash-flow ... 140
Abbildung 3-18: Umsatzanteil des Auslandsgeschäfts ... 141
Abbildung 4-1: Verteilung der Zeichnungsrenditen ... 156
Abbildung 4-2: Langfristige Renditen ... 163
Abbildung 5-1: Eigenkapital- und Umsatzrentabilität ... 177
Abbildung 5-2: Umsatz- und Cash-flow-Rentabilität ... 178
Abbildung 5-3: Eigenkapitalquote ... 180
Abbildung 5-4: Fremdfinanzierung ... 182
Abbildung 5-5: Kurz- und mittelfristige Verbindlichkeiten ... 183
Abbildung 5-6: Investitionen ... 185
Abbildung 5-7: Investitionsintensität ... 186
Abbildung 5-8: Vermögensumschlag ... 188
Abbildung 5-9: Umsatz pro Mitarbeiter ... 189
Abbildung 5-10: Liquidität ... 189
Abbildung 5-11: Dividende pro Aktie ... 191
Abbildung 5-12: Veränderung Bilanzsumme und Gewinn ... 193
Abbildung 5-13: Umsatz- und Cash-flow-Wachstum ... 193

Tabellenverzeichnis

Tabelle 3-1: Unternehmenscharakteristika ... 90
Tabelle 3-2: Branchenverteilung Amtlicher Handel und Geregelter Markt ... 93
Tabelle 3-3: Verteilung nach Emissionsjahren ... 94
Tabelle 3-4: Branchenverteilung Neuer Markt ... 95
Tabelle 3-5: Deskriptive Statistik Rentabilität ... 113
Tabelle 3-6: Teststatistik Rentabilität ... 116
Tabelle 3-7: Deskriptive Statistik Kapitalstruktur ... 118
Tabelle 3-8: Teststatistik Kapitalstruktur ... 119
Tabelle 3-9: Korrelation, gesamte Stichprobe ... 120
Tabelle 3-10: Korrelation, Stichprobe EKR>GKR ... 122
Tabelle 3-11: Rentabilitätsverhältnis ... 123
Tabelle 3-12: Korrelation, Stichprobe EKR<GKR ... 123
Tabelle 3-13: Deskriptive Statistik Fremdkapitalfinanzierung ... 125
Tabelle 3-14: Teststatistik Fremdkapitalfinanzierung ... 127
Tabelle 3-15: Deskriptive Statistik Investition ... 129
Tabelle 3-16: Teststatistik Investitionen ... 131
Tabelle 3-17: Deskriptive Statistik Effizienz ... 132
Tabelle 3-18: Teststatistik Effizienz ... 133
Tabelle 3-19: Deskriptive Statistik Dividendenpolitik ... 134
Tabelle 3-20: Teststatistik Dividendenpolitik ... 136
Tabelle 3-21: Deskriptive Statistik Markt-/Buchwertverhältnis ... 137
Tabelle 3-22: Teststatistik Markt-/Buchwertverhältnis ... 138
Tabelle 3-23: Statistik Wachstum ... 138
Tabelle 3-24: Anteil der Unternehmen mit Jahresfehlbetrag ... 140
Tabelle 3-25: Deskriptive Statistik Auslandsumsatz ... 141
Tabelle 3-26: Teststatistik Auslandsumsatz ... 142
Tabelle 4-1: Deskriptive Statistik Underpricing ... 156
Tabelle 4-2: Teststatistik Underpricing ... 157
Tabelle 4-3: Untersuchungen zu Emissionsrenditen am deutschen Kapitalmarkt ... 157
Tabelle 4-4: Renditeentwicklung und Teststatistik ... 164
Tabelle 4-5: Buy-and-hold-Returns ... 165
Tabelle 4-6: Studien zum deutschen Kapitalmarkt ... 166
Tabelle 4-7: Studien für internationale Kapitalmärkte ... 168
Tabelle 5-1: Deskriptive Statistik Rentabilität ... 176
Tabelle 5-2: Anteil der Unternehmen mit Jahresfehlbetrag ... 178
Tabelle 5-3: Teststatistik Rentabilität ... 179
Tabelle 5-4: Deskriptive Statistik Kapitalstruktur ... 179

Tabelle 5-5: Teststatistik Kapitalstruktur ... 181
Tabelle 5-6: Deskriptive Statistik Fremdkapitalfinanzierung ... 182
Tabelle 5-7: Teststatistik Fremdkapitalfinanzierung ... 183
Tabelle 5-8: Deskriptive Statistik Investition ... 184
Tabelle 5-9: Teststatistik Investition ... 186
Tabelle 5-10: Deskriptive Statistik Effizienz ... 187
Tabelle 5-11: Teststatistik Effizienz ... 190
Tabelle 5-12: Deskriptive Statistik Dividendenpolitik ... 190
Tabelle 5-13: Teststatistik Wachstum ... 192

Abkürzungsverzeichnis

AHGM	=	Amtlicher Handel und Geregelter Handel
Aufl.	=	Auflage
BiRiLiG	=	Bilanzrichtliniengesetz
BörsG	=	Börsengesetz
BörsZulV	=	Börsenzulassungsverordnung
ca.	=	Circa
DAFOX	=	Deutscher Aktien Forschungsindex
Diss.	=	Dissertation
d.h.	=	das heißt
EGHGB	=	Einführungsgesetz zum Handelsgesetzbuch
ggü.	=	gegenüber
HGB	=	Handelsgesetzbuch
Hrsg.	=	Herausgeber
IPO	=	Initial Public Offering
i.V.m.	=	in Verbindung mit
Jg.	=	Jahrgang
Mio.	=	Millionen
Nr.	=	Nummer
o.J.	=	ohne Jahresangabe
S.	=	Seite
Tsd.	=	tausend
u.U.	=	unter Umständen
vgl.	=	Vergleiche
Vol.	=	Volume
WpHG	=	Wertpapierhandelsgesetz
z.B.	=	zum Beispiel

1 Einleitung

1.1 Untersuchungsgegenstand und Zielsetzung

In der deutschen Finanzierungslehre nimmt die Darstellung der technischen, institutionellen und organisatorischen Aspekte von Börsenneueinführungen traditionell einen wichtigen Platz ein.[1] Empirische Untersuchungen, die sich mit Börsenneueinführungen befassen, liegen für Deutschland erst seit Anfang der achtziger Jahre vor. Ein Grund hierfür ist, dass im Zeitraum von 1959 bis 1979 nur ca. 20 Börsenneueinführungen am deutschen Kapitalmarkt zu verzeichnen waren. Tatsächlich kam es in Deutschland aufgrund der Einstellung von Notierungen zu einem Rückgang der Anzahl börsennotierter Unternehmen.[2] Seit Anfang der achtziger Jahre lässt sich ein Boom an sogenannten Initial Public Offerings (IPO), dem erstmaligen öffentlichen Angebot zur Zeichnung von Aktien an ein breites Publikum, beobachten.[3] So gingen im Zeitabschnitt von Anfang 1980 bis Ende 1995 ca. 250 Unternehmen erstmalig an die Börse.[4]

Der Großteil der empirischen Forschung konzentriert sich bei Börsenneueinführungen am deutschen Kapitalmarkt auf das sogenannte Underpricing. Unter Underpricing versteht man die Differenz zwischen dem Emissionspreis und dem Börsenkurs am ersten Handelstag.[5] Empirische Untersuchungen für alle bisher analysierten Kapitalmärkte zeigen eine im Durchschnitt positive Emissionsrendite, d.h. der Emissionspreis liegt unterhalb des Börsenkurses am ersten Handelstag. Erste Schätzwerte für den deutschen Kapitalmarkt wurden von Schmidt et al. (1988) und Uhlir (1989) ermittelt. In der Finanzierungstheorie wird das Phänomen Underpricing meist als Marktanomalie diskutiert.[6]

1 Vgl. Gerke (1990), Gerke (1992), Gerke/Rapp (1993) und Gerke/Bank (1997a).

2 Im Jahr 1960 waren 628 Gesellschaften börsennotiert. Bis 1985 verringerte sich die Anzahl auf 451. Vgl. Deutschen Bundesbank (1999), S. 45.

3 Im Folgenden werden die Begriffe Börsenneueinführung und Initial Public Offering (IPO) gleichbedeutend verwendet. Zur Definition vgl. Erhardt (1997), S. 3-5.

4 Zu Emissionsdaten deutscher Börsenneueinführungen vgl. Deutsches Aktieninstitut (1999).

5 In der Literatur wird die Verwendung unterschiedlicher Kursfeststellungen vom ersten Handelstag diskutiert. Vgl. Abschnitt 4.2.

6 Für eine Zusammenfassung der Diskussion vgl. Erhardt (1997), S. 57-76.

Nur vergleichsweise wenige Studien existieren zur langfristigen Kursperformance deutscher Börsenneueinführungen.[7] Insbesondere für den US-amerikanischen Kapitalmarkt konnte in einer Reihe von Studien eine im Zeitablauf signifikant schlechtere Kursperformance von Börsenneueinführungen als von vergleichbaren seit längerem börsennotierten Unternehmen bzw. Indizes festgestellt werden, was der Theorie effizienter Kapitalmärkte widerspricht.[8]

Lediglich zwei Studien für den deutschen Kapitalmarkt analysieren die fundamentale Performance von Börsenneueinführungen. Sapusek (1998) untersucht für den Zeitraum von 1988 bis 1993 auf Grundlage eines Kennzahlensystems die Veränderungen der fundamentalen Performance von Unternehmen von einem Jahr vor bis zwei Jahre nach der Börseneinführung. Sapusek verknüpft die Ergebnisse ihrer Untersuchung nicht mit einer Kursstudie, in der sie das Underpricing und die langfristige Kursperformance der Unternehmensstichprobe hätten ermitteln können. Langemann (2000) betrachtet lediglich die Veränderung der Rentabilität und der Markt-/ Buchwert-Verhältnisse für IPOs von 1968 bis 1990.

Ziel der vorliegenden Untersuchung ist es, die fundamentale Performance von Börsenneueinführungen für einen längeren Zeitraum und eine breitere Datenbasis als in den existierenden Studien zu untersuchen und für den deutschen Kapitalmarkt erstmalig eine Verknüpfung zur Kursperformance herzustellen. Dazu werden zunächst Zusammenhänge zwischen dem Börsengang, Investitionsverhalten, Kapitalstruktur, Wachstum, Effizienz und Dividendenpolitik auf Unternehmensebene aufgezeigt. In Erweiterung der US-amerikanischen Studien und der Untersuchung von Sapusek (1998) wird auch der Zeitabschnitt von zwei Jahren vor der Börseneinführung mit in die Betrachtung einbezogen. Dies ermöglicht es, das Entscheidungsverhalten der Unternehmen in Hinblick auf den Börsengang zu analysieren. Nach dem Börsengang wird die Entwicklung in den fünf folgenden Geschäftsjahren statistisch untersucht. Die Studie umfasst für den Zeitraum von 1987 bis 1997 eine Stichprobe von 115 Unternehmen, die erstmalig in den Segmenten Amtlicher Handel oder Geregelter Markt notiert wurden.[9] Da der Neue Markt als weiteres Marktsegment der Frankfurter Börse erst im März 1997 seine Tätigkeit aufnahm, ist hier eine Analyse der langfristigen fundamentalen Performance nur mit Einschränkungen möglich. Dennoch werden die Börsenneueinführungen am Neuen Markt in einer gesonderten Stichprobe in die Untersuchung einbezogen, und der

7 Vgl. Erhardt (1997), Ljungqvist (1997), Steib/Mohan (1997) und Sapusek (2000).

8 Vgl. z.B. Ritter (1991) und Loughran/Ritter (1995).

9 Die Stichprobe umfaßt damit ca. 81 % der Grundgesamtheit. Banken, Versicherungen und reine Holdinggesellschaften wurden grundsätzlich ausgeschlossen. Vgl. Abschnitt 3.2.

Zeitabschnitt von zwei Jahren vor dem Börsengang bis ein Jahr danach den Ergebnissen der Untersuchung des Amtlichen Handels und des Geregelten Marktes gegenübergestellt. Dies ermöglicht es, erste Hinweise auf Veränderungen in der fundamentalen Performance von Börsenneueinführungen am Neuen Markt zu gewinnen und die beiden Marktsegmente miteinander zu vergleichen.

In einem weiteren Schritt werden das Underpricing und die langfristige Performance der Unternehmen der Stichprobe in einer Kursstudie untersucht. Mit der Untersuchung des Underpricings werden primär zwei Ziele verfolgt: So soll anhand der Werte zum Underpricing im Vergleich zu anderen deutschen Studien, denen nicht deckungsgleiche Stichproben zugrunde liegen, überprüft werden, ob die vorliegende Stichprobe als repräsentativ betrachtet werden kann. Zudem erweitern die Ergebnisse für das Underpricing die Analyse der langfristigen Kursperformance.

Bei der Untersuchung der langfristigen Kursperformance steht die Effizienz des Kapitalmarktes im Vordergrund. Es wird insbesondere der Frage nachgegangen, ob Börsenneueinführungen ein vom Gesamtmarkt systematisch abweichendes Kursverhalten aufweisen. Typischerweise wird in Studien zur langfristigen Performance von Börsenneueinführungen die Effizienz der Kapitalmärkte abgelehnt, wenn für die Stichprobe statistisch signifikant abnormale Renditen zu einem Vergleichsportfolio entstehen. Dabei kann jedoch nicht das Ausmaß ermittelt werden, in dem die Kapitalmärkte tatsächlich systematische Entwicklungen der Unternehmensstichprobe in der Preisbildung antizipieren. Die Gegenüberstellung von fundamentalen Veränderungen und des langfristigen Kursverlaufes in vorliegender Studie ermöglicht, ein differenziertes Bild von der Effizienz des Kapitalmarktes bezogen auf Börsenneueinführungen zu entwickeln und die ex post Angemessenheit von Emissionspreisen zu überprüfen.

1.2 Aufbau der Arbeit

Als Ausgangspunkt der Untersuchung werden in Kapitel 2 finanzierungstheoretische Modelle, die sich mit der Problematik von Initial Public Offerings beschäftigen, dargestellt und ihre Implikationen in Hinblick auf die empirische Studie für den deutschen Kapitalmarkt diskutiert. Im Kern der Modellkonzeptionen steht die Überlegung, dass Alteigentümer und Manager bei asymmetrisch verteilten Informationen vor und nach der Börseneinführung ihren eigenen Nutzen maximieren. Ihr optimales Entscheidungsverhalten hängt von der Fähigkeit des

Kapitalmarktes ab, opportunistisches Verhalten im Preisbildungsprozess zu antizipieren und durch geeignete Kontrollmechanismen zu verringern.

Im Zentrum der Untersuchung steht in Kapitel 3 die fundamentale Performance der Unternehmen des Amtlichen Handels und des Geregelten Marktes vor und nach dem Börsengang. Auf Basis eines differenzierten Kennzahlensystem werden Veränderung der fundamentalen Performance im Zeitablauf analysiert und die Ergebnisse kritisch diskutiert.

In Kapital 4 wird die Kursperformance der Unternehmensstichprobe untersucht. Ziel ist es zu klären, ob der Kursverlauf von Börsenneueinführungen systematisch von dem bereits seit längerem börsennotierter Unternehmen abweicht und ob und inwieweit der Kapitalmarkt in der Lage ist, Veränderungen der fundamentalen Performance von Börsenneueinführung in der Preisbildung zu antizipieren. Dabei wird auch der Frage der ex post Angemessenheit des Emissionspreises nachgegangen.

In Kapitel 5 wird die fundamentale Performance der Unternehmen des Neuen Marktes vor und nach der Börseneinführung analysiert. Durch einen Vergleich der Entwicklung mit der der Unternehmen des Amtlichen Handels und des Geregelten Marktes sollen Gemeinsamkeiten und Unterschiede herausgestellt und erste Hinweise auf die langfristige Performance der Unternehmen des Neuen Marktes gewonnen werden.

Die wichtigsten Ergebnisse werden in Kapitel 6 zusammengefasst. Die Arbeit schließt mit einigen Bemerkungen zu weiterführenden Fragestellungen und zukünftigen Forschungsschwerpunkten im Bereich der empirischen Unternehmensforschung.

2 Finanzierungstheoretischer Hintergrund

Ausgangspunkt der modelltheoretischen Überlegungen ist eine kurze Darstellung der Sichtweise der neoklassischen Theorie. Durch die schrittweise Aufhebung ihrer Prämissen können in den Modellklassen zur asymmetrischen Informationsverteilung, die der Schwerpunkt des theoretischen Teils der Arbeit sind, Aussagen über die zu erwartende Performance von Börsenneueinführungen getroffen werden. Dabei werden die Theorien zur asymmetrischen Informationsverteilung in Modellkonzeptionen zur adversen Selektion und zu Moral Hazard unterschieden.

2.1 Die Sichtweise der neoklassischen Theorie

Die Bestimmung optimaler Finanzierungsentscheidungen hat in der betriebswirtschaftlichen Literatur eine lange Tradition.[10] Als Startpunkt der modernen Finanzierungstheorie gelten die berühmten Beiträge von Modigliani/Miller (1958, 1961). Unter der Annahme eines vollkommenen Kapitalmarktes beweisen sie schlüssig die Irrelevanz der Kapitalstruktur und der Dividendenpolitik. Grundlage ihrer Beweisführung ist die Funktionsfähigkeit eines Arbitrageprozesses, der sicherstellt, dass im Kapitalmarktgleichgewicht die Marktwerte von vollständig eigenkapitalfinanzierten Unternehmen und teilweise fremdfinanzierten Unternehmen innerhalb der gleichen Risikoklasse identisch sind. Unter den restriktiven Prämissen, dass keine Marktzugangsbeschränkungen, keine Form der Besteuerung und keine Kosten im Konkursfall bestehen, können Investoren alle Finanzierungsentscheidungen von Unternehmen auf privater Ebene replizieren. Da sich durch Finanzierungsentscheidungen auf Unternehmensebene keine Vorteile für die Investoren ergeben, ist der Marktwert einer Unternehmung durch die Form der Finanzierung nicht beeinflussbar.[11] Institutionelle Fragestellungen werden von Modigliani/Miller (1958) nicht thematisiert.

---

10 Vgl. z.B. Hahn (1983).

11 Eine zusammenfassende Darstellung der Theoreme und des Arbitragebeweises von Modigliani/Miller (1958), Miller/Modigliani (1961) und findet sich bei Gerke/Bank (1998), S. 309-320.

Ungeachtet der Richtigkeit der Theoreme innerhalb des Modellrahmens widersprechen die Ergebnisse schon rein intuitiv dem empirisch beobachtbaren Finanzierungsverhalten. In der Folgezeit entwickelte sich eine heftige Debatte.[12] Zahlreiche Autoren nahmen Modifikationen der ursprünglichen Annahmen von Modigliani/Miller (1958) vor, um theoretische Ergebnisse abzuleiten, die eher den realen Gegebenheiten entsprechen, und um normative Bestimmungskriterien einer optimalen Kapitalstruktur zu bestimmen. Ein erster Schritt bestand darin, Ertragssteuern bzw. Einkommenssteuern auf Unternehmensebene und der Investorenebene in die Modellbildung zu integrieren. Dies führte meist zum Ergebnis, dass eine vollständige Fremdkapitalfinanzierung optimal ist.[13] Eine weitere Modellklasse berücksichtigte explizit direkte und indirekte (erwartete) Konkurskosten, die einen gegenläufigen Effekt zu den Vorteilen eines steigenden Verschuldungsgrades erzeugen.[14] Da mit zunehmendem Verschuldungsgrad der Barwert des Steuervorteils steigt, gleichzeitig aber die erwarteten Konkurskosten zunehmen, kann ein optimales Verhältnis von Eigen- zu Fremdkapital abgeleitet werden, das den Unternehmenswert maximiert.[15] Das Theorem einer durch Insolvenzkosten und

[12] Moxter bezeichnete die Thesen von Modigliani/Miller als „Werkzeug, das anzuwenden sich der gesunde Menschenverstand glücklicherweise sträubt." Vgl. Moxter (1970), S. 130. Eine Darstellung der Debatte, die sich primär in der American Economic Review vollzog, findet sich bei Seelbach (1980)..

[13] Modigliani/Miller (1958), Miller (1977) und DeAngelo/Masulis (1980) gehen vom US-amerikanischem Steuersystem aus. Die für die USA festgestellte eindeutige steuerliche Vorteilhaftigkeit der Fremdkapitalfinanzierung läßt sich nicht ohne weiteres auf Deutschland übertragen, da in der Bundesrepublik Deutschland im Zeitablauf grundlegende Veränderungen in der Besteuerungskonzeption stattfanden. Bis zur Körperschaftssteuerreform von 1977 ließen sich die Schlußfolgerungen für die USA auch auf Deutschland anwenden, da bei Ausschüttungen eine Doppelbelastung durch Körperschaftssteuer und Einkommenssteuer entstand. Mit der Einführung des Anrechnungsverfahrens 1977 konnte durch das Schütt-aus-hol-zurück-Verfahren eine eindeutige Benachteiligung der Eigenkapitalfinanzierung zumindest theoretisch zunächst weitgehend vermieden werden. Diese entstand erst wieder durch das Ermittlungskonzept der Gewerbesteuer für die Geschäftsjahre nach 1982. Die Gewerbekapitalsteuer wurde mit Beginn des Jahres 1998 abgeschafft, was die Benachteiligung der Eigenkapitalfinanzierung reduzierte. Vgl. Wöhe (1988), S. 281-298, Scheffler (1991), S. 524-529, Heigl (1994), S. 268-300 und Scheffler (1998), S. 222-251.

[14] Vgl. Robicheck/Myers (1965) und Hirshleifer (1970). Zu den direkten Konkurskosten zählen z.B. Gerichtskosten, Honorare für Anwälte, Notare, die Entlohnung des Konkursverwalters etc. Unter indirekten Konkurskosten versteht man z.B. eine Verteuerung von Krediten, Umsatzverluste aufgrund eines gesunken Kundenvertrauens im Vorfeld eines (vermuteten) Konkurses etc. Einen empirischen Nachweis der ökonomischen Relevanz impliziter Konkurskosten führen z.B. Opler/Titman (1994).

[15] Vgl. z.B. Kraus/Litzenberger (1973).

Steuerwirkungen determinierte optimalen Kapitalstruktur („static tradeoff"-Theorie) ist eine der Kernaussagen der neoklassischen Finanzierungstheorie.[16] Eine direkte Verknüpfung von Investitions- und Finanzierungsentscheidungen findet nicht statt.

In der neoklassischen Modellwelt spielt es unter der Annahme vollkommener Märkte keine Rolle, wer ein Unternehmen leitet. Ein nutzenmaximierender Eigentümerunternehmer trifft die gleichen Investitions- und Finanzierungsentscheidungen wie ein angestellter Manager. Das neoklassische Unternehmen hat auf vollkommenen Faktormärkten uneingeschränkten Zugang zu Produktionsfaktoren und kann alle profitablen Investitionen durchführen. Eine effiziente Kapitalallokation wird durch den Kapitalmarkt gewährleistet, dessen Preisbildungsprozess alle verfügbaren Informationen widerspiegelt.[17]

Als Standardmodell der neoklassischen Theoriebildung zur Bestimmung risikoadjustierter Kapitalkosten bzw. marktorientierter Opportunitätskosten bei Risikoaversion der Kapitalmarktteilnehmer gilt das Capital Asset Pricing Modell (CAPM).[18] Zentrale Annahme des CAPM ist, dass Risiko in unsystematisches, bewertungsirrelevantes Risiko und in systematisches, bewertungsrelevantes Risiko aufgeteilt werden kann. Unsystematische Risiken können durch Portfoliobildung vollständig vernichtet werden.und werden daher im Preisbildungsprozess nicht berücksichtigt. Systematische Risikobestandteile können auf der Marktebene nicht durch Diversifikation reduziert werden.[19] Die Eigenkapitalkosten einer Unternehmung setzten sich entsprechend dem CAPM aus einer reinen Zeitprämie (risikoloser Zins) und einer Risikoprämie zusammen, die relativ zu einem sogenannten Marktportfolio bestimmt ist. Das Marktportfolio enthält alle Vermögensgegenstände einer Ökonomie und ist daher vollständig diversifiziert. Es weist damit kein unsystematisches Risiko auf. Die Risikoprämie hängt linear von der erwarteten Rendite des Marktportfolios, dem risikolosen Zins und der Kovarianz der Renditen zwischen dem Vermögensgegenstand und dem Marktportfolio, geteilt durch die Varianz der Marktrendite, ab.

---

16 Ein umfangreicher Literaturüberblick der theoretischen Kapitalstrukturmodelle und ihrer empirischen Überprüfung findet sich bei Harris/Raviv (1991).

17 Vgl. Fama (1970).

18 Das CAPM wurde von Sharpe (1964) und Lintner (1965) entwickelt. Eine zusammenfassende Darstellung findet sich z.B. bei Gerke/Bank (1998), S. 174-214 und Neumann (1994), S. 204-239.

19 Die Aufspaltung von Risiko in systematisches und unsystematisches Risiko wurde in den für die Kapitalmarkttheorie grundlegenden Literaturbeiträgen von Markowitz (1951,1959) vorgenommen.

Auf Grundlage des CAPM lassen sich auch für risikobehaftetes Fremdkapital Risikoprämien ermitteln. Unter Vernachlässigung von Steuerwirkungen stellt sich bei Risikoaversion der Kapitalmarktteilnehmer im vollkommenen Kapitalmarkt eine Irrelevanz der Kapitalstruktur für den Unternehmenswert ein, d.h. der Marktwert aller Eigenkapital- und Fremdkapitaltitel eines Unternehmens entspricht im Gleichgewicht dem Marktwert des Unternehmens. Variationen des Verschuldungsgrades haben daher keinen Einfluss auf den Wert des Unternehmens. Die Vorteilhaftigkeit von Investitionen bemißt sich dann alleine nach einem marktorientierten Opportunitätskostensatz, weshalb Investitionsentscheidungen unabhängig von ihrer Finanzierung getroffen werden können.[20]

Als Fazit der neoklassischen Theoriebildung lässt sich in Hinblick auf die Börseneinführung von Unternehmen feststellen:

1) Investitions- und Finanzierungsentscheidungen beeinflussen sich nicht gegenseitig. Über die Vorteilhaftigkeit von Investitionsprojekten entscheidet allein ein marktorientierter Opportunitätskostensatz. Dieser ergibt sich aus einem Gleichgewichtsmodell, in dem unsystematische bzw. unternehmensspezifische Risiken keine Berücksichtigung finden. Bei Abstraktion von Steuern und Konkurskosten ist die Kapitalstruktur bzw. die Form der Finanzierung irrelevant und hat keinen Einfluss auf die Kapitalkosten.

2) Die Trennung von Eigentum und Management, wie sie für börsennotierte Unternehmen charakteristisch ist, erzeugt kein Konfliktpotential. Es wird von einer vollständigen Interessenkongruenz zwischen den Eigentümern und der Unternehmensleitung ausgegangen. Beide Interessengruppen verfolgen als ausschließliches Ziel, den Unternehmenswert zu maximieren.

3) Die Marktpreise sind fair. Sie spiegeln zu jedem Zeitpunkt alle verfügbaren Informationen wider.

Empirische Untersuchungen zu den Modellimplikationen der neoklassischen Kapitalmarkttheorie ergeben meist unbefriedigende Resultate.[21] Die schrittweise Aufhebung der restriktiven Prämissen ermöglicht jedoch, die Bestimmungsfaktoren realer Finanzierungsentscheidungen differenziert zu analysieren. Die neoklassische Theorie ist damit Ausgangsbasis wirtschaftswissenschaftlicher Modellbildung und Orientierungspunkt zur Messung und Verbesserung der Effizienz realer Märkte.

---

20 Vgl. Gerke/Bank (1998), S. 320-322.

21 Vgl. die Studien von Fama/French (1988, 1992) zur Erklärungskraft des CAPM und Titman/Wessels (1988) zu den Bestimmungsfaktoren der Kapitalstruktur von Unternehmen. Ein Literaturüberblick findet sich bei Harris/Raviv (1991).

2.2 Die Börseneinführung bei asymmetrischer Informationsverteilung

Die neoklassische Finanzierungstheorie nutzt zwei grundlegende Annahmen, um die Pareto-Optimalität der Marktgleichgewichte sicherzustellen:[22]

1) Zwischen den Vertragsparteien besteht zu jeder Zeit der gleiche Informationsstand über alle entscheidungsrelevanten Faktoren. Informationen sind kostenlos verfügbar.

2) Es können kostenlos vollkommene Verträge geschlossen und durchgesetzt werden. Der vollkommene Vertrag zeichnet sich dadurch aus, dass die beteiligten Wirtschaftssubjekte alle möglichen zukünftigen Entwicklungen, die den Vertragsinhalt betreffen, antizipieren und entsprechende Lösungsmöglichkeiten vorsehen.

In der Realität sind diese strengen Modellannahmen jedoch nicht erfüllt. Es ist völlig unmöglich, alle zukünftigen relevanten Entwicklungen vorherzusehen, kostenlos vertraglich zu regeln und durchzusetzen. Ebenso verfügen nicht alle Marktteilnehmer bei einer Transaktion über eine identische Wissensbasis.[23] So ist die neoklassische Finanzierungstheorie nicht in der Lage, zahlreiche beobachtbare Effekte zu erklären. Die bekanntesten Marktanomalien bei Börsenneueinführungen sind das vielfach empirisch dokumentierte Underpricing und die Long Term Underper-formance.[24] Die Studie von Jain/Kini (1993) hat diese Forschungsrichtung auf die fundamentale Unternehmensebene erweitert.[25]

Die neoinstitutionalistische Finanzierungstheorie setzt an den Erklärungsschwächen der neoklassischen Theoriebildung an. Sie thematisiert explizit das Verhalten der einzelnen Entscheidungsträger vor dem Hintergrund asymmetrisch verteilter Informationen. Grundüberlegung ist, dass eine Markt- bzw. Vertragsseite besser informiert ist als die andere, wobei sich Informationsasymmetrien gar nicht oder nur unter hohen Kosten beheben lassen.

---

22 Vgl. Hart (1995), S. 15-28 und S. 73-94.

23 Vgl. Milgrom/Roberts (1992), S. 126-165.

24 Einen Überblick über empirische Studien und theoretische Erklärungsansätze geben z.B. Kaserer/Kempf (1995) und Erhardt (1997).

25 Vergleichbare Studien stammen weiter von Degeorge/Zeckhauser (1993), Megginson/Nash/Van Randenborgh (1994), Pagano/Panetta/Zingales (1998), Sapusek (1998) und Boubraki/Cosset (1998).

Für die informierte Seite besteht der Anreiz, den Informationsvorsprung zu Lasten der uninformierten Seite auszunutzen.[26] Dabei lassen sich zwei Formen opportunistischen Verhaltens unterscheiden. Adverse Selektion oder Negativauslese beschreibt im allgemeinen opportunistisches Verhalten einer Marktseite vor Vertragsabschluss Im hier gewählten Kontext entspricht der Vertragsabschluss der Zeichnung von Aktien durch Kapitalmarktteilnehmer bei der Börseneinführung. Mit Moral Hazard wird das Verhalten einer Vertragspartei nach Vertragsabschluss bezeichnet, das zu Lasten der anderen Seite geht.[27]

2.2.1 Adverse Selektion

Adverse Selektion charakterisiert eine Situation, in der die uniformierte Seite exogen gegebene und nicht veränderbare Merkmale nicht unterscheiden kann. Akerlof (1970) beschreibt in seinem vielbeachteten Gebrauchtwagenbeispiel exakt diese Art von Informationsasymmetrie. Der uninformierten Käuferseite von Gebrauchtwagen ist es nicht möglich, die Qualität der angebotenen Autos zu unterscheiden. Die Qualität der angebotenen Gebrauchtwagen entspricht hier dem exogen gegebenen und nicht veränderbaren Merkmal. Die Käufer sind daher nur bereit einen Durchschnittspreis zu zahlen, der die durchschnittliche Qualität aller angebotenen Gebrauchtwagen widerspiegelt. Die Anbieter von Gebrauchtwagen überdurchschnittlicher Qualität ziehen sich vom Markt zurück. Dies führt zu einer zunehmenden Qualitätsverschlechterung der angebotenen Gebrauchtwagen und zu einem Rückgang des Angebots. Aufgrund der Negativauslese kommt es schließlich zu einem Marktversagen.

In der Analogiebildung entsprechen Aktien, die erstmalig den Kapitalmarktteilnehmern zur Zeichnung angeboten werden, dem Gebrauchtwagen im Beispiel von Akerlof. Sind die Investoren aufgrund der asymmetrischen Informationsverteilung nur bereit, einen Durchschnittspreis zu bezahlen, werden sich Emittenten überdurchschnittlicher Qualität zurückziehen. Es kommt zu einer dynamischen Negativauslese.[28]

---

26 Der Begriff der „uninformierten" Seite ist eine sprachliche Vereinfachung. Gemeint ist die Gruppe der schlechter Informierten. Der Grad der „Uninformiertheit" variiert in den einzelnen Modellen zur asymmetrischen Informationsverteilung.

27 Der Begriff „moralisches Risiko" für Moral Hazard hat sich in der Literatur nicht durchgesetzt.

28 Vgl. Gerke/Rapp (1993), S. 307-308.

Die nachfolgend dargestellten Modellansätze behandelten die Problematik der adversen Selektion aus unterschiedlichen Blickwinkeln. Die Modellklasse der sogenannten Pecking Order Theorien leitet aus der Informationsasymmetrie zwischen dem Management und dem Kapitalmarkt Finanzierungshierachien für kombinierte Investitions- und Finanzierungsentscheidungen ab. Wettbewerbswirkungen, die durch Veröffentlichungspflichten im Zusammenhang mit einer Börseneinführung entstehen, können ebenfalls eine adverse Selektion zur Folge haben. Eine weitere Modellgruppe befasst sich mit einem bewussten Emissions-Timing. Schließlich werden Modellkonzeptionen aufgezeigt, in denen sich durch die Preisfestsetzung im Emissionsverfahren der adversen Selektion entgegenwirken lässt.

2.2.1.1 Pecking Order Theorien

Zentrales Kennzeichen der im folgenden diskutierten Modellansätze zur Erklärung des Finanzierungsverhaltens ist, dass das Management einer Unternehmung einen zeitlich begrenzten Informationsvorsprung gegenüber Eigen- und Fremdkapitalgebern bezüglich der Beurteilung des Unternehmenswertes aufweist. Weiteres Merkmal der Argumentation ist, dass keine Interessenkonflikte zwischen Management und Eigenkapitalgebern bestehen. Das Management handelt annahmegemäß stets zugunsten der gegenwärtigen Anteilseigner eines Unternehmens. Diese Annahme ermöglicht auch, von einer Identität zwischen den Alteigentümern eines Unternehmens und dem Management auszugehen.[29]

Die grundlegende Arbeit zur Interaktion von Investition und Finanzierungsentscheidung bei asymmetrischer Informationsverteilung, auf der die folgenden Modelle aufbauen, stammt von Myers/Majluf (1984).[30] In ihrem Modellansatz besitzt das Management einer Unternehmung im Zeitpunkt t_0 einen Informationsvorsprung

[29] Interessenkonflikte zwischen Management und Anteilseignern werden in Abschnitt 2.2.2 im Zusammenhang mit Moral Hazard Problemen thematisiert.

[30] In der ursprünglichen Modellversion analysieren Myers/Majluf (1984) eine Kapitalerhöhung für den Fall, dass sich der Marktwert des Unternehmens vor der Kapitalerhöhung direkt beobachten läßt. Zu den Grundüberlegungen vgl. auch Myers (1984). Das Modell kann jedoch auch auf den Fall der Börsenneueinführung übertragen werden. Der beobachtete Marktwert wird dann durch den erwarteten Marktwert ersetzt. Vgl. z.B. Degeorge/Zeckhauser (1993), Jain/Kini (1994) und Hellwege/Liang (1996).

gegenüber potentiellen neuen Investoren. Das Management kennt den Kapitalwert der bereits vorhandenen Aktiva, KW (a) = a, und den Kapitalwert einer vorliegenden Investitionsmöglichkeit KW (B) = b.[31] Der Kapitalmarkt kennt nur die Verteilungen des zukünftigen Wertes bereits bestehender Investitionen E(A) und der Investitionsmöglichkeiten E(B). Lediglich die erwarteten Kapitalwerte E(KW(A)) und E(KW(B)) sind öffentlich zugängliche Informationen. Annahmegemäß löst sich die Informationsasymmetrie in t_1 auf. Die konkrete Realisation des Wertes der alten Investition und der neuen Investition, d.h. a und b, können vom Kapitalmarkt beobachtet werden.[32]

Dem Unternehmen steht in t_1 ein Bestand an liquiden Mitteln S zur Verfügung.[33] Dieser reicht nicht zur vollständigen Finanzierung der Investitionsmöglichkeit I aus, so dass eine Außenfinanzierung in Höhe eines Emissionsvolumens von E=I-S notwendig ist. Zunächst wird davon ausgegangen, dass nur die Möglichkeit zur Emission von Eigenkapital besteht, eine Fremdkapitalaufnahme wird zunächst ausgeschlossen. Myers/Majluf (1984) treffen die wichtige Annahme, dass sich die Altaktionäre passiv verhalten, d.h. sich nicht an der Zeichnung des neuen Aktienkapitals beteiligen.

Das Management maximiert unter der gegebenen Informationsasymmetrie das Vermögen der Altaktionäre. Wenn die Investition nicht durchgeführt wird, besteht

$$V^{Alt} = a + S.$$

das Vermögen der Altaktionäre V^{Alt} aus

Wird die Investition durchgeführt und werden neue Eigenkapitaltitel in Höhe von E= I-S emittiert, setzt sich das Vermögen der Altaktionäre zusammen aus

$$V^{Alt} = \frac{P'}{P'+E}(E + S + a + b).$$

Dabei bezeichnet *P'* den Marktwert des Unternehmens, unmittelbar nachdem neue Aktien ausgegeben wurden.

---

31 Der Kapitalwert der Investitionen ist auch aus Sicht potentieller Investoren stets positiv. Myers/Majluf begründen diese Annahme damit, dass neue Investitionen ansonsten nicht durchgeführt bzw. abgebrochen werden.

32 Vgl. Myers/Majluf (1984), S. 190-191.

33 Die Denotation entspricht der Originalarbeit. S steht als Abkürzung für „slack". Der Begriff „slack" bedeutet in diesem Zusammenhang einen Überflußbestand an liquiden Mitteln.

Die Altaktionäre erfahren durch die Aufnahme von Eigenkapital mit anschließender Investitionsdurchführung nur dann eine Vermögenssteigerung, wenn gilt:

$$S + a \leq \frac{P'}{P' + E}(E + S + a + b)$$

bzw.

$$\frac{E}{P' + E}(a + S) \leq \frac{P'}{P' + E}(E + b).$$

Dies bedeutet, dass der Anteil der bestehenden Vermögensgegenstände in Form von bereits durchgeführten Investitionen und liquiden Mitteln, der an die neuen Aktionäre geht, einen geringeren Wert aufweisen muss als der anteilige Vermögenszuwachs, den die Altaktionäre durch die neuen Investitionen erfahren.[34] Das Management muss in t_0 in sein Entscheidungskalkül einbeziehen, inwieweit durch die Beteiligung neuer Aktionäre an den bereits vorhandenen Unternehmensaktiva ein Vermögenstransfer zwischen den beiden Gruppen von Anteilseignern stattfindet. Entscheidend hierfür ist die Abweichung des zu erwartenden Marktpreises der Aktien der Alteigentümer von ihrem tatsächlichem Wert. Das Ausmaß der Fehlbewertung aufgrund von Informationsasymmetrien im Verhältnis zum Wert der bestehenden Unternehmensaktiva und der Investitionsmöglichkeiten bildet das rationale Entscheidungskriterium.

Ist das Unternehmen zum Zeitpunkt der Emission unterbewertet, profitieren die neuen Aktionäre in t_1 von Marktwertsteigerungen ihrer Beteiligung, wenn sich die Informationsasymmetrien aufheben und der tatsächliche Unternehmenswert öffentlich bekannt wird. Übersteigt der Vermögenstransfer von den Altaktionären an die neuen Aktionäre den anteiligen Vermögenszuwachs durch den Kapitalwert der Investition, sollte auf die Investition verzichtet werden. Investitionsmöglichkeiten werden dann trotz eines positiven Kapitalwertes nicht durchgeführt. Dieses Phänomen wird in der Literatur auch als Unterinvestitionsproblem diskutiert.[35]

---

34 Vgl. Myers/Majluf (1984), S. 199.

35 Vgl. z.B. Kim/Maksimovic (1990) und Bergmann/Callen (1991).

Liegt eine Überbewertung vor, können die Altaktionäre in zweifacher Hinsicht profitieren. Erstens können sie den positiven Kapitalwert der Investitionsmöglichkeit realisieren. Zweitens entfallen die zukünftigen Vermögensverluste in t_1 aufgrund der Neu- bzw. Richtigbewertung der Unternehmensaktiva auf die neuen Aktionäre. Die Entscheidungsregel lautet im Falle einer Überbewertung, eine Eigenkapitalemission durch Aufnahme neuer Aktionäre durchzuführen.

In der folgenden Modelldarstellung gehen Myers/Majluf (1984) davon aus, dass rationale Kapitalmarktteilnehmer in der Lage sind, die Anreize von Unternehmen, Eigenkapital zu emittieren, richtig zu interpretieren und es deshalb zu einem Bewertungsabschlag kommt. Das Management ist sich dessen bewusst. Daher greift es zunächst auf interne Mittel zurück, die keine Kosten aufgrund asymmetrischer Informationsverteilung erzeugen. Ist das Innenfinanzierungspotential erschöpft, werden Unternehmen gemäß der Pecking Order Theorie eine Finanzierung über risikoloses Fremdkapital vorziehen.[36] Erst wenn der maximale Verschuldungsgrad erreicht ist und der Kapitalwertbeitrag der Investitionsmöglichkeiten ausreicht, Alteigentümer für einen potentiellen Vermögensnachteil bei der Emission zu entschädigen, werden Eigenkapitaltitel emittiert.[37]

Aus dem Modell von Myers/Majluf (1984) lassen sich eine Reihe von Implikationen ableiten:

1) Die wohl bekannteste Schlussfolgerung ist die Pecking Order. Diese setzt voraus, dass Kapitalmarktteilnehmer opportunistisches Verhalten des Managements bzw. der Alteigentümer vollständig antizipieren und sich dies im Marktwert des Eigenkapitals widerspiegelt:

- Unternehmen bevorzugen zunächst interne Finanzierungsquellen gegenüber einer Außenfinanzierung.
- Die vorrangige Außenfinanzierung findet über die Aufnahme von Fremdkapital statt.
- Erst nach Erreichen der Verschuldungsgrenze werden Eigenkapitaltitel emittiert.

Unternehmen hoher Rentabilität weisen daher im Durchschnitt eine höhere Eigenkapitalquote auf.

---

36 Myers/Majluf gehen in ihrem Modell von risikolosem Fremdkapital aus. Eine Konkurswahrscheinlichkeit besteht nicht. Erst mit der Aufgabe dieser Annahmen wählen Unternehmen überhaupt eine Eigenkapitalemission. Vgl. Myers/Majluf (1984), S. 207-209. Zum Zusammenhang zwischen dem optimalen Anteil risikobehafteten Fremdkapitals und Investitionsmöglichkeiten vgl. Myers (1977).

37 Vgl. Myers/Majluf (1984), S. 203.

Ist der Kapitalmarkt nicht vollständig in der Lage, das durch einen Informationsvorsprung bedingte Verhalten der Emittenten richtig zu interpretieren, ergeben sich weitere Schlussfolgerungen:

2) Geht das Management von einer Überbewertung des Unternehmens am Kapitalmarkt aus und existieren vorteilhafte Investitionsprojekte, werden immer neue Aktien emittiert.[38]
3) Im Falle einer Unterbewertung werden nur dann neue Aktien emittiert, wenn der anteilige Vermögenszuwachs der Alteigentümer den Vermögensverlust durch Beteiligung neuer Anteilseigner an den bestehenden Unternehmensaktiva überkompensiert, keine ausreichenden internen Mittel zur Verfügung stehen und kein risikoloses Fremdkapital emittiert werden kann.[39] Sind diese Bedingungen nicht erfüllt, werden auch Investitionen mit positivem Kapitalwert nicht durchgeführt.
4) Das Verhältnis der Informationsasymmetrien über bestehende Investitionen und den Investitionsmöglichkeiten zueinander spielt für die Finanzierungsentscheidung eine zentrale Rolle. Ist a, der tatsächliche Wert der Unternehmensaktiva, bekannt, werden Unternehmen neue Aktien emittieren, um die Investition mit dem Kapitalwert $b \geq 0$ zu finanzieren, auch wenn aufgrund bestehender Informationsasymmetrien die neuen Aktionäre überproportional profitieren. Unternehmen, die über keine oder nur geringe Unternehmensaktiva verfügen, werden zur Finanzierung von geplanten Investition c.p. eher Eigenkapital emittieren, da der Vermögensnachteil der Altaktionäre bei einer Unterbewertung der Aktiva gering ist. Myers/Majluf (1984) folgern daraus, dass es für viele Unternehmen vorteilhaft sein kann, eine Aufspaltung zwischen bestehenden Investitionen und neuen Wachstumsmöglichkeiten z.B. im Rahmen eines Carve Out oder Spin Off vorzunehmen, um Informationsasymmetrien über den wahren Wert bestehender Aktiva aufzulösen.[40]

---

38 Vgl. auch Lee (1997).

39 Myers/Majluf analysieren nur den Fall, dass die Emission risikolosen Fremdkapitals möglich bzw. ausgeschlossen ist. Ein expliziter Trade Off zwischen der Emission von risikobehaftetem Fremdkapital und der Emission von Eigenkapital bei gegebener Informationsasymmetrie wird nicht modelliert.

40 Vgl. Myers/Majluf (1984), S. 202. Punkt 4) gilt auch bei im Durchschnitt richtiger Interpretation der Emissionsentscheidung durch den Kapitalmarkt.

In einer Reihe empirischer Studien konnten Implikationen der Pecking Order Theorie bestätigt werden. Titman/Wessels (1988), Baskin (1989), Hoshi/Kashyap/Scharfstein (1991), Wihted (1992) und Shyam-Sunder/Myers (1999) testeten direkt Schlussfolgerungen der Pecking Order Theorien gegen alternative Kapitalstrukturmodelle.

Die Autoren können eine klare Dominanz von Pecking Order Überlegungen nachweisen. Amihud/Lev/Travlos (1990) zeigen auf, dass die Wahrscheinlichkeit, dass Unternehmensübernahmen mit Cash bezahlt werden, mit dem Aktienanteil der Unternehmensinsider steigt. Die Autoren führen dies jedoch primär auf Fragen der Unternehmenskontrolle zurück. Hellwege/Liang (1996) und Jung/Kim/Stulz (1996) hingegen können keine Erklärungskraft von Pecking Order Theorien für das Finanzierungsverhalten feststellen.

Eine entscheidende Weiterentwicklung der Pecking Order Hypothese von Myers/ Majluf (1984) stellt der Modellansatz von Cooney/Kalay (1993) dar. Grundlage ihrer Argumentation ist das Modell von Myers/Majluf: Das Management einer Unternehmung verfügt über Informationen über den wahren Wert bestehender Investitionen und den Kapitalwertbeitrag der Investitionsmöglichkeiten, die dem Kapitalmarkt nicht bekannt sind. In einem drei Betrachtungszeitpunkte umfassenden Szenario maximiert das Management durch seine Investitions- und Finanzierungspolitik das Vermögen der Alteigentümer, die sich bei der Emission neuer Eigenkapitaltitel annahmegemäß passiv verhalten.[41]

Cooney/Kalay (1993) nehmen nur eine entscheidende Veränderung in den Modellgrundlagen von Myers/Majluf (1984) vor. Sie heben die Annahme, dass im Entscheidungszeitpunkt t_0 ausschließlich Investitionsprojekte mit positivem Kapitalwert vorliegen, auf. Diese Prämisse wurde von Myers/Majluf damit begründet, dass Investitionen mit erwartetem negativen Kapitalwert im Interesse der Alteigentümer grundsätzlich nicht durchgeführt werden, da sie zu keiner Vermögenssteigerung führen.[42] Cooney/Kalay gehen nun davon aus, dass es Unternehmenssituationen gibt, in denen keine Investitionsmöglichkeiten mit positivem Kapitalwert existieren. Selbst dann kann es aus Sicht der Alteigentümer rational sein, Eigenkapitaltitel zu emittieren, um Projekte mit negativem Kapitalwert zu finanzieren.

41 Vgl. Cooney/Kalay (1993), S. 152-153.

42 Vgl. Myers/Majluf (1984), S. 191.

Wenn neue Aktien im Rahmen einer Kapitalerhöhung emittiert werden, geben die Altaktionäre einen Anteil der bestehenden Investitionen a und Liquidität S an die neuen Anteilseigner ab.[43]

Dies führt zu einer Reduzierung ihres Vermögens um V^-:

$$V^- = \left(1 - \frac{P'}{P'-E}\right)(a+S).$$

Gleichzeitig erhalten die Altaktionäre einen Anteil am Kapitalwert der neuen Investitionen b und an den Erlösen der Emission E. Dies führt zu einer gegenläufigen

$$V^+ = \left(\frac{P'}{P'+E}\right)(b+E).$$

Vermögensmehrung von V^+:

Eine Emission von neuen Eigenkapitaltiteln ist vorteilhaft wenn

$$V^+ \geq V^-.$$

Für den Kapitalwert der Investitionsmöglichkeit muss damit gelten

$$b \geq \left(\frac{E}{P'}\right)(a+S-P').$$

Für (a+S)<P' kann b auch negative Werte annehmen. Dennoch bleibt eine Kapitalerhöhung mit anschließender Investition für die Altaktionäre vorteilhaft.

Die Alteigentümer sind indifferent für

$$b = \frac{E}{P'}a + E\left(\frac{S}{P'} - 1\right).$$

---

43 Die Denotation entspricht der von Myers/Majluf (1984).

Abbildung 2-1 demonstriert die Entscheidungssituation, in der sich das Management befindet.

Abbildung 2-1: Die Emissions-Investitionsentscheidung[44]

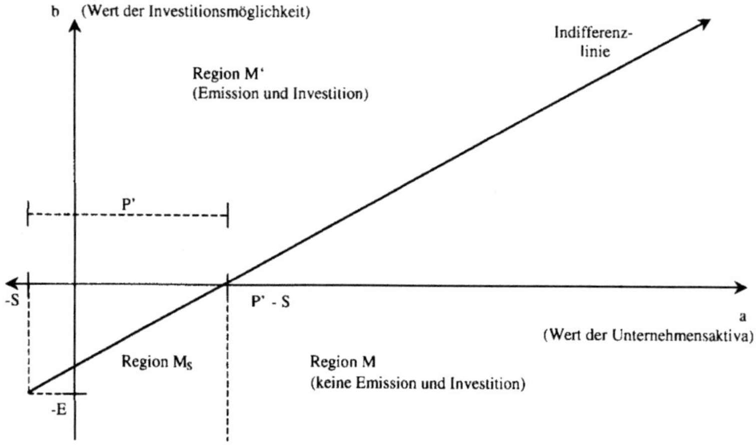

Der Wert bestehender Investitionen a (horizontale Achse) ist stets nicht negativ. Die Investitionsmöglichkeit b (vertikale Achse) kann jeden Wert annehmen. Wenn (a,b) in der Region M' liegt, ist eine Eigenkapitalemission nicht im Interesse der Alteigentümer. Liegt (a,b) hingegen in der Region M, kann eine Emission und Investitionsdurchführung vorteilhaft sein, auch wenn b negativ ist.

Löst sich die Informationsasymmetrie in t=1 auf, verbleibt für die Altaktionäre ein Gewinn V^{Δ} in Höhe von[45]

$$V^{\Delta} = (S + a)\left(\frac{P'}{P'+E} - 1\right) + (b + E)\left(\frac{P'}{P'+E}\right).$$

---

[44] Vgl. Cooney/Kalay (1993), S. 153-154.

[45] Vgl. Cooney/Kalay (1993), S. 158.

Fraglich ist, warum Projekte mit negativem Kapitalwert akzeptiert werden, wenn alternative (risikolose) Investitionen mit einem Kapitalwert von Null, z.B. die Anlage freier Mittel am Kapitalmarkt, realisiert werden können. Cooney/Kalay weisen darauf hin, dass die Emission selbst mit Kosten verbunden ist.[46] Ebenso verursachen Anlagen am Kapitalmarkt in der Realität Transaktionskosten, so dass Anlageformen, die einen Kapitalwert von Null aufweisen, kaum verfügbar sind. Weiterhin müssen im Emissionsprospekt detaillierte Angaben zur Verwendung der Mittel aus der Börseneinführung gemacht werden. Ein Verstoß kann zu juristischen Konsequenzen führen und die Reputation des Unternehmens nachhaltig schädigen. Schließlich wäre in einem erweiterten Modellrahmen denkbar, dass für den Kapitalmarkt nur schwer bewertbare Investitionen mit negativem Kapitalwert durchgeführt werden, um die Informationsasymmetrien bezüglich des wahren Werts des Unternehmens über mehrere Perioden aufrechtzuerhalten.

Cooney/Kalay (1993) formulieren weiterhin eine Gleichgewichtsüberlegung, bei der im Gegensatz zu Myers/Majluf (1984) eine Eigenkapitalemission als durchschnittlich positives Signal über vorteilhafte Investitionsmöglichkeiten interpretiert wird, da die Entscheidung nicht zu emittieren auch damit begründet werden kann, dass keine Investitionsprojekte mit positivem Kapitalwert dem Unternehmen zur Verfügung stehen.[47]

Fazzari/Hubbard/Petersen (1988) befassen sich ebenfalls weiterführend mit dem von Mayers/Majluf (1984) modellierten Finanzierungsverhalten. Sie berücksichtigen explizit Unterschiede in der Qualität der Investitionsprojekte. Dies ermöglicht, die Wahl einzelner Finanzierungsformen differenziert in Abhängigkeit von der jeweiligen Vorteilhaftigkeit unternehmensspezifischer Investitionsprojekte und dem Grad der Informationsasymmetrie zu analysieren. Zusätzlich werden Überlegungen der neoklassischen Finanzierungstheorie und Principal Agent Konflikte in das Modell integriert, um Finanzierungsalternativen hierarchisch anzuordnen.

Grundüberlegung im Modell von Fazzari/Hubbard/Petersen (1988) ist wie bei Mayers/Majluf (1984), dass das Management einen Informationsvorsprung gegenüber potentiellen Investoren besitzt und diesen zugunsten der gegenwärtigen Eigentümer ausnutzt. Management und Anteilseigner weisen eine vollständige Interessenkongruenz auf, so dass eine Identität möglich sein kann. Unternehmensexterne, potentielle Investoren können aufgrund der Informationsasymmetrie nur eine durchschnittliche Unternehmensqualität beobachten. Sie sind daher nur bereit einen

46 Vgl. Cooney/Kalay (1993), S. 167-170.

47 Vgl. Cooney/Kalay (1993), S. 153-158.

Preis für neu emittiertes Eigenkapital zu bezahlen, der eine durchschnittliche Qualität widerspiegelt. Unternehmen überdurchschnittlicher Qualität erfahren dadurch einen Bewertungsabschlag („lemons premium").[48] Die „lemons premium" entschädigt neue Investoren dafür, dass sie aufgrund von Informationsasymmetrien auch Aktien von Unternehmen unterdurchschnittlicher Qualität zeichnen.[49] Unternehmen führen nur dann überdurchschnittlich rentable Investition durch, wenn der anteilige Vermögenszuwachs den Vermögensnachteil durch die Aufnahme neuer Investoren zu einem zu niedrigen Preis überkompensiert. Die Altaktionäre beteiligen sich annahmegemäß nicht an der Zeichnung junger Aktien.[50]

Fazzari/Hubbard/Petersen (1988) wählen als Kennzahl das Tobin q-Ratio, um die Entscheidungssituation zu modellieren.[51] Eine Eigenkapitalemission zur Finanzierung von Investitionsprojekten ist für die Alteigentümer nur vorteilhaft, wenn das marginale q-Ratio mindestens dem Verhältnis q^*/q' entspricht. Dabei bezeichnet q^* das wahre, durchschnittliche q-Ratio des emittierenden Unternehmens. Die vom Kapitalmarkt wahrgenommene Durchschnittsqualität wird mit q' bezeichnet. Wenn keine Informationsasymmetrien bestehen, gilt $q^*/q' = 1$. Entsprechend der neoklassischen Investitionstheorie sind sämtliche Investitionsprojekte mit einem q-Ratio ≥ 1 im Interesse der Anteilseigner durchzuführen.

Bestehen jedoch Informationsasymmetrien, gilt für Unternehmen überdurchschnittlicher Qualität $q^*/q' > 1$. Der Ausdruck $(q^*/q')-1$ beschreibt in dem Fall das Ausmaß des relativen Vermögensnachteils für die Altaktionäre im Falle einer Emission von Eigenkapitaltiteln zu einem Preis, der nur der durchschnittlichen Qualität entspricht. Der relative Vermögensnachteil wird als „lemons premium" Ω bezeichnet.[52]

---

48 Vgl. Akerlof (1970) für den Gütermarkt.

49 Vgl. Rock (1986) zu einer expliziten Modellierung des Entschädigungsgedankens.

50 Vgl. Fazzari/Hubbard/Petersen (1988), S. 150-151. Die Ausgangssituation im Modell orientiert sich bewußt an Mayers/Majluf (1984). Jedoch werden in der weiteren Modellbildung entscheidende, restriktive Annahmen von Mayers/Majluf aufgehoben und dadurch ein erweiterter Modellrahmen geschaffen, der eine realitätsnahe Abbildung und Analyse betrieblichen Finanzierungsverhaltens ermöglicht.

51 Das Tobin q-Ratio bezeichnet das Verhältnis des Kapitalwertes der erwarteten Erträge zu den Anschaffungskosten der Kapitalgüter. Vgl. Neumann (1988), 130-131. Zur Ermittlung des q-Ratio im Rahmen der empirischen Studie vgl. Fazzari/Hubbard/Petersen (1988), S. 194.

52 Für Unternehmen unterdurchschnittlicher Qualität, die Eigenkapitaltitel zu einem Preis plazieren, der eine durchschnittliche Qualität widerspiegelt, ist die „lemons premium" negativ. Das bedeutet, das die Alteigentümer von einer überbewerteten Emission profitieren.

Fazzari/Hubbard/Petersen (1988) integrieren die asymmetrische Informationsverteilung in Form der Variable Ω in ein erweitertes Dividend Discount Modell, das auch typisierend die unterschiedlichen steuerlichen Folgen der Innen- gegenüber der Außenfinanzierung berücksichtigt. Der Unternehmenswert V_t setzt sich zusammen aus dem Barwert der Dividendenzahlung nach Steuern, korrigiert um die Unternehmensanteile V_{t+i}^N, die die Alteigentümer bei Kapitalerhöhungen hinzukaufen müssten, um ihren Beteiligungsanteil konstant zu halten.

Der Vermögensverlust für die Altaktionäre reduziert V_t relativ um Ω_t für neu emittiertes Eigenkapital. Als Unternehmenswert ergibt sich

$$V_t = \sum_{i=0}^{\infty}\left(1+\frac{\rho}{1-c}\right)^{-(i-1)}\left[\left(\frac{1-\theta}{1-c}\right)D_{t+1} - \left(1+\Omega_{t+i}\right)V_{t+i}^N\right]$$

mit

- D = Dividende in t
- ρ = Erwartete Beteiligungsrendite
- θ = Effektiver Steuersatz für Dividendenzahlungen
- c = Steuersatz für Kapitalgewinne auf privater Ebene.

Die Unternehmensleitung wählt die Entscheidungsparameter Investitionen, Höhe der Dividendenzahlungen, Kapitalerhöhungen und Kapitalakkumulation so, dass der Unternehmenswert V_t maximiert wird.[53] Ein Ergebnis des Maximierungsansatzes ist, dass es nur optimal ist, neue Aktien auszugeben, wenn die internen Finanzierungsmittel aufgebraucht sind und das marginale q-Ratio neuer Investitionsprojekte größer ist als $1+\Omega$.[54]

---

53 Auf eine ausführliche mathematische Darstellung wird hier verzichtet. Die Maximierung erfolgt durch einen Langrange-Ansatz, bei dem die Investitionen, die Dividendenzahlungen, die Kapitalerhöhungen und die Kapitalakkumulation die Nebenbedingungen darstellen. Vgl. Fazzari/ Hubbard/Petersen (1988), S. 189-190.

54 Der Wert weiterer Kapitaleinheiten im Gleichgewicht, d.h. das marginale q-Ratio ist bestimmtdurch $(1-\theta)/(1-c)$. Anteilseigner sind beim marginalen q indifferent zwischen einer Thesaurierung, die zu mit c versteuernden Kapitalgewinnen führt, oder einer Dividendenzahlung, die mit θ zu versteuern ist. Fazzari/Hubbard/Petersen abstrahieren hier von einer Besteuerung auf Unternehmensebene.

Es zeigt sich weiterhin, dass ein Bereich von Werten für das q-Ratio existiert, in dem Investitionsprojekte mit positivem Kapitalwert nicht durchgeführt werden, wenn hierzu eine Emission von Eigenkapitaltiteln notwendig ist. Aufgrund asymmetrischer Informationsverteilung kommt es zur Unterinvestition.

In einem weiteren Schritt untersuchen Fazzari/Hubbard/Petersen die Möglichkeiten zur Fremdfinanzierung von Investitionen. Sie greifen die Ansätze von Jaffe/Russel (1976), Jensen/Meckling (1976) und Stiglitz/Weiss (1981), sowie Überlegungen der neoklassischen Finanzierungstheorie auf, um unternehmensspezifische Kosten-Funktionen für Fremdkapital in Abhängigkeit von der jeweiligen Investitionsnachfrage zu ermitteln.[55]

Asymmetrisch verteilte Informationen über die Qualität von Unternehmen führen vergleichbar wie bei Eigenkapitalemissionen zu Problemen adverser Selektion. Orientieren sich Fremdkapitalgeber bei der Festlegung der Konditionen an der durchschnittlichen Qualität aller Unternehmen, werden sich Unternehmen überdurchschnittlicher Qualität vom Markt zurückziehen und gegebenenfalls auch vorteilhafte Investitionen nicht durchführen. Um eine zunehmende Verschlechterung des Kreditportfolios zu vermeiden, reagieren Fremdkapitalanbieter mit eine Rationierung des Kreditangebotes hinsichtlich der Kreditvolumina.[56] Weiterhin legen die Kreditanbieter im Gleichgewicht einen Zinssatz fest, der nicht markträumend ist, d.h. es bleibt eine Überschussnachfrage bestehen.[57] Teilweise können solche Restriktionen durch den Aufbau langfristiger Beziehungen zwischen Unternehmen und Fremdkapitalanbietern, z.B. im Rahmen sogenannter Hausbankbeziehungen, vermieden werden.[58]

---

55 Amihud/Travlos (1990) untersuchen die Finanzierung von Unternehmensübernahmen. Sie können nachweisen, dass mit steigendem Aktienanteil des Managements die Wahrscheinlichkeit von Eigenkapitalerhöhungen sinkt. Es wird verstärkt auf Fremdkapital zurückgegriffen. Sie folgern daraus, dass neben Finanzierungskosten auch Kontrollüberlegungen bei Publikumsaktiengesellschaften eine erhebliche Rolle spielen.

56 Vgl. Jaffee/Russel (1976).

57 Vgl. Stiglitz/Weiß (1981).

58 Gerke et al. zeigen auf, dass insbesondere mittelständische Unternehmen von Kreditrationierungen betroffen sind. Vgl. Gerke et al. (1995), S. 109-113.

Die Gefahr eines ex-post nicht vertragskonformen Verhaltens des Kreditnehmers führt ebenfalls zu steigenden Fremdkapitalkosten.[59] So steigt mit zunehmendem Verschuldungsgrad für das Management einer Unternehmung der Anreiz, Investitionen mit einem negativen erwarteten Kapitalwert durchzuführen, solange diese auch die Chance zu positiven Realisationen bieten. Kommt es im Extremfall zum Konkurs, tragen die Fremdkapitalgeber die Konsequenz, während die Anteilseigner bei einer positiven Realisation den überwiegenden Teil des Erfolgs vereinnahmen. Kreditgeber antizipieren diese Form des Interessenkonflikts und passen ihre Konditionen entsprechend an. Spezifische Kreditvereinbarungen („credit covenants"), die z.B. die Einhaltung bestimmter Liquiditätskennzahlen oder Kapitaldeckungsrelationen vorsehen, können zwar potentielle Konflikte zwischen den Vertragsparteien reduzieren, verursachen jedoch weitere Kosten.

Neben direkten Kontrollkosten („monitoring costs") entstehen zusätzliche Opportunitätskosten durch die Erfüllung von Kreditvereinbarungen, die oft den operativen Handlungsspielraum des Unternehmens einschränken. Gegebenenfalls muss auch auf die Durchführung vorteilhafter Investitionen verzichtet werden.[60]

Entsprechend den Überlegungen der neoklassischen „static-trade-off"-Theorie führt zudem mit steigendem Verschuldungsgrad das höhere Insolvenz- und Konkursrisiko zu steigenden Fremdkapitalkosten. Nach dem Erreichen eines kritischen Verschuldungsgrades sollte die Unternehmensleitung auf die Aufnahme weiteren Fremdkapitals verzichten, um die Konkurswahrscheinlichkeit nicht weiter zu erhöhen. Nach Ausschöpfung interner Finanzierungsmittel können weitere Investitionsprojekte nur durch die Emission zusätzlicher Eigenkapitaltitel finanziert werden.

Fazzari/Hubbard/Petersen (1988) leiten aus ihren finanzierungstheoretischen Überlegungen eine Finanzierungshierarchie („financing hierarchy") ab, die die Entscheidungssituation zwischen den einzelnen Finanzierungsalternativen in Abhängigkeit von der Unternehmensqualität und dem zu finanzierenden Projektvolumen darstellt (vgl. Abbildung 2-2[61]).

---

59 Fazzari/Hubbard/Petersen greifen die Argumentation von Jensen/Meckling (1976) auf. Zu den Agency Kosten einer Fremdkapitalfinanzierung vgl. auch Green/Talmor (1986), S. 392-398.

60 Vgl. Fazzari/Hubbard/Petersen (1988), S. 151-154.

61 Vgl. Fazzari/Hubbard/Petersen (1988), S. 156.

Abbildung 2-2: Investition und Finanzierungsentscheidungen

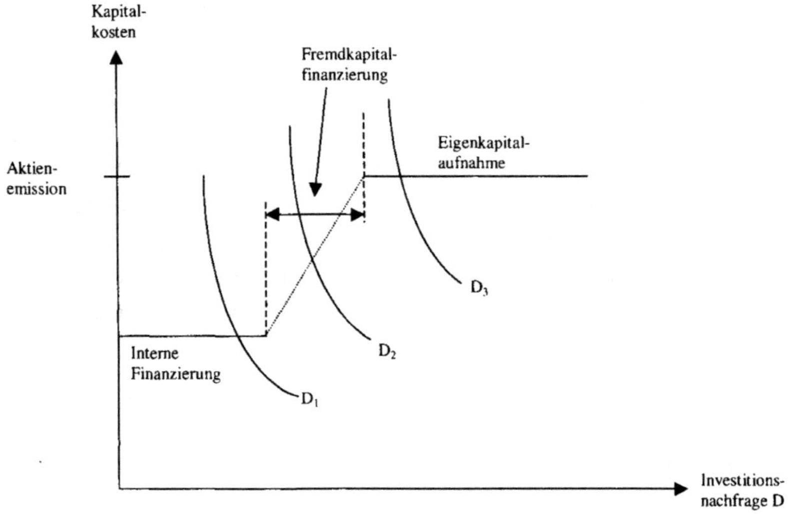

Die durchgezogenen Linien repräsentieren einen einfachen Fall unterschiedlicher Kosten zwischen einer Finanzierung mit internen Mitteln und der Emission zusätzlichen Eigenkapitals. Die Kurven D_1-D_3 bilden das Niveau der Investitionsnachfrage in Abhängigkeit von den erwarteten Kapitalwerten der jeweiligen Investitionsprojekte ab. Der konvexe Kurvenverlauf unterstellt eine abnehmende Grenzleistungsfähigkeit des investierten Kapitals.

Bei niedriger Investitionsnachfrage, dargestellt durch D_1, kann der Finanzbedarf vollständig aus internen Mitteln gedeckt werden, gegebenenfalls muss auf Dividendenzahlungen verzichtet werden. Einer sehr hohen Investitionsnachfrage, dargestellt durch D_3, kann durch die Emission neuen Eigenkapitals entsprochen werden. Dies ist jedoch nur dann im Interesse der Alteigentümer, wenn die Investitionsprojekte eine vergleichsweise sehr gute Qualität aufweisen. Nur bei hoher Investitionsqualität können die aufgrund der „lemons premium" Ω erhöhten Kosten der Eigenkapitalfinanzierung durch das realisierte Investitionsprojekt kompensiert werden.[62] Bei Projekten mit mittlerem Finanzbedarf, D_2, wird neben der Innenfinanzierung die Möglichkeit der Fremdkapitalfinanzierung genutzt. Solange Fremdkapital besichert werden kann oder Finanzintermediäre genutzt werden

62 Die steigende Qualität der Investitionsprojekte, die eine Determinante der Investitionsnachfrage ist, kommt durch die zunehmend höhere Lage der Kurven D_1-D_3 zum Ausdruck.

können, die in der Lage sind, Kreditnehmer effizient zu kontrollieren, sind die Probleme asymmetrischer Informationsverteilung in Kreditmärkten geringer ausgeprägt als am Aktienmarkt. Dennoch steigen die Fremdkapitalkosten mit steigendem Verschuldungsgrad an. Gläubiger stellen u.U. keine weiteren Mittel mehr zu Verfügung. Der Verlauf der Fremdkapitalkosten ist durch die gestrichelte Linie dargestellt, die den Bereich der Innenfinanzierung mit dem der Emission neuer Eigenkapitaltitel verbindet.

Aus dem Modell von Fazzari/Hubbard/Petersen (1988) ergeben sich eine Reihe von Implikationen:

1) Unternehmen überdurchschnittlicher Qualität, die durch ausgeprägte Informationsasymmetrien ($\Omega >> 0$) gekennzeichnet sind, emittieren nur Eigenkapital, wenn der Innenfinanzierungsspielraum und die Möglichkeiten zur Fremdfinanzierung erschöpft sind und Investitionsprojekte hoher Güte realisiert werden können.
   In der Argumentation von Fazzari/Hubbard/Petersen zeigt sich das Ausmaß der Informationsasymmetrie in den gewählten Thesaurierungs- bzw. Ausschüttungsquoten. Das Management von Unternehmen, über deren Wert ausgeprägte Informationsasymmetrien bestehen, sollten im Interesse der Anteilseigner auf Dividendenzahlungen verzichten, um den Innenfinanzierungsspielraum vollständig zur Investitionsfinanzierung zu nutzen. Dies kann zumindest teilweise Restriktionen der Außenfinanzierung begrenzen.[63]
2) Bei Unternehmen überdurchschnittlicher Qualität mit nur gering ausgeprägten Informationsasymmetrien ($\Omega > 0$) verschiebt sich die horizontal verlaufende Eigenkapitalkurve parallel nach unten.[64] Die Kosten der Eigenkapitalfinanzierung nähern sich den Kosten der Innenfinanzierung an. Die Steigung der verbindenden Fremdkapitalangebotskurve wird flacher. Projekte mit nur geringem Kapitalwertbeitrag werden bereits über die Emission von Aktien finanziert.

Fazzari/Hubbard/Petersen (1988) diskutieren nur den Fall, dass Unternehmen überdurchschnittlicher Qualität eine „lemons premium" Ω bei der Emission von Eigenkapital zahlen müssen. Das kombinierte Finanzierungs-/Investitionsmodell

---

63 Fazzari/Hubbard/Petersen überprüfen Kernaussagen ihres Modells im Rahmen einer empirischen Studie. Es gelingt ihnen durch Kapitalmarktunvollkommenheiten bedingte Finanzierungsrestriktionen nachzuweisen, die als Bestätigung ihres Modellansatzes gewertet werden können. Vgl. Fazzari/Hubbard/Petersen (1988), S. 157-183.

64 Die Autoren gehen davon aus, dass sich das Ausmaß der Informationsasymmetrie über die wahre Unternehmensqualität im Zeitablauf verändern kann. Unternehmen gleicher wahrer Qualität können unterschiedliche hohe Informationsasymmetrien aufweisen.

lässt sich jedoch auch auf Unternehmen unterdurchschnittlicher Qualität („lemons") übertragen, die umgekehrt bei einer Inanspruchnahme des Marktes für Eigenkapital die „lemons premium" in Form einer Vermögensumverteilung zugunsten der Altaktionäre erhalten.[65] Aus dem Modell von Fazzari/Hubbard/Petersen lassen sich für Unternehmen unterdurchschnittlicher Qualität weitere Schlussfolgerungen ziehen:

3) Unternehmen, die nur geringe Informationsasymmetrien aufweisen ($\Omega<0$), führen alle Investitionsmöglichkeiten mit einem positiven Kapitalwert durch. Durch die Aufnahme neuer Anteilseigner im Rahmen einer Kapitalerhöhung kommt es zu einer zusätzlichen Vermögenszunahme auf seiten der Altaktionäre.
4) Unternehmen mit ausgeprägten Informationsasymmetrien über den wahren Wert ihrer Unternehmensaktiva ($\Omega<<0$) emittieren immer neues Eigenkapital, auch wenn keine Investitionsmöglichkeiten mit positivem Kapitalwert zur Verfügung stehen. Das neue Eigenkapital kann zur Tilgung von Fremdkapital verwendet, am Kapitalmarkt angelegt oder in der Zukunft als Dividende ausgeschüttet werden.[66]

Myers/Majluf (1984), Coonay/Kalay (1993) und Fazzari/Hubbard/Petersen (1988) gehen stets davon aus, dass sich Alteigentümer bei der Börseneinführung passiv verhalten, also weder neue Aktien zeichnen, noch eigene Bestände verkaufen. Im Fall, dass die Alteigentümer im Rahmen der beim Börsengang stattfindenden Kapitalerhöhung zusätzlich eigene Aktien verkaufen wollen, z.B. um ihr Vermögen zu diversifizieren, verstärkt sich die Problematik der adversen Selektion.[67] Unterbewertete Unternehmen müssen über noch bessere Investitionsalternativen verfügen, um den Vermögensnachteil für die Altaktionäre auszugleichen. Unternehmen, die nur relativ gering überbewertet sind, werden auch ohne vorteilhafte Investitionsalternativen einen Börsengang durchführen. Zeichnen die Altaktionäre ebenfalls bei der Börsenneueinführung neue Aktien, kann die Problematik der adversen Selektion teilweise oder ganz vermieden werden.

65 Die „lemons premium" resultiert gerade aus der Existenz von Unternehmen unterdurchschnittliche Qualität, den „lemons". Im Gleichgewicht entschädigt sie uninformierte Kapitalmarktteilnehmer für die Zeichnung von Unternehmen, die sich ex post als unterdurchschnittlich herausstellen.

66 Vgl. Cooney/Kalay (1993).

67 Vgl. Leland/Pyle (1977).

2.2.1.2 Veröffentlichung wettbewerbswirksamer Informationen

Mit der Börseneinführung eines Unternehmens ist typischerweise die Veröffentlichung bisher nur unternehmensintern bekannter Informationen verbunden. Die Informationen umfassen gewöhnlich neben Jahresabschlussdaten eine umfassende Darstellung der Wettbewerbsposition, der geplanten Investitionen und der Zukunftsaussichten etc.[68] Zudem entstehen mit dem Börsengang an entwickelten Kapitalmärkten regelmäßig laufende Publizitätsanforderungen, zu denen auch die Verpflichtung gehört, kursrelevante Informationen zeitnah bekannt zu geben.[69] Von der Veröffentlichung unternehmensinterner Entwicklungen können für das Unternehmen negative Wettbewerbswirkungen ausgehen. Wettbewerber erfahren z.B. den technischen Stand von Entwicklungen und können frühzeitig darauf reagieren.[70]

Der Zusammenhang zwischen der Entscheidung über Finanzierungsalternativen und der Wettbewerbswirkung, die das Bekannt werden unternehmensinterner Informationen auslösen kann, wird explizit von Yosha (1995) untersucht.[71]

---

68 Segmentspezifische Informationspflichten sind in Deutschland im Börsengesetz, der Börsenzulassungsverordnung und der Börsenordnung geregelt. Zur Aufnahme in den Amtlichen Handel muß ein Zulassungsprospekt gemäß § 36 Abs. 4 BörsG veröffentlicht werden. Der Emittent hat entsprechend §§ 13 bis 42 BörsZulV umfangreiche Angaben zu Geschäftstätigkeit, zur Vermögens-, Finanz- und Ertragslage, zu den Geschäftsaussichten und zu den Besitzverhältnissen zu machen. Unrichtige oder unvollständige Angaben können eine Schadensersatzpflicht nach §§ 45 und 46 BörsG auslösen. Für eine Einführung in den Geregelten Markt ist dem Umfang nach ein kleiner Zulassungsprospekt, ein sogenannter Unternehmensbericht, vorzulegen. Die Regelungen zu Prospekthaftung gelten entsprechend. Vgl. Gerke/Rapp (1993), S. 292-296.

69 In Deutschland müssen gemäß § 15 WpHG Tatsachen, die zu einer erheblichen Kursveränderung führen, unverzüglich veröffentlicht werden. Eine Verletzung der sogenannten Ad-hoc-Publizität kann nach § 39 WpHG mit einer Geldbuße von bis zu drei Millionen DM geahndet werden.

70 Unternehmen verzichten u.U. sogar zeitweise auf die Patentanmeldung technologischer Innovationen, um von potentiellen Wettbewerbern unbemerkt zu bleiben. Vgl. Green/Scotchmer (1990), S. 135-144. Zu den Determinanten von Innovationen bzw. technologischen Fortschritts vgl. Neumann (1982), S. 66-74.

Der Modellansatz geht von einer industriellen Struktur aus, in der ein kleines Unternehmen Y einem großen etablierten Unternehmen X durch eine Innovation einen ökonomischen Schaden zufügen kann.[72] Das kleine, innovative Unternehmen Y kann sich zur Deckung seines Kapitalbedarfs für eine bilaterale oder multilaterale Finanzierung entscheiden.[73] Bei einer multilateralen Finanzierung ist es erforderlich, den Kapitalgebern umfangreiche Informationen über das Unternehmen zur Verfügung zu stellen. Diese Informationen werden auch nicht an der Finanzierung beteiligten Parteien, insbesondere dem etablierten Unternehmen X, zugänglich. Die bilaterale Finanzierungsalternative zeichnet sich durch ein enges Verhältnis zwischen den Parteien aus. Unternehmensinterne Informationen bleiben vertraulich. Unternehmen X kann lediglich beobachten, dass eine Finanzierung stattgefunden hat. Es erhält jedoch keine genaue Kenntnis über die Qualität der geplanten Investitionsprojekte.

Im Falle der bilateralen Finanzierung bleibt die Informationsasymmetrie zwischen Unternehmen X und Y zunächst bestehen. Je länger es dem Unternehmen X gelingt, den erwarteten Erfolg seiner Innovation bei der Markteinführung vor Unternehmen Y zu verbergen, desto höher ist der erwartete Gewinn für das Unternehmen.

Unternehmen X wertet die Finanzierungsentscheidung von Unternehmen Y als Signal über die Qualität der geplanten Investitionen und richtet daran die Intensität seiner Reaktion aus.[74] Dies wird von Unternehmen X antizipiert und bei der Finanzierungsentscheidung berücksichtigt. Es wird zudem angenommen, dass eine multilaterale Finanzierung höhere Kosten verursacht als eine bilaterale, da höhere Aufwendungen für eine glaubhafte Kommunikation der Unternehmenseigenschaften und der geplanten Investitionen anfallen.

---

71 Vgl. auch Campell (1979), S. 920-921. Die Bedeutung privater Informationen für die Kapitalstruktur wurde zuerst von Campell diskutiert, der jedoch kein formales Modell entwickelt hat.

72 Beispiele sind technologische Entwicklungen, geplante Expansionen in neue geographische Regionen oder auch Marketingkampagnen. Der ökonomische Schaden für Unternehmen X liegt im direkten Verlust von Marktanteilen und Gewinnpotential in existierenden Marktsegmenten. Denkbar ist auch, dass das Unternehmen X neue, profitable Produkte und Märkte nutzt oder schafft, die Unternehmen Y nicht rechtzeitig erkennt. Dadurch entstehen in der Folge Opportunitätskosten. Vgl. Yosha (1995), S. 4-5.

73 Es wird von Unternehmen mit bis zu 500 Mitarbeitern oder mit bis zu. 25 Mio. US$ Bilanzsumme ausgegangen. Vgl. Yosha (1995), S. 4-5.

74 Die Reaktion kann in Preissenkungen, verstärkten Forschungs- und Entwicklungsaufwendungen, Maßnahmen zur Verbesserung der Kundenbindung etc. bestehen. Vgl. Yosha (1995), S. 9.

Yosha (1995) entwickelt auf Basis des Annahmensets ein spieltheoretisches Modell, in dem beide Unternehmen versuchen, auf Basis ihrer Informationen optimale Handlungsstrategien zu entwickeln. Die Wahl der Finanzierung wird als Signal für die Qualität der Investition gewertet.[75] Es existiert ein Bayesiansches Nash-Gleichgewicht, in dem die Unternehmen in Abhängigkeit von der Qualität der Innovation und der antizipierten Gegenreaktion indifferent sind zwischen den Finanzierungsalternativen.

Aus dem spieltheoretischen Modell lassen sich mehrere Grundaussagen ableiten. Unternehmen, die nur über Innovationen geringer Qualität verfügen, wählen die mit höheren Kosten verbundene multilaterale Finanzierung, um Informationsasymmetrien abzubauen. Sie versuchen dadurch dem Unternehmen Y glaubhaft zu signalisieren, dass sie nur über ein geringes innovatives Potential verfügen, da sie fürchten, sonst als Unternehmen mit hohem Innovationspotential wahrgenommen zu werden und eine entsprechend intensive Gegenreaktion von Unternehmen X auszulösen. Durch die multilaterale Finanzierung kann Unternehmen Y Kenntnis über den Wert der geplanten Investitionen erlangen.

Weisen Unternehmen ein sehr hohes innovatives Potential auf, wählen sie die bilaterale Finanzierungsalternative. Sie werden von Unternehmen X im Modellgleichgewicht als Unternehmen mit geringerer Innovationskraft eingestuft als sie tatsächlich sind.

Die allgemeine spieltheoretische Formulierung des Modells lässt es zu, Schlussfolgerungen über verschiedene Finanzierungsalternativen zu treffen.[76] Unternehmen mit hohem innovativen Potential werden sowohl bei der Eigenkapital- als auch bei der Fremdkapitalfinanzierung bilaterale Kontrakte bevorzugen, um zu verhindern, dass Informationen an Wettbewerber gelangen.[77]

---

75 Vgl. Yosha (1995), S. 7-11.

76 Vgl. Yosha (1995), S. 13-16.

77 Vgl. Bhattacharya/Chiesa (1994). Die Autoren untersuchen das Entscheidungsverhalten von Unternehmen bei einer Fremdkapitalfinanzierung über Banken. Unternehmen können versuchen, ein spezielles Vertrauensverhältnis zu einer Bank aufzubauen oder mehrere Bankbeziehungen wählen. Die Gefahr, dass trotz eines speziellen Vertrauensverhältnisses zu einer (Haus-)Bank Informationen zu Wettbewerbern gelangen, wird explizit in das Modell integriert. Es entsteht ein Trade-off zwischen den Vorteilen, die eine bilaterale Finanzierungsbeziehung aufgrund einer größeren Vertraulichkeit haben kann, und der besseren Verhandlungsposition des Unternehmens, wenn es kontinuierlich multilaterale Finanzierungsbeziehungen nutzt.

Das Modell kann auch auf die Wahl zwischen einer privaten und einer öffentlichen Platzierung von Eigenkapital- oder Fremdkapitaltiteln angewendet werden.[78] Das öffentliche Verkaufsangebot entspricht der multilateralen Finanzierung, die private Platzierung bei einer beschränkten Anzahl von Investoren, z.B. Kreditinstitute, entspricht der bilateralen Finanzierung.

Der Modellansatz von Yosha (1995) lässt erwarten, dass hochinnovative kleine und mittlere Unternehmen eine Börseneinführung u.U. sehr kritisch beurteilen, da sie die Reaktion etablierter Wettbewerber auf bekannt werdende Informationen fürchten.[79] Hochinnovative Unternehmen werden daher eine Börseneinführung möglichst lange hinauszögern und eine Finanzierung über Venture Capital oder Beteiligungsgesellschaften vorziehen. Es kommt zu einer adversen Selektion bei potentiellen Börsenneueinführungen, die die Aussagen der Pecking Order Modelle verstärkt.[80]

2.2.1.3 Emissions-Timing

Überlegungen zur adversen Selektion sind Grundlage einer Reihe von Literaturbeiträgen, in denen der Zeitpunkt externer Finanzierungsmaßnahmen thematisiert wird. In Abhängigkeit von Art und Intensität der vorherrschenden Informationsasymmetrie wird die Vorteilhaftigkeit einer externen Kapitalmaßnahme diskutiert. Im Zentrum der Betrachtung steht die Wahl des Emissionszeitpunktes. Die Modellansätze begründen ein bewusstes Emissions-Timing durch das Management.[81]

---

[78] In einer Reihe von empirischen Studien wurden signifikant positive Kursreaktionen auf die Bekanntgabe bilateraler, privater Aktienemissionen oder Kreditfinanzierungen bereits börsennotierter Unternehmen festgestellt. Vgl. z.B. Wruck (1989), S. 8-10.

[79] Bei Diamond (1984), S. 395-398, können als sehr risikoreich wahrgenommene Unternehmen nicht an der Börse plaziert werden. Die Unternehmen werden vom Kapitalmarkt gezwungen eine strengere Kontrolle durch private Investoren zu akzeptieren. Bei Yosha (1995) sind es die Unternehmen selbst, die eine Börseneinführung ablehnen.

[80] Das Modell von Yosha (1993) ist konsistent mit der Ansicht, dass die besten Investitionsmöglichkeiten nicht an der Börse gehandelt werden.

[81] Vgl. Jung/Kim/Stulz (1996).

Lucas/McDonald (1990) entwickeln ein Modell, das die Entscheidungssituation bei der Bestimmung des Emissionszeitpunktes abbildet und stellen einen Zusammenhang zum erwarteten Kursverhalten der einzelnen Unternehmung sowie des Gesamtmarktes her.[82] Es wird davon ausgegangen, dass die Unternehmensleitung jeweils eine Periode früher als der Kapitalmarkt den zukünftigen Wert der gegenwärtigen Unternehmensaktiva kennt. Die Informationsasymmetrie wird in der Folgeperiode aufgelöst. Der Kapitalmarkt erkennt dann den wahren Wert des Unternehmens, was sich in entsprechend positiven oder negativen Aktienkursreaktionen widerspiegelt. Erwartet das Management in der Zukunft steigende Aktienkurse, geht es von einer aktuellen Unterbewertung des Unternehmens aus. Analog schließt das Management auf eine Überbewertung, wenn es auf Grundlage seines gegenwärtigen Wissens um den wahren Wert des Unternehmens in der Folgeperiode von fallenden Kursen ausgeht.[83] Entscheidungsgrundlage des Managements ist die aktuelle Unternehmensbewertung im Verhältnis zum erwarteten Wert in der Folgeperiode, der durch noch nicht öffentlich verfügbare Informationen begründet wird.[84]

In jeder Periode bietet sich dem Unternehmen mit konstanter Eintrittswahrscheinlichkeit ein Investitionsprojekt mit positivem Kapitalwert an. Das Auftreten vorteilhafter Investitionsprojekte ist unabhängig von der Wertentwicklung der bestehenden Unternehmensaktiva. Nur die Unternehmensleitung kann die Existenz positiver Investitionsmöglichkeiten a priori erkennen. Die Unternehmensleitung ist dem Kapitalmarkt daher stets „einen Schritt voraus". Die Investitionsprojekte können nur durch die Emission von Eigenkapital finanziert werden. Aus Vereinfachungsgründen wird auf eine alternative Analyse der Möglichkeit einer Finanzierung mittels risikobehaftetem Fremdkapitals oder interner Mittel verzichtet.

---

82 Anders als im Modell von Myers/Majluf (1984) orientiert sich die Unternehmensleitung an erwarteten Kursentwicklungen. Ein übergeordnetes Wissen über den absoluten Wert der Unternehmen und der zukünftigen Investitionsprojekte besteht nicht.

83 Lucas/McDonald (1990) modellieren zunächst den Fall einer Kapitalerhöhung eines bereits börsennotierten Unternehmens, so dass sich der aktuelle Marktwert direkt am Aktienkurs ablesen läßt. Erst in einem zweiten Schritt stellen sie einen Zusammenhang zwischen der gesamten Emissionstätigkeit und der Aktienmarktentwicklung her, der auch für IPOs direkte Gültigkeit hat. Bei nicht börsennotierten Unternehmen entspricht der aktuelle Unternehmenswert der Einschätzung des Managements über den Börsenwert, der bei einem aktuellen IPO erzielt werden kann.

84 Vgl. Lee (1997), S. 1463 und Zingales (1995), S. 427-429.

Die Modellimplikationen behalten allerdings auch bei Berücksichtigung der alternativen Finanzierungsmöglichkeiten ihre Gültigkeit.[85]

Zentrale Annahme im Modell von Lucas/McDonald (1990) ist, dass die Realisierung der Investitionsmöglichkeit nicht auf die Periode ihres Bekanntwerdens beschränkt ist. Ihre Verwirklichung kann während der Lebensdauer des Unternehmens beliebig lange aufgeschoben werden. Dies ist eine notwendige Voraussetzung zur Modellierung des Emissions-Timings. Das Management maximiert durch die Wahl des Emissionszeitpunktes das Vermögen der Alteigentümer. Die Opportunitätskosten, die durch eine Verzögerung der Investitionsdurchführung entstehen, werden dadurch in das Modell integriert, dass das Unternehmen in jeder Periode mit konstanter Wahrscheinlichkeit in Konkurs gehen kann und dann annahmegemäß sämtliche gegenwärtigen und zukünftigen Investitionsprojekte verloren gehen.[86]

Aus dem Annahmenset entwickeln Lucas/McDonald (1990) ein Gleichgewichtsmodell, das klare Aussagen über Emissions-Timing zulässt. Geht die Unternehmensleitung davon aus, dass es in der Folgeperiode zu Aktienkurssteigerungen kommt, da sich die Informationsasymmetrie über den gegenwärtigen Wert des Unternehmens auflöst, wird grundsätzlich kein Eigenkapital emittiert. Die Durchführung des Investitionsprojektes und die damit verbundene Emission von Eigenkapitaltiteln wird verschoben.[87]

Unternehmen, die in der Zukunft mit negativen Aktienkursreaktionen rechnen und über vorteilhafte Investitionsmöglichkeiten verfügen, emittieren Eigenkapital. Die Alteigentümer profitieren doppelt: Zum einen erhalten sie einen Anteil am neuen Investitionsprojekt, zum anderen erfahren sie einen Vermögenszuwachs durch den Verkauf in Hinblick auf die zukünftige Entwicklung der überbewerteten

---

85 Vgl. Lucas/McDonald (1990), S. 1036-1037.

86 Es kann immer nur ein Investitionsprojekt durchgeführt werden. Bietet sich dem Unternehmen eine zweite Investitionsalternative an, ersetzt diese die erste Investitionsmöglichkeit. Diese Annahme reduziert die Komplexität des Modells, da sonst das Emissionsvolumen variabel sein müßte. Lucas/McDonald (1990) berücksichtigen nicht, dass sonst auch ein Anreiz entstehen könnte, Investitionsmöglichkeiten zu akkumulieren, ohne sie u.U. jemals durchzuführen. Zu mit realen Investitionsmöglichkeiten verbundenen Optionseffekten vgl. Bank/Mager (2000), S. 302-307 und Gerke/Bank (1997b), S. 573-577.

87 Lucas/McDonald (1990) untersuchen nicht den Fall, dass die Alteigentümer trotz einer Unterbewertung der bestehenden Unternehmensaktiva durch die Durchführung der Investitionsmöglichkeit überkompensiert werden.

Unternehmensanteile. Lässt sich kein Projekt mit positivem Kapitalwert realisieren, verzichten die Alteigentümer auf eine Emission.[88]

Das Auftreten vorteilhafter Investitionsmöglichkeiten im Zeitablauf kann lediglich die Unternehmensleitung erkennen. Die Entscheidung, eine Eigenkapitalemission durchzuführen, signalisiert dem Kapitalmarkt, dass das Unternehmen über positive Investitionsmöglichkeiten verfügt und diese realisiert werden. Wenn lediglich Unternehmen, deren Management von einer Überbewertung ausgeht, Eigenkapital emittieren, können potentielle Investoren die kombinierte Investitions- und Finanzierungsentscheidung als negatives Signal über den tatsächlichen Wert der Unternehmung interpretieren. Antizipieren Kapitalmarktteilnehmer ein bewusstes Emissions-Timing und einen niedrigeren Unternehmenswert in der Zukunft, sind sie nur bei einem entsprechenden Abschlag bereit, Aktien zu zeichnen.

Lucas/McDonald (1990) erweitern ihr Modell zur Erklärung des Kursverhaltens vor Kapitalerhöhungen von börsennotierten Unternehmen. Unternehmen, deren Aktien über mehrere Perioden gestiegen sind und keine Kapitalerhöhung durchgeführt haben, verfügen mit vergleichsweiser hoher Wahrscheinlichkeit über vorteilhafte Investitionsmöglichkeiten, die annahmegemäß jede Periode mit gleicher Wahrscheinlichkeit auftreten. Je mehr Perioden seit der letzten Kapitalerhöhung vergangen sind, desto höher ist damit die Wahrscheinlichkeit, dass eine vorteilhafte Investitionsmöglichkeit vorliegt. Gleichzeitig demonstriert der Kursanstieg über mehrere Perioden, dass sich die Unterbewertung abgebaut hat. Das Modell von Lucas/McDonald prognostiziert, dass Unternehmen im Vorfeld von Kapitalerhöhungen eine überdurchschnittliche Aktienkursperformance aufweisen und die Ankündigung der Kapitalerhöhung eine negative Kursreaktion hervorruft. [89]

In einem weiteren Schritt stellen Lucas/McDonald (1990) einen Zusammenhang zwischen der Renditeentwicklung des gesamten Börsenmarktes und der Emissionstätigkeit von Unternehmen her.[90] Sie treffen die Annahme, dass sich das Verhältnis von überbewerteten zu unterbewerteten Unternehmen im Zeitablauf stochastisch verändert. Die Realisation des tatsächlichen Unternehmenswertes am

---

88 Vorstellbar ist, auch ohne Investitionsmöglichkeit eine Emission durchzuführen und die Erlöse zu „parken", um in Zeiten einer Unterbewertung Projekte mit positiven Kapitalwert finanzieren zu können. Ein solches Vorgehen erscheint jedoch problematisch, da der Kapitalmarkt unmittelbar nach der Finanzierung den Kapitalwertbeitrag der Investition erkennen kann. Vgl. Lucas/ McDonald (1990), S. 1023.

89 Vgl. Lucas/McDonald (1990), S. 1026-1029. Eine negative Kursreaktion auf die Ankündigung von Kapitalerhöhungen und eine überdurchschnittliche Kursentwicklung im Vorfeld der Ankündigung sind vielfach empirisch dokumentiert. Vgl. z.B. Bayless/Chaplinsky (1996).

90 Vgl. Lucas/McDonald (1990), S. 1029-1030.

Ende der Betrachtungsperiode wird hierzu um eine stochastische Variable ε_t ergänzt, die zufällige Renditeschwankungen im einzelnen Unternehmen beschreibt.[91] Weder die Unternehmensleitung noch die Kapitalmarktteilnehmer können die Realisation von ε_t im voraus erkennen.[92] Aufgrund der stochastischen Variation der Bewertungsfehler können sich in einzelnen Perioden überdurchschnittlich viele Unternehmen in einer Situation der Über- oder Unterbewertung befinden.[93] Zu einem Anstieg des Gesamtmarktes kommt es, wenn die stochastische Zufallsvariable ε_t mehrfach hintereinander bei der Mehrzahl der Unternehmen positiv ausfällt. Durch den Anstieg des Gesamtmarktes, nimmt im Durchschnitt die vom Management der jeweiligen Unternehmen wahrgenommene Unterbewertung, d.h. die Erwartung steigender Kurse in den Folgeperioden, ab. Entschließen sich nun Unternehmen im Anschluss an den Marktanstieg vielfach Eigenkapitaltitel zu emittieren, kommt es zu Zeiträumen ausgeprägter Emissionstätigkeit, den sogenannten „hot issue periods".[94]

Während bei Lucas/McDonald (1990) das Ausmaß der Informationsasymmetrie zwischen Unternehmensleitung und Kapitalmarkt stets konstant bleibt, berücksichtigen alternative Modelle zur Erklärung von Emissions-Timing explizit Schwankungen der Informationsasymmetrie im Zeitablauf. Grundüberlegung ist, dass Manager zur Emission von Eigenkapitaltiteln mehrheitlich Zeiträume nutzen, die sich durch vergleichsweise niedrige Informationsasymmetrien auszeichnen, um die Problematik der adversen Selektion zumindest teilweise einzuschränken. Variationen der Informationsasymmetrie im Zeitablauf werden in der Literaturdiskussion zum einen auf unternehmensspezifischer und zum anderen auf gesamtwirtschaftlicher Ebene modelliert.

Der Zusammenhang zwischen im Geschäftsjahresverlauf schwankenden Informationsasymmetrien und der Emissionstätigkeit wird von Korajeczak/ Lucas/McDonald (1991, 1992) untersucht. Sie zeigen auf, dass aufgrund der adversen Selektions-Problematik Unternehmen überdurchschnittlicher Qualität es vorziehen, mit der Emission von Eigenkapitaltiteln zu warten, bis unternehmensinterne (positive) Informationen glaubhaft öffentlich bekannt gemacht werden können.

---

91 ε_t hat einen Mean von Null und ist im Zeitablauf unabhängig und identisch.

92 Das Ausmaß der Informationsasymmetrie zwischen Management und den Kapitalmarktteilnehmern bleibt im Zeitablauf konstant.

93 Degeorge/Zeckhauser modellieren explizit den Fall, dass Unternehmen relativ niedriger Qualität dann an die Börse gehen, wenn sie hoffen bei einer hohen Anzahl von Unternehmen hoher Qualität vom Kapitalmarkt nicht als „lemons" identifiziert zu werden. Vgl. Degeorge/Zeckhauser (1993), S. 1325-1328.

94 Vgl. Ibbotson/Jaffe (1975), Ritter (1984) und Lerner (1994).

Unternehmen unterdurchschnittlicher Qualität emittieren neue Aktien, bevor sich Informationsasymmetrien über den wahren Wert der Unternehmung auflösen.[95] Korajeczak/Lucas/McDonald überprüfen ihre Modellaussagen in einer empirischen Untersuchung, in der sie das zeitliche Auftreten von Eigenkapitalemissionen bereits börsennotierter Unternehmen im Vorfeld und Anschluss an die Veröffentlichung von Quartalsberichten am US-amerikanischen Kapitalmarkt analysieren.[96] Der Studie liegt die Annahme zugrunde, dass unmittelbar nach der Veröffentlichung von Quartalsberichten die Informationsasymmetrie zwischen Unternehmensinsidern und Kapitalmarktteilnehmern bezogen auf das Geschäftsjahr unterdurchschnittlich ausgeprägt ist. Sie kommen zum Ergebnis, dass sich eine signifikante Häufung von Eigenkapitalemissionen nach Bekanntgabe der Geschäftsergebnisse beobachten lässt. Zum Quartalsende hingegen nimmt die Emissionstätigkeit ab. Weiterführend überprüfen sie, ob ein Zusammenhang zwischen der Höhe der Ankündigungsreaktion der Eigenkapitalerhöhung und dem zeitlichen Abstand zur Bekanntgabe der Quartalszahlen besteht.[97]

Ihrer modelltheoretischen Argumentation entsprechend, sollte die negative Ankündigungsreaktion um so geringer ausfallen, je geringer der zeitliche Abstand zur Bekanntgabe der Geschäftszahlen ist.[98] Im Rahmen einer Regressionsanalyse konnten sie einen signifikant negativen Zusammenhang feststellen. Insgesamt bestätigen die empirischen Ergebnisse die Modellaussagen. Fraglich ist jedoch, inwieweit sich die modelltheoretischen Überlegungen und empirischen Ergebnisse zu Kursreaktionen auf Ankündigungen von Kapitalerhöhungen bereits börsennotierter Unternehmen auf Börsenneueinführungen übertragen lassen, da typischerweise der Zeitraum um die Börseneinführung die geringsten Informationsasymmetrien im Geschäftsjahr aufweist.[99] Damit liegt der Zeitpunkt der Kapitalmaßnahme im Zeitabschnitt der Bekanntgabe von Unternehmensinformationen.

Im Gegensatz zu den bisher vorgestellten Modellen zum Emissions-Timing, die von Schwankungen der unternehmensspezifischen Informationslage ausgehen, erklären Choe/Masulis/Nanda (1993) zeitliche Variationen des Ausmaßes von Informationsasymmetrien mit der Veränderung makroökonomischer Variablen während eines

---

95 Vgl. Degeorge/Zeckhauser (1993), S. 1325-1328.

96 Vgl. Korajeczak/Lucas/McDonald (1991), S. 695-703.

97 Vgl. Korajeczak/Lucas/McDonald (1991), S. 703-706.

98 Der Grund liegt in durchschnittlich niedrigeren „lemon premiums".

99 Neben den Pflichtveröffentlichungen, z.B. dem Emissionsprospekt, findet üblicherweise ein hohes Maß an Informationsproduktion durch Unternehmensanalysten, Road Shows, Medienberichterstattung etc. statt.

Konjunkturzyklus. Die Autoren nutzen als Grundlage ihres Modells zwei empirische Beobachtungen. So existieren eine Reihe von Studien, in denen der Zusammenhang des Verhältnisses von Eigenkapital- zu Fremdkapitalemissionen der Unternehmen während Konjunkturzyklen dokumentiert ist. Ergebnis der Untersuchungen ist, dass das Verhältnis in makroökonomischen Expansionsphasen zunimmt, in Kontraktionsphasen abnimmt.[100] Die zweite Beobachtung betrifft die Volatilität der Aktienmärkte. Diese nimmt in rezessiven Phasen zu, während sie in expansiven Phasen abnimmt.[101] Beide empirische Befunde lassen sich im Argumentationsgang von Choe/Masulis/Nanda mit systematischen Veränderungen von Informationsasymmetrien bzw. Problemen adverser Selektion während eines Konjunkturzyklus erklären. Sie orientieren sich in ihrer Modellbildung in wesentlichen Zügen an Myers/ Majluf (1984), nehmen jedoch mehrere Veränderungen vor.[102] So haben Unternehmen zur Finanzierung von Investitionsprojekten lediglich die Wahl zwischen der Emission von Eigenkapital oder Fremdkapital, das annahmegemäß Agency Kosten verursacht.

Während eines konjunkturellen Aufschwungs eröffnen sich Unternehmen in der Regel Investitionschancen von vergleichsweise besserer Qualität. Gleichzeitig geht die Bewertungsunsicherheit über den Wert von Unternehmensaktiva am Kapitalmarkt zurück, was in einer reduzierten Aktienkursvolatilität zum Ausdruck kommt.[103] Die mit einer Investitionsdurchführung entstehenden Kapitalwertbeiträge sind aufgrund der rückläufigen Kosten der adversen Selektion eher in der Lage, Alteigentümer für mögliche Vermögensnachteile zu entschädigen. Entscheiden sich Unternehmen im Durchschnitt, den allgemeinen konjunkturellen Aufschwung zu zusätzlichen Investitionen zu nutzen, werden sich mehr Unternehmen zu einer Finanzierung über die Emission von Eigenkapital entscheiden. Das steigende Verhältnis der Anzahl von Eigenkapitalemissionen zu Fremdkapitalfinanzierungen erklärt sich durch die Veränderung der relativen Kosten.

Die Agency Kosten des Fremdkapitals sind unabhängig vom konjunkturellen Umfeld. Sie bleiben im Modell stets konstant.[104] Lediglich die Kosten der Eigenkapitalfinanzierung sind rückläufig, so dass sich tendenziell mehr Unter-

---

100 Vgl. z.B. Moore (1980) und Marsh (1982).

101 Vgl. Schwert (1989). Der Autor konnte den Zusammenhang zwischen Aktienkursvolatilitäten und Konjunkturzyklen über einen Zeitraum von ca. 100 Jahren dokumentieren.

102 Auf die Einbeziehung von unternehmensinternen Ressourcen wird aus Vereinfachungsgründen verzichtet. Die Implikationen des Modells behalten jedoch auch bei einer Einbeziehung von Innenfinanzierungsmöglichkeiten ihre Gültigkeit. Vgl. Choe/Masulis/Nanda (1993), S. 5-9.

103 Vgl. Choe/Masulis/Nanda (1993), S. 11.

104 Vgl. Choe/Masulis/Nanda (1993), S. 10.

nehmen entscheiden, Investitionsprojekte über die Emission von Aktien zu finanzieren.[105]

In einer empirischen Studie überprüfen Choe/Masulis/Nanda (1993) die theoretischen Implikationen ihres Modells für den US-amerikanischen Kapitalmarkt.[106] Sie analysieren Auswirkungen unterschiedlicher makroökonomischer Faktoren auf die Außenfinanzierung für den Betrachtungszeitraum 1971-1991. Im wesentlichen können ihre Ergebnisse als Bestätigung ihrer theoretischen Überlegungen gewertet werde. Besonders auffallend ist, dass Veränderungen des Zinsniveaus keine signifikante Erklärungskraft für das Finanzierungsverhalten haben.

In einer vergleichbaren empirischen Untersuchung für den US-amerikanischen Kapitalmarkt kommen Bayless/Chaplinsky (1996) zu gegenteiligen Schlussfolgerungen. Die Autoren untergliedern den Betrachtungszeitraum von 1968-1990 in Zeitabschnitte hoher Emissionsintensität („hot issue markets"), durchschnittlicher Emissionstätigkeit („normal issue markets") und niedriger Emissionsintensität („cold issue markets") von Eigenkapitaltiteln.[107] Sie stellen jedoch entgegen den Schlussfolgerungen von Choe/Masulis/Nanda (1993) fest, dass die „hot issue markets" zeitlich nicht mit Phasen eines konjunkturellen Aufschwungs zusammenfallen.[108] In einem weiteren Untersuchungsschritt werden daher zusätzlich Variablen integriert, die unternehmensspezifische Eigenschaften abbilden. Bayless/Chaplinsky kommen zum Ergebnis, dass es besonders günstige Zeitabschnitte zur Emission von Aktien („windows of opportunity") gibt, diese jedoch nicht mit gesamtwirtschaftlichen Faktoren oder unternehmensspezifischen Charakteristika erklärt werden können.[109]

---

105 Die Autoren folgern weiter, dass die Kapitalmarktreaktion auf die Ankündigungen von Kapitalerhöhungen bereits börsennotierter Unternehmen in Phasen eines konjunkturellen Aufschwungs schwächer ausfallen sollte, da die Informationsasymmetrien aufgrund der allgemein reduzierten Bewertungsunsicherheit am Kapitalmarkt und den verbesserten Investitionsaussichten geringer sind. Vgl. Choe/Masulis/Nanda (1993), S. 8-9.

106 Vgl. Choe/Masulis/Nanda (1993), S. 13-30.

107 Vgl. Bayless/Chaplinsky (1996), S. 258-260.

108 Vgl. Bayless/Chaplinsky (1996), S. 260-261.

109 Die Autoren können feststellen, dass bei bereits börsennotierten Unternehmen die negative Ankündigungsreaktion auf Eigenkapitalerhöhungen in „hot issue markets" relativ geringer ausfällt als in den „cold issue markets". Sie schließen daraus auf niedrigere Informationsasymmetrien. Vgl. Bayless/Chaplinsky (1996), S. 276.

Einen theoretischen Modellansatz zur Erklärung der „windows of opportunity" liefern die Autoren nicht. Eine mögliche Erklärung für die von Choe/ Masulis/Nanda (1993) abweichenden Schlussfolgerungen ist, dass Bayless/Chaplinsky (1996) aggregierte Emissionsvolumina, Choe/Masulis/Nanda (1993) hingegen die Anzahl von Emissionen analysieren.

Rajan/Servaes (1997) analysieren den Zusammenhang zwischen den Zukunftseinschätzungen von Analysten, basierend auf den ersten Studien, die nach dem IPO veröffentlicht werden, und der Emissionstätigkeit. Hierzu adjustieren sie die Gewinnschätzungen für die Börsenneueinführungen um die Erwartungen der Analysten für vergleichbare, seit längerem börsennotierten Unternehmen. Die Autoren können in ihrer Studie nachweisen, dass eine signifikante Häufung von IPOs dann auftritt, wenn die Finanzmarktanalysten besonders optimistisch sind.[110]

Eine weiterführende Betrachtung der von Lucas/McDonald (1990) und Choe/ Masulis/Nanda (1993) modellierten kombinierten Investitions- und Finanzierungsentscheidung bei Problemen adverser Selektion wird von Berkovitch/Narayanan (1993) vorgenommen. Die Grundstruktur des Modellansatzes entspricht im wesentlichen dem oben dargestellten. Die Autoren erweitern die Modellannahmen in zwei zentralen Punkten, um realitätsnähere Aussagen treffen zu können.[111] So existieren im Modell Finanzintermediäre neben der Unternehmensleitung und den Kapitalmarktteilnehmern. Finanzintermediäre können z.B. Kreditinstitute oder Venture Capital Gesellschaften sein. Annahmegemäß verfügt jedes Unternehmen über eine spezielle Beziehung zu einem Finanzintermediär, die diesem ein besseres Wissen über die tatsächliche Qualität des Unternehmens vermittelt, als es die Kapitalmarktteilnehmer im allgemeinen haben.

Durch Finanzintermediäre wird die adverse Selektionsproblematik bei Börseneinführungen tendenziell verstärkt, da Unternehmen überdurchschnittlicher Qualität einen relativ leichteren Zugang zu Kredit- oder Beteiligungsfinanzierungen haben.[112] Weiterhin wird davon ausgegangen, dass jeweils nur ein Teil der Investitionsmöglichkeiten in die nächste Periode verschoben werden kann, da z.B. technologischer

110 Vgl. Rajan/Servaes (1997), S. 525-527. Nach Meinung des Verfassers lassen die Ergebnisse von Rajan/Servaes auch eine andere Interpretation zu: In Zeiten einer verstärkten Inanspruchnahme des Kapitalmarktes versuchen Investmentbanken die Emission durch besonders vorteilhafte Analysen zu unterstützen.

111 Die erweiterten Annahmen machen das Modell sehr komplex. Auf eine detaillierte Darstellung wird auch deshalb verzichtet, da viele Ergebnisse mit denen aus den vorher skizzierten Modellen übereinstimmen. Lediglich wichtige Unterschiede in den Annahmen und ein zusätzlicher Erkenntnisgewinn sollen dargestellt werden.

112 Vgl. Berkovitch/Narayanan (1993), S. 221-222 und S. 227-233.

Fortschritt oder Veränderungen im Wettbewerb den Kapitalwertbeitrag der Projekte beeinträchtigen können.[113]

Aus dem Modell von Berkovitch/Narayanan (1993) ergeben sich Schlussfolgerungen, die über die theoretischen Implikationen von Lucas/McDonald (1990) und Choe/ Masulis/Nanda (1993) hinausgehen:

1) Das gesamte Volumen externer Finanzierungsmaßnahmen und der relative Anteil der Eigenkapitalfinanzierung sind um so höher, je schneller eine konjunkturelle Erholung stattfindet. Dies liegt im wesentlichen daran, dass mehr Investitionsprojekte niedriger Qualität akzeptiert werden.
2) Das gesamte Volumen externer Finanzierungsmaßnahmen und der relative Anteil der Eigenkapitalfinanzierung hängen von den ökonomischen Verhältnissen vor der Expansionsphase ab. Je niedriger das ökonomische Niveau vor der Expansionsphase ist, desto höher sind die externen Finanzierungsmaßnahmen im konjunkturellen Aufschwung. Hauptgrund ist, dass mehr vorteilhafte Projekte verschoben wurden. Branchen, die sich durch einen schnellen technologischen Fortschritt oder sehr dynamische Wettbewerbsverhältnisse auszeichnen, weisen höhere Eigenkapitalquoten auf, da der Optionswert, der aus der Möglichkeit, Projektrealisationen zu verschieben, entsteht, geringer ist.[114]

Eine empirische Studie, die sich mit Emissions-Timing in einer speziellen Branche beschäftigt, stammt von Lerner (1994). Der Autor untersucht die Fähigkeit von Venture Capital Gesellschaften, den optimalen Zeitpunkt für den Börsengang ihrer Beteiligungen zu wählen.[115] Grundlage ist eine Stichprobe bestehend aus 750 Venture

---

113 Vgl. Berkovitch/Narayanan (1993), S. 223-225. Die eingeschränkte Möglichkeit die Investitionsrealisierung zu verschieben, ist ein zentraler Unterschied zu Lucas/McDonald (1990).

114 Keine der Konzeptionen zum Emissions-Timing modelliert explizit den Optionswert. Dieser entsteht durch die Möglichkeit mit der Realisation eines unsicheren Projektes abzuwarten, bis sich im Zeitablauf die Unsicherheit reduziert oder der Kapitalwert erhöht. Im Rahmen der Übertragung der Optionspreistheorie in die Investitionsrechnung werden zentrale Begriffe gegenübergestellt:

Wert der Investitionsmöglichkeit	Wert der Kaufoption
Wert der Investition	Underlying
Investitionskosten (sunk costs)	Basispreis
Wert des durchgeführten Projekts abzüglich der Investitionskosten	innerer Wert
Opportunitätskosten Dividende	Dividende
Wert des Wartens	Zeitwert
Optimaler Investitionszeitpunkt	Optimaler Ausübungszeitpunkt

Vgl. Bank/Mager (2000), S. 301-307.

115 Zur Rolle von Venture Capitalisten im Zusammenhang mit Informationsasymmetrien vgl. Barry et al. (1990), S. 447-451 und Gerke (1995b), S. 1885-1890.

Capital finanzierten Biotechnologie-Unternehmen über den Betrachtungszeitraum von 1978 bis 1992 innerhalb der USA.[116] In einem ersten Schritt weist Lerner nach, dass Venture Capital Gesellschaften eine ausgeprägte Timing-Fähigkeit besitzen. Im Durchschnitt steigt der Biotechnologie-Aktien Index 60 Handelstage vor dem IPO der Beteiligungsunternehmen um ca. 10 % an, in den ersten 60 Handelstagen nach der Börseneinführung fällt der Index um ca. 5 %. Die Ergebnisse sind auf dem 1 %-Niveau signifikant.[117] Andererseits dominieren in Phasen rückläufiger bzw. im Vergleich zu bereits vorher erreichtem Kursniveau, niedrigerer Kurse bilaterale Finanzierungsrunden.[118] Weiterhin wird analysiert, ob die Erfahrung von Venture Capital Unternehmen, gemessen durch das Alter der Unternehmung, einen Einfluss auf die Timing-Fähigkeit hat. So zeigt sich ein signifikant positiver Zusammenhang zwischen der Erfahrung und der Timing-Fähigkeit.[119]

Die empirische Untersuchung weist nach, dass erfolgreiches Emissions-Timing betrieben wird.[120] Sie lässt sich insgesamt auch als weitgehende Bestätigung der theoretischen Modelle zur Eigenkapitalemission bei Problemen adverser Selektion interpretieren. Es ist jedoch nicht möglich, die einzelnen theoretischen Erklärungsansätze im Rahmen der empirischen Studie von Lerner differenziert nachzuweisen.

Zur Erklärung von Emissions-Timing können neben Schlussfolgerungen aus komplexen Modellen basierend auf Überlegungen zur asymmetrischen Informationsverteilung, auch naive Handlungsstrategien („naive trading rules“) des Managements bzw. der Alteigentümer herangezogen werden.[121] Eine Überlegung ist,

---

[116] Vgl. Lerner (1994), S. 295-297. Lerner betreibt eine sehr aufwendige Datenbeschaffung. Ein Großteil der Daten ist nicht öffentlich verfügbar bzw. nur schwer zugänglich. Für die ersten Jahre der Untersuchung existierte kein spezifischer Biotechnologie-Aktien-Index, weshalb Lerner einen Vergleichsindex aus Unternehmen bildet, von denen man Ende der siebziger Jahre glaubte, dass sie ein großes Potential in der neu entstehenden Biotechnologiebranche hätten.

[117] Vgl. Lerner (1994), S. 300-301.

[118] Die Biotechnologiebranche zeichnet sich durch eine Reihe spezifischer Charakteristika aus. Die Entwicklungszeit pharmazeutischer Produkte beträgt typischerweise zehn oder mehr Jahre. Unternehmen befinden sich regelmäßig auch nach der Börseneinführung noch über lange Zeit in der Forschungs- und Entwicklungsphase. Bei jeder Finanzierungsrunde muß daher von neuem entschieden werden, ob eine bilaterale, private Finanzierung oder ein Börsengang optimal ist. Vgl. Lerner (1994), S. 294.

[119] Dies kann u.U. aber auch auf andere Effekte zurückgeführt werden. Vorstellbar ist, dass in einem „hot issue market“ die Kapazität der (Investment-) Banken nicht ausreicht, alle Emissionen zu betreuen. Ältere Venture Capital Gesellschaften verfügen über bessere Beziehungen und werden daher bevorzugt.

[120] Einen weiteren empirischen Nachweis führen Loughran/Ritter/Rydqqvist (1994), S. 175-188.

[121] Vgl. Korajczyk/Lucas/McDonald (1990), S. 262-263.

dass die Unternehmensleitung einen deutlichen Anstieg in der Börsenbewertung von Konkurrenzunternehmen bzw. der eigenen Branche beobachtet und mit wahrscheinlich wieder sinkenden Kursen rechnet.[122] Unabhängig von den vorhandenen Investitionsmöglichkeiten führen sie eine Eigenkapitalemission durch, um von dem als temporär vorteilhaft wahrgenommenen aktuellen Kursniveau zu profitieren. Dabei geht das Management u.U. von einer Reduzierung der Eigenkapitalkosten aufgrund eines hohen Kurs-Gewinn-Verhältnisses beim IPO aus. Pagano/ Panetta/Zingales (1994) können nachweisen, dass eine positive Korrelation zwischen dem Median des Markt-/Buchwert-Verhältnisses in einer Branche und der Wahrscheinlichkeit von Börsenneueinführungen branchengleicher Unternehmen existiert.[123] Wenn keine Investitionsmöglichkeiten mit positivem Kapitalwertbeitrag vorliegen, entsteht die Problematik der Überinvestition. Von einer Interessenkongruenz zwischen der Unternehmensleitung und den Anteilseignern kann dann nicht mehr ausgegangen werden.

Aussagen von Praktikern aus der Investmentbranche unterstreichen die Bedeutung von Emissions-Timing innerhalb einzelner Branchen und in Abhängigkeit von der gesamten Marktentwicklung:[124]

> "The whole problem can be summed up in the phrase „IPO window". The IPO window occurs when sellers try to bail out and buyers try to get rich without doing any work.... It is when the AEA (American Electronics Association) puts up a billboard on Highway 101 near Great America that says, „The buy side has lost its mind, let's bag them quick, before they catch on". Sometime late in the IPO window, we get to watch venture capitalists behave like Keystone Kops."[125]

---

122 Hansen/Crutchley (1990) kommen in einer empirischen Studie in den USA zum Schluß, dass Unternehmen dann Eigenkapital- und Fremdkapitaltitel emittieren, wenn sie mit einem Rückgang der Unternehmenserträge rechnen. Dabei ist das relative Emissionsvolumen um so höher, je größer der Ertragsrückgang ist.

123 Vgl. Pagano/Panetta/Zingales (1998), S. 34-35.

124 Das Zitat stammt aus einem Diskussionspapier eines Manager aus der Investmentbranche. Zitiert nach Lerner (1994), S. 314.

125 Mit „Keystone Kops" ist der Typus des hektischen, trotteligen Polizisten in den Slapstick Stummfilmen der zwanziger und dreißiger Jahre gemeint.

2.2.1.4 Underpricing als Signal zur Reduzierung der adversen Selektion

Das Underpricing Phänomen ist eine der bekanntesten Marktanomalien im Zusammenhang mit der Börseneinführung von Unternehmen.[126] In zahlreichen empirischen Studien wurde das Underpricing-Phänomen dokumentiert. In allen bisher analysierten Kapitalmärkten konnten im Durchschnitt positive Emissionsrenditen nachgewiesen werden. In der Literatur wurden unterschiedliche theoretische Erklärungsansätze entwickelt, die meist ein bewusstes Underpricing als Folge rationalen Verhaltens der Marktteilnehmer ableiten.[127] Einige der Theorien stellen einen expliziten Zusammenhang zu den Problemen her, die mit Finanzierungs- und Investitionsentscheidungen bei adverser Selektion verbunden sind. Kernpunkt der Argumentation ist, dass bei Vorherrschen von Informationsasymmetrien zwischen der Unternehmensleitung und dem Kapitalmarktteilnehmern Underpricing ein kostspieliges Signal ist, das von Unternehmen überdurchschnittlicher Qualität gewählt wird, um Investoren den wahren Wert des Unternehmens zu zeigen.[128] Gelingt es den Unternehmen nicht ihre Qualität glaubhaft zu signalisieren, werden sie vom Kapitalmarkt nur als Unternehmen durchschnittlicher Qualität eingestuft und entsprechend bewertet.

Im Modellansatz von Chemmanur (1993) sind Unternehmen, die überdurchschnittliche Investitionsmöglichkeiten besitzen, an einer präzisen Bewertung ihrer Aktien interessiert, um einen möglichst hohen Emissionserlös aus dem IPO und Folgeemissionen zu erzielen und die Kosten adverser Selektion zu reduzieren. Durch gezieltes Underpricing induzieren sie für die Kapitalmarktteilnehmer einen Anreiz, sich privat Informationen über das Unternehmen zu beschaffen. Das Underpricing wirkt als Kompensation für mit der Informationsbeschaffung verbundene Kosten.[129]

---

126 Unter Underpricing versteht man eine im Durchschnitt positive Emissionsrendite, die sich aus der Differenz zwischen dem vor der Börsennotierung festgelegten Emissionspreis und der ersten Börsennotierung errechnen läßt. Das Phänomen einer positiven Emissionsrendite wird auch in der deutschen Literatur häufig als Underpricing bezeichnet.

127 Eine graphische Abbildung, die die unterschiedlichen Erklärungsansätze systematisiert, befindet sich im Anhang 3, S. 204..

128 Da die Modellkonzeptionen bereits vielfach anderen Ortes behandelt wurden, sollen lediglich der grundlegende Argumentationsgang aufgezeigt werden. Vgl. z.B. Ritter (1995).

129 Ein empirischer Nachweis, dass ein positiver Zusammenhang zwischen der Höhe des Underpricings und der Analystenberichterstattung in den Folgeperioden besteht, findet sich bei Rajan/ Servaes (1997), S. 511-515.

Das Modell von Chemmanur greift den Kompensationsgedanken von Rock (1986) wieder auf. Rock geht von einem heterogenen Informationsstand der Kapitalmarktteilnehmer selbst aus. Die sogenannten informierten Anleger können zwischen über- und unterbewerteten Emissionen unterscheiden und deshalb bei der Zeichnung von Neuemissionen selektiv vorgehen. Uninformierte Anleger hingegen zeichnen alle Neuemissionen. Sie erhalten daher einen überproportionalen Anteil von Emissionen mit negativen Zeichnungsrenditen. Werden die Zeichnungsverluste nicht kompensiert, ziehen sie sich vom Kapitalmarkt zurück. Der Platzierungserfolg von IPOs ist nicht mehr gewährleistet. Rock leidet daraus ein Gleichgewichts-Underpricing ab, das das Funktionieren von Börsenneueinführungen bei einem unvollkommenen Kapitalmarkt garantiert.

Bei Welch (1989) kann eine hohe Unternehmensqualität durch bewusstes Underpricing signalisiert werden, da sich die marginalen Kosten des Underpricings für Unternehmen über- und unterdurchschnittlicher Qualität unterscheiden. Im Modell-Ansatz wird die Qualität von Unternehmen über beobachtbare Geschäftsaktivitäten, z.B. Investitionen, im Zeitraum zwischen der Börseneinführung und einer Folgeemission enthüllt. Unternehmen geringerer Qualität können versuchen, die Geschäftsaktivitäten von Unternehmen hoher Qualität nachzuahmen, um die Informationsasymmetrie über den wahren Wert bis nach der Folgeemission aufrechtzuerhalten.[130] Die Nachahmung verursacht jedoch Kosten („imitation costs"). Welch entwickelt ein spieltheoretisches Separationsgleichgewicht, in dem Unternehmen hoher Qualität durch bewusstes Underpricing ihre Qualität signalisieren können („signalling costs"). Aufgrund der zusätzlichen „signalling costs" ist es für Unternehmen geringerer Qualität nicht lohnend, Unternehmen hoher Qualität nachzuahmen.[131]

Grinblatt/Hwang (1989) modellieren den Fall, dass die Alteigentümer risikoavers sind und durch den Verkauf ihrer Anteile am Unternehmen ihr Portfolio diversifizieren möchten.[132] Ein vollständiger Verkauf ihrer Anteile im Rahmen der Börseneinführung (t=0) scheidet bei Bestehen von Informationsasymmetrien aus, da die Kapitalmarktteilnehmer dies als schlechtes Signal über die Zukunftsaussichten

130 Durch die Nachahmung von Projekten, die vom Kapitalmarkt temporär als Investitionen hoher Qualität wahrgenommen werden, entsteht annahmegemäß kein positiver Kapitalwertbeitrag. Vgl. Welch (1989), S. 423-424.

131 In einem spieltheoretischen Gleichgewicht ist es für Unternehmen geringerer Qualität unter den Prämissen von Welch sogar vorteilhaft, selbst bei der Börseneinführung den wahren Wert offenzulegen. Vgl. Welch (1989), S. 430-435.

132 Pagano (1993) sieht den Hauptvorteil eines Börsengangs in der Vermögensdiversifikation der Alteigentümer durch eine Umplazierung von Aktien.

bzw. den Wert des Unternehmens interpretieren würden. Nach dem Börsengang besteht eine Warteperiode („lock-up period"), während der die Alteigentümer keine weiteren Anteile verkaufen dürfen.[133] Die Informationsasymmetrie über den erwarteten Wert der Unternehmung und die Varianz der Cash-flows löst sich mit gegebener Wahrscheinlichkeit mit dem Ablauf der „lock-up period" (t=1) oder erst eine Periode später (t=2) auf. Grinblatt/Hwang entwickeln eine spieltheoretische Konzeption, in der die Alteigentümer bei Bestehen von Problemen adverser Selektion ihren Gesamtverkaufserlös aus t=0 und t=1 auf Basis ihrer Nutzenfunktion maximieren. In Abhängigkeit vom Ausmaß der Informationsasymmetrie lässt sich eine optimale Handlungsstrategie entwickeln, die Unternehmen hoher Qualität eindeutig von Unternehmen niedriger Qualität separiert. Dabei wird das Underpricing in Kombination mit dem Anteil der Altaktionäre nach der Börseneinführung als Signal benutzt. Grinblatt/Hwang (1989) integrieren die Überlegungen von Leland/Pyle (1977), die den Unternehmensanteil der Altaktionäre nach der Börseneinführung als ein Signal für die Qualität der Investitionsprojekte modelliert haben.[134]

Allen/Faulhaber (1989) stellen ebenfalls ein Modell vor, in dem der Anteilbesitz der Alteigentümer und die Höhe des Underpricings als Signal für den tatsächlichen Wert des Unternehmens genutzt werden, um die Kosten adverser Selektion zu reduzieren. Für Unternehmen hoher Qualität ist es vorteilhaft, wenn Kapitalmarktteilnehmer bei der Börseneinführung eine positive Emissionsrendite erzielen, da dies bei Folgeemissionen honoriert wird. Unternehmen geringer Qualität kennen ihre zukünftige Performance. Underpricing macht für sie keinen Sinn, da sie den Vermögensnachteil für die Altaktionäre in der Zukunft nicht wieder erlangen können.[135]

---

133 „Lock-up periods" bestehen an vielen Börsenplätzen bzw. in vielen Börsensegmenten. In Deutschland ist eine Mindesthaltefrist nur am Neuen Markt Pflicht. Alteigentümer können sich auch zu längeren Mindesthaltefristen verpflichten. In den USA existieren vergleichbare Regelungen seit dem Securities Exchange Act von 1933. Vgl. Grinblatt/Hwang (1989), S. 396.

134 Grinblatt/Hwang (1989) benötigen in ihrem Modellansatz ein zweites Signal. Der Grund liegt darin, dass neben dem erwarten Wert des Unternehmens eine zweite unsichere Größe, die Varianz der Cash Flows, existiert. Eine spieltheoretische Lösung ist dann nur mit zwei Signalen möglich. Vgl. Grinblatt/Hwang (1989), S. 403-407. Im Modell von Leland/Pyle (1977) steigt mit dem Anteil der Alteigentümer neben dem erzielbaren Kurs-/Gewinn-Verhältnis auch die Verschuldungsfähigkeit des Unternehmens.

135 Die Modellkonzeption von Allen/Faulhaber ist nach Meinung des Verfassers sehr kritisch zu bewerten, da sie nur „funktioniert", wenn a priori vorteilhafte Investitionsmöglichkeiten sich ex post als nachteilig herausstellen können, a priori kapitalwertvernichtende Investitionen jedoch stets nachteilig bleiben. Vgl. Allen/Faulhaber (1989), S. 307-309.

Die meist spieltheoretisch formulierten Signalling Modelle lassen sich letztlich auf einen einfachen Barwertansatz reduzieren: Unter Berücksichtigung von Informationsasymmetrien zwischen dem emittierenden Unternehmen und den Kapitalmarktteilnehmern werden die Emissionserlöse im Zeitablauf in Abhängigkeit von der Unternehmensqualität maximiert. Für Unternehmen mit überdurchschnittlichen Investitionsprojekten existiert im Gleichgewicht ein optimales Underpricing, bei dem der unmittelbare Vermögensnachteil für die Alteigentümer geringer ist als der Barwert des zukünftigen Nutzens.[136] Neben dem Underpricing ist die Höhe des Anteils der Alteigentümer nach der Börseneinführung ein Signal über den tatsächlichen Wert des Unternehmens. Ibbotson (1995) fasste in einer Aufzählung von Erklärungsansätzen die Signalling Modelle mit einem einzigen Satz zusammen:

> underpricing is "to leave a good taste in the investors' mouth so that future underwritings from the same issuer could be sold at attractive prices".[137]

Aus den Konzeptionen der Signalling Modelle lassen sich folgende Hypothesen ableiten:[138]

1) Die erwarteten Kosten adverser Selektion lassen sich zumindest teilweise beheben, jedoch nur unter Verzicht auf den durch das Underpricing entgangenen Emissionserlös.
2) Es besteht eine positive Korrelation zwischen der Qualität eines Unternehmens und dem Underpricing sowie der Höhe der Anteile von Unternehmensinsidern.
3) Bei einem höheren Underpricing ist der Zeitabstand zwischen der Börseneinführung und einer Folgeemissionen geringer. Die negative Ankündigungsreaktion bei einer Folgeemission ist um so geringer, je höher das Underpricing bei der Erstemission ist.[139]

---

136 Vgl. Erhardt (1997), S. 139.

137 Vgl. Ibbotson (1975), S. 264..

138 Eine weiter gehende Darstellung der Implikationen enthält Grinblatt/Hwang (1989), S. 414-415.

139 Ein empirischer Test der Hypothese kann jedoch kaum überzeugen, da ein Zusammenhang auch als Beweis einer gegenteiligen Ausgangssituation gewertet werden kann: Der Markt ist besser als der Emittent über den Wert des Unternehmens bzw. der Investitionsmöglichkeiten informiert. Der Emittent nutzt die Emissionsrendite als Information zur Festlegung der Konditionen bei Folgeemissionen. Zur sogenannten Market Feedback Hypothese vgl. Jegadeesh/Weinstein (1993), S. 154..

4) Wahrscheinlichkeit und Höhe einer Folgeemission sind positiv korreliert zum Underpricing. Dabei ist das Emissionsvolumen bei Folgeemissionen höher als beim IPO.
5) Je größer die Informationsasymmetrie ist, desto höher ist das Underpricing.
6) Mit dem Risiko der Unternehmung steigt auch das Underpricing.

2.2.2 Moral Hazard

Mit der Bezeichnung Moral Hazard wird eine Situation charakterisiert, in der sich die Informationsasymmetrie auf das Verhalten von Personen bezieht. So befindet sich die informierte Seite in einer Position, in der sie Merkmale zum eigenem Nutzen verändern kann, ohne dass die uniformierte Seite in der Lage ist, dies vollständig zu beobachten oder zu kontrollieren. Die Auswirkungen des Verhaltens der informierten Seite gehen dabei zu Lasten der uninformierten Seite. Form und Auswirkungen dieser asymmetrischen Informationsverteilung werden in der Prinzipal Agent Theorie als Teilbereich der neoinstitutionalistischen Finanzierungslehre thematisiert. Bei Moral Hazard Konflikten nimmt die informierte Seite die Rolle des Agenten ein, die uninformierte Seite die des Prinzipals.[140]

Die Aufgabe der Prämisse einer Interessenübereinstimmung zwischen Unternehmensleitung (Agent) und Anteilseignern (Prinzipal), die die Grundlage neoklassischer Theoriebildung und der in Abschnitt 2.2.1 behandelten adversen Selektionsproblematik ist, erweitert den theoretischen Bezugsrahmen zur Untersuchung der Auswirkungen von IPOs. Mögliche Interessenkonflikte entstehen aus der bei Publikumsgesellschaften vorherrschenden Trennung von Eigentum und Verfügungsgewalt sowie einer asymmetrischen Informationsverteilung. Außenstehenden Investoren stehen nicht ausreichend Informationen zur Verfügung, um die Qualität von Managemententscheidungen im nachhinein umfassend beurteilen zu können. Für das Management entsteht dadurch ein diskretionärer Entscheidungsspielraum bei der Steuerung von Unternehmensaktivitäten, den es rational zur Maximierung des eigenen Nutzen einsetzt.[141]

---

140 Für eine strukturierte Aufarbeitung der Terminologie der Prinzipal Agent Theorie vgl. Richter/Wiegard (1993)..

141 Vgl. z.B. Gerke/Bank (1998), S. 436-442.

Bei der Börseneinführung wird typischerweise ein erheblicher Unternehmensanteil bei breitgestreuten Investorengruppen platziert, die schon aus organisatorischen Gründen das Management nicht effizient kontrollieren können. Die Unternehmensleitung kann bei Fehlen einer ausreichenden Kontrolle Risiko und Volumen von Investitionsprogrammen auch unter Verfolgung von Eigeninteressen festlegen und private Bedürfnisse auf Kosten des Unternehmens befriedigen. Aktionen des Agenten, die für den Prinzipal auch ex post verborgen bleiben, werden in der Literatur unter dem Begriff „hidden action" thematisiert.[142] Eine zusätzliche Verschärfung möglicher Prinzipal Agent Konflikte entsteht durch den Börsengang, da dem Management zumindest vorübergehend die Verfügungsgewalt über zusätzliche finanzielle Mittel eingeräumt wird.

2.2.2.1 Direkte Agency Kosten

Die wohl bekannteste Arbeit zum Konflikt zwischen Eigenkapitalgebern und Management stammt von Jensen/Meckling (1976). Ihr Modell ist in der Literatur Ausgangspunkt zahlreicher weiter gehender Überlegungen.[143] Die Autoren analysieren die Auswirkung einer externen Eigenkapitalaufnahme auf das Verhalten und die Entscheidungen eines sogenannten Eigentümer-Unternehmers. Dieser hält in der Ausgangssituation zunächst das gesamte Eigenkapital der Unternehmung im Privatbesitz. Sein Arbeitseinsatz und die Verwendung von Unternehmensressourcen zur individuellen Nutzenbefriedigung („consumption on the job") schlagen sich voll in seiner privaten Vermögenssituation nieder. So entsteht z.B. durch die Anschaffung eines luxuriösen Dienstwagens oder aufwendiger Geschäftsreisen kein Vermögensschaden für andere Wirtschaftssubjekte. Das gleiche gilt für eine Reduzierung seines Arbeitseinsatzes.

Jensen/Meckling (1976) modellieren in einem weiteren Schritt die Auswirkung einer Beteiligung außenstehender Investoren am Eigenkapital auf das Verhalten des nutzenmaximierenden Unternehmers. Sie kommen zu dem Schluss, dass dieser seinen Arbeitseinsatz verringern wird, da der Ertrag aus seiner Arbeitsleistung nicht mehr nur ihm, sondern auch externen Eigenkapitalgebern zufließt. Gleichzeitig steigt der Anreiz, Unternehmensressourcen zum eigenen Nutzen, z.B. Luxuskonsum

142 Der Begriff geht auf Arrow (1985) zurück.

143 Eine zusammenfassende Darstellung findet sich bei Gerke (1995a), S. 17-22. Da das Modell von Jensen/Meckling (1976) bereits vielfach anderen Ortes aufgearbeitet wurde, beschränkt sich der Verfasser auf die grundlegende Argumentation und Schlußfolgerungen aus dem Modell.

(„perequisite consumption"), einzusetzen, da der daraus entstehende Wertverlust auch von den externen Eigenkapitalgebern mitgetragen wird. Die Kosten, die durch ein von den Interessen der externen Kapitalgeber abweichendes Verhalten resultieren, werden allgemein als Agency Kosten bezeichnet. Die Autoren gehen davon aus, dass der Kapitalmarkt in der Lage ist, derartige Verhaltensweisen der Unternehmensführung nach der Börsenneueinführung zu antizipieren und sich dies in einer um die erwarteten Agency Kosten reduzierten Unternehmensbewertung niederschlägt.[144]

Jensen/Meckling (1976) schlagen vor, potentielle Interessenkonflikte nach der Börseneinführung durch eine effiziente Überwachung des Managements („monitoring") und eine Selbstbindung des Managements („bonding") in ihren Folgen zu mildern. Dies ist jedoch mit weiteren Agency Kosten verbunden.[145]

Als Fazit aus dem Modell von Jensen/Meckling (1976) lässt sich festhalten, dass die Rentabilität einer Eigentümer-Unternehmung c.p. aufgrund von Agency Kosten nach der Börseneinführung rückläufig sein sollte. Fraglich ist jedoch, inwieweit sich die Überlegungen auf deutsche Börsenneueinführungen übertragen lassen, da die Implikationen des Modells von Jensen/Meckling nur Gültigkeit besitzen, wenn die Unternehmensleitung nicht nur marginal am Eigenkapital der Unternehmung beteiligt ist. Bei deutschen Publikumsaktiengesellschaften halten Manager typischerweise keinen bzw. nur einen relativ kleinen Anteil am Unternehmen.[146] Eine differenzierte Betrachtung der Börsenneueinführungen ergibt jedoch ein anderes Bild. So sind am Neuen Markt eine Vielzahl von Unternehmen gelistet, bei denen Unternehmensgründer, Vorstandsvorsitzender und Hauptaktionär identisch sind.[147] Im Amtlichen Handel und Geregelten Markt finden sich bei den Börsenneueinführungen eine Reihe von Unternehmen, bei denen die Gründerfamilie noch einen erheblichen Anteil am Aktienbesitz hält und aktiv die Unternehmensentwicklung mitgestaltet. Abweichend vom oben skizzierten Modell ist jedoch denkbar, dass aufgrund einer verbesserten Liquiditätslage und eines niedrigeren Verschuldungsgrades nach der Börseneinführung auch Manager, die keinen oder nur geringen Anteil am Unternehmen besitzen, versuchen werden, mit Unternehmensressourcen ihren privaten Nutzen zu maximieren oder ihren Arbeitseinsatz zu

---

144 Vgl. Jensen/Meckling (1976), S. 318.

145 Die Autoren gehen davon aus, dass sich nicht alle Interessenkonflikte beheben lassen und daher in jedem Fall sogenannte „residual losses" auftreten.

146 Zur Bedeutung von Eigentümer-Vorstandsmitgliedern vgl. z.B. Weigand (1999), S. 209-221.

147 Oft handelt es sich auch um Gründerteams, die den Vorstand stellen und auch nach der Börseneinführung noch einen erheblichen Teil der Aktien halten. Vgl. Deutsche Börse AG (2000).

reduzieren. Dies legt nahe, dass sich die Schlussfolgerungen von Jensen/Meckling im Durchschnitt auf alle Börsenneueinführungen übertragen lassen.[148] Jensen/ Meckling entwickeln in der folgenden Darstellung einen Trade Off zwischen den Agency Kosten des Eigenkapitals und den Agency Kosten des Fremdkapitals, der in ihrem Modell die optimale Kapitalstruktur repräsentiert.[149]

Jensen/Meckling (1976) fordern in ihrer Veröffentlichung, dass ein effizientes „monitoring" der Handlungen des Managements z.B. durch ein zusätzliches Kontrollorgan stattfindet.[150] Die Organisationsform der deutschen Aktiengesellschaft sieht mit der Institution des Aufsichtsrats abweichend von Jensen/Meckling bereits ein Organ zur Kontrolle des Vorstandes und zur Vertretung von Aktionärsinteressen vor. Dies impliziert eine dreistufige Prinzipal Agent Beziehung. Fraglich ist, ob die Schlussfolgerungen der primär US-amerikanisch geprägten finanzierungstheoretischen Literatur zu Moral Hazard Problemen durch die deutsche Institution des Aufsichtsrats nicht weitgehend hinfällig werden. Hierzu wäre es zunächst erforderlich, dass der Aufsichtsrat in der Lage ist, die Handlungsweisen des Managements vollständig zu kontrollieren und das Management zu zwingen, im Interesse der Aktionäre zu handeln. Es ist anzuzweifeln, ob dies möglich ist.[151] Zudem sitzen im Aufsichtsrat neben den Vertretern der Aktionäre auch Arbeitnehmervertreter, so dass zu erwarten ist, dass der Aufsichtsrat nicht ausschließlich im Sinne der Aktionäre handelt. Gerade in größeren Unternehmen befinden sich oft Kreditinstitute im Aufsichtsrat, die als Großaktionäre und wichtige Gläubiger neben Aktionärsinteressen auch ihre Gläubigerinteressen vertreten.[152] Weiterhin besteht die Möglichkeit, dass es zumindest zwischen Teilen des Aufsichtsrats und dem Vorstand zu einer Koalitionsbildung kommt.[153] Weitgehend aufgehoben wird die Kontrollfunktion, wenn Vorstandsmitglieder gleichzeitig Hauptaktionäre sind und zumindest einen Teil des Aufsichtsrats selbst bestimmen können. Gerade bei vielen Börsenneueinführungen sind Aufsichtsratsmandate auch

---

148 Ein Beispiel sind die in der US-amerikanischen Literatur zur Free-cash-flow-Problematik zitierten Firmenjets von Vorstandsmitgliedern. Vgl. Brealey/Myers (1996), S. 939.

149 Vgl. Jensen/Meckling (1976), S. 110-128.

150 Vgl. Jensen/Meckling (1976), S. 85-87 und S. 131-133. Die Autoren gehen vom Typus der Aktiengesellschaft nach US-amerikanischem Gesellschaftsrecht aus, in der kein Organ vergleichbar dem deutschen Aufsichtsrat vorgesehen ist. Jensen (1993) diskutiert differenziert die Probleme interner Kontrolle für die US-amerikanische Unternehmenskultur. Vgl. Jensen (1993), S. 862-870.

151 Eine prägnante Aussage stammt von Josef Abs: „Die Hundehütte ist für den Hund – der Aufsichtsrat ist für die Katz". Zitiert nach Peemöller (1995), S. 183.

152 Vgl. Peemöller (1995), S. 191-193.

153 Vgl. Wenger (1990), S. 156-163.

von Venture Capital Gesellschaften besetzt, die zwar streng am Shareholder Value orientiert handeln, primär aber an einer kurzfristigen Platzierung ihrer Aktien im Sekundärmarkt interessiert sind. Dabei nutzen sie u.U. einen Informationsvorsprung bzw. eine bessere Interpretationsfähigkeit von Informationen, als diese bei externen Investorengruppen vorhanden ist.[154]

Insgesamt kann davon ausgegangen werden, dass der Aufsichtsrat kaum in der Lage ist, Interessenkonflikte zwischen Eigenkapitalgebern und dem Management effektiv zu lösen.[155] Die Aussagekraft der folgenden theoretischen Modelle, die von einer dreistufigen Prinzipal Agent Beziehung abstrahieren, behalten daher grundsätzlich ihre Gültigkeit. Dies gilt auch, wenn sich die ursprüngliche Konfliktsituation zwischen dem Management und den Anteilseignern verschiebt zu einem Konflikt zwischen Kleinaktionären und einer Interessengruppe aus Management, Altaktionären und Kreditinstituten. Zwar ändert sich dann die Zusammensetzung der Prinzipale und der Agenten, das eigentliche Konfliktpotential existiert jedoch weiterhin.

2.2.2.2 Überinvestitionsproblematik

Die Modelle von Jensen (1986), Stulz (1990) und Zwiebel (1996) stellen eine Publikumsaktiengesellschaft, bei der das Management keinen oder nur einen kleinen Anteil am Eigenkapital der Unternehmung besitzt, in das Zentrum ihrer Untersuchung. Sie thematisieren Über- und Unterinvestitionsprobleme, die aus dem Konfliktbereich zwischen Eigenkapitalgeber und Management entstehen können, und analysieren den Einfluss von externen Finanzierungsmaßnahmen auf das Entscheidungsverhalten der Unternehmensleitung.

Ausgangspunkt der Überlegungen von Jensen (1986) ist der sogenannte Free-cash-flow. Dieser wird definiert als derjenige Teil der finanziellen Ressourcen eines Unternehmens, der nach Durchführung aller Investitionen mit positivem Kapitalwert noch zur Verfügung steht.[156] Der Umfang des finanziellen Spielraums bestimmt sich aus der Höhe des Einzahlungsüberschusses aus der Geschäftstätigkeit und externen Finanzierungsmaßnahmen. Gerade nach einer Börseneinführung ist zu

154 Vgl. Lerner (1994).

155 Vgl. Wenger/Kaserer (1998).

156 Jensen gründet seine Überlegungen hauptsächlich auf seine Beobachtung der US-amerikanischen Erdölindustrie, die sich durch hohe Cash Flows auszeichnet, jedoch nur eingeschränkte Investitionsmöglichkeiten aufweist. Vgl. Jensen (1986), S. 326-327.

erwarten, dass ein hoher Bestand an liquiden Mitteln im Unternehmen vorhanden ist, der erst im Zeitablauf investiert werden kann. Wurde im Rahmen des Börsengangs, der mit hohen Fixkosten verbunden ist, Eigenkapital als Reserve für profitable Projekte aufgenommen, die sich in der Zukunft ergeben können, liegt bereits ein Free-cash-flow im Sinne von Jensen vor. Dies ist ebenso zu erwarten, wenn eine Börsenneueinführung primär zur Ausnutzung einer günstigen Bewertungssituation durchgeführt wird.[157]

Eine Konfliktsituation entsteht dann, wenn das Management den sogenannten Free-cash-flow zum eigenen Vorteil gegen die Interessenlage der Anteilseigner einsetzt. Jensen (1986) identifiziert eine Reihe von Motiven für das Management, die freien finanziellen Ressourcen in Projekte mit negativem Kapitalwert zu investieren.[158] Ein Grund kann in der Entlohnung der Unternehmensleitung liegen. Hängt diese zumindest teilweise von der Unternehmensgröße im Sinne der Bilanzsumme oder des Umsatzes ab, ist der Anreiz zu einer Maximierung des Investitionsvolumens sofort einsichtig. Steigt mit der Unternehmensgröße das persönliche Ansehen und die Macht, wird der Anreiz noch verstärkt.[159] Die Strategie, ein möglichst schnelles Unternehmenswachstum durch Unternehmensübernahmen und Fusionen zu erreichen, wird in diesem Zusammenhang oft als „empire building" bezeichnet. Dies kann auch eng mit einem Streben des Managements verbunden sein, die Volatilität des Cash-flow und damit das Konkursrisiko durch Diversifikation zu reduzieren.[160]

Aus Sicht des Diversifikationsgedankens ist der Zukauf von Unternehmen, die in einem anderen Geschäftsfeld tätig sind, naheliegend, da mit dem reduzierten operativen Geschäftsrisiko des Gesamtunternehmens die Gefahr eines Arbeitsplatz-

---

157 Vgl. Cooney/Kalay (1993), S. 157-158.

158 Dies kann auch im Interesse der Alteigentümer liegen. Vgl. Abschnitt 2.2.1.1.

159 Jensen (1993) zeigt auf, dass insbesondere die alten Industrien in den USA durch schwerwiegende Überinvestitionsproblematik gekennzeichnet sind. Vgl. Jensen (1993), S. 835-850. Jensen/Murphy (1990) untersuchen empirisch die Sensitivität unterschiedlicher Entlohnungsschemata im Zusammenhang mit der Unternehmensperformance. Vgl. Jensen/Murphy (1990), S. 227-238.

160 Mann/Sicherman (1991) untersuchen die Kursreaktion auf die Ankündigung einer Kapitalerhöhung in Verbindung mit einer Unternehmensakquisition. Sie können nachweisen, dass die durchschnittlich negative Kursreaktion niedriger ist, wenn das übernommene Unternehmen im Kernbereich des Geschäftsfeldes des übernehmenden Unternehmens tätig ist und bereits erfolgreiche Akquisitionen stattgefunden haben. Mann/Sicherman schließen daraus, dass die Kapitalmarktteilnehmer einen Mißbrauch freier Unternehmensressourcen systematisch antizipieren und sich dies in der Bewertung einer Kapitalerhöhung widerspiegelt. Vgl. auch Jensen (1986), S. 329.

verlustes sinkt.[161] Eine Beendigung des Anstellungsverhältnisses kann zudem zu einem irreversiblen Verlust spezifischer Humankapitalinvestitionen führen.[162] Manager weisen daher tendenziell eine andere Risikopräferenz als Eigenkapitalgeber auf, die ihr Risiko durch eine breite Streuung ihrer Anlagen am Kapitalmarkt diversifizieren können.

Jensen (1986) geht zwar von Eigentümern und Managern als getrennten Personengruppen aus, jedoch lassen sich die Überlegungen zur Diversifikation des Risikos auch auf den Fall des börsennotierten Unternehmens übertragen, in dem Hauptaktionär, Vorstand und Gründer die gleiche Person sind. Vielfach repräsentiert der Anteilbesitz den größten Teil des Gesamtvermögens. Ein Verkauf weiterer Anteile nach der Börseneinführung ist oft zumindest zeitweise ausgeschlossen, da z.B. Mindesthaltefristen der Börse beachtet werden müssen, so dass ein Anreiz besteht, eine Vermögensdiversifikation innerhalb des Unternehmens zu realisieren.

Jensen (1986) diskutiert im folgenden die Kontrollfunktion, die vom Fremdkapital ausgehen kann. Er kommt zu dem Schluss, dass insbesondere Unternehmen, die nur über relativ geringe Wachstumsmöglichkeiten aber stabile Cash-flows verfügen, tendenziell Fremdkapital aufnehmen sollten, um Aktien zurückzukaufen.[163] Der optimale Verschuldungsgrad ist erst erreicht, wenn die Agency Kosten des Fremdkapitals inklusive des Erwartungswertes der Konkurskosten den Nutzen aus einer reduzierten Free-cash-flow-Problematik übersteigen. Als zentralen Mechanismus, das Management zu einer im Sinne der Aktionäre optimalen Investitions- und Finanzierungspolitik zu zwingen, sieht Jensen einen funktionierenden Markt für Unternehmenskontrolle („market for corporate control"), der im wesentlichen auf der Gefahr feindlicher Übernahmen beruht.[164]

Die Überinvestitionsproblematik wurde von Jensen (1986) nur verbal formuliert.[165] Stulz (1990) integriert die Überlegungen von Jensen in ein formales Modell, das kombinierte Investitions- und Finanzierungsentscheidungen unter expliziter

---

161 Vgl. Agrawal/Mandelker (1987) weisen einen positiven Zusammenhang zwischen dem Aktienanteil der Manager am Unternehmen und dem Risiko von Investitionen sowie der Höhe des Fremdkapitalanteils nach.

162 Vgl. Jensen (1986), S. 323 und S. 326-328 und Jensen/Murphy (1990), S. 225-264.

163 Vgl. Jensen (1986), S. 324.

164 Vgl. Jensen (1986), S. 327-329. Eine umfassende Diskussion der Corporate Governance Problematik findet sich bei Steiger (2000).

165 Jensen diskutiert weiter die Möglichkeit, Eigentümer-Manager Konflikte durch Fremdkapital zu reduzieren. Vgl. Jensen (1986), S. 324. Auf eine Darstellung der Literaturbeiträge zur Kontrollfunktion von Fremdkapital oder Dividendenzahlungen wird verzichtet, da die fundamentale Performance von Börsenneueinführungen im Vordergrund steht.

Berücksichtigung von Moral Hazard Problemen abbildet. Das Modell basiert auf der Annahme, dass das Management primär eine Maximierung der Investitionen anstrebt, auch wenn dies den Interessen der Anteilseigner widerspricht. Zur Finanzierung von Projekten können Aktien ausgegeben oder Fremdkapital genutzt werden. Die Modellkonzeption ermöglicht es, Überinvestitionsprobleme in Verbindung mit Unterinvestitionsproblemen zu analysieren. Der Einfluss der Volatilität der Cash-flows auf Agency Konflikte wird explizit in die Modellbildung einbezogen.

Das Modell von Stulz (1990) basiert auf drei Betrachtungszeitpunkten. Unternehmen führen in t=0 Investitionsprojekte durch, die in t=1 enden und zu einem Cash-flow x führen. Die Höhe der Cash-flows wird durch eine Zufallsvariable mit zugehöriger Dichtefunktion $f(x)$ und Verteilungsfunktion F(x) beschrieben. Annahmegemäß kann x nicht negativ werden. Das Management hat zum Zeitpunkt t=1 erneut die Möglichkeit, Investitionen zu realisieren. Diese führen wiederum in t=2 zu Cash-flows. Übersteigt der Nettofinanzierungsbedarf in t=1 den Cash-flow x, emittiert die Unternehmung Eigenkapitaltitel oder nimmt Fremdkapital auf. Ist der Nettofinanzierungsbedarf N kleiner als x, kann die Unternehmung eine Dividende an die Anteilseigner ausschütten oder Fremdkapital zurückzahlen.[166] Das Management hat jedoch keinen Anreiz, den Free-cash-flow an die Anteilseigner auszuschütten oder Fremdkapital zu tilgen, da dies ihrem Ziel der Maximierung des Investitionsvolumens entgegenlaufen würde. Die Gründe für ein solches Verhalten wurden im vorherigen Abschnitt basierend auf den Überlegungen von Jensen (1986) dargestellt.[167]

Die Gesamtheit der Investitionsmöglichkeiten lässt sich in solche mit positivem und mit negativem Kapitalwert unterscheiden. Die Summe der profitablen Investitionsprojekte sei I^*. Projekte mit positivem Kapitalwert erbringen pro investierter Geldeinheit einen erwarteten Cash-flow von Z, Investitionen mit negativem Kapitalwert einen Cash-flow von Y. Es wird von einer risikoneutralen Ökonomie mit einem Zinssatz von Null ausgegangen, daher ergibt sich der positive Kapitalwert aus $Z>1$ und der negative aus $Y<1$.[168] Das Management führt zuerst Projekte mit positivem Kapitalwert durch. Erst wenn in t=1 der verfügbare Cash-flow die Summe

166 Vgl. Stulz (1990), S. 5-6.

167 Stulz selbst gibt keine weiteren Erklärungen. Grundlage seines formalen Modells sind die Überlegungen von Jensen (1986).

168 Die zwei Investitionsmöglichkeiten repräsentieren den einfachsten Fall eines abnehmenden Grenzertrags.

der profitablen Investitionsprojekte I^* übersteigt, können auch Investitionen mit negativem Kapitalwert durchgeführt werden.[169]

Die Anteilseigner kennen annahmegemäß nur die Verteilung der Cash-flows und die erwarteten Kapitalwerte Z und Y. Sie können die Handlungen des Managements nicht direkt beobachten. Das Management nutzt den Informationsvorteil zur Maximierung seines eigenen Nutzens.[170]

Wenn die Unternehmung keinen Zugang zum Kapitalmarkt hat, setzt sich ihr Wert V aus vier Komponenten zusammen. Dem Erwartungswert der Cash-flows in t=1 und den Erträgen aus der Investition von I^* abzüglich der Verluste, die aus Investitionen über I^* hinaus entstehen, und abzüglich der entgangenen Erträge, für den Fall, dass der Cash-flow in t=1 kleiner als I^* ist:

$$V = E(x) + I^*(Z-1) - \int_{I^*}^{\infty}(x - I^*)(1-Y)f(x)dx - \int_0^{I^*}(I^* - x)(Z-1)f(x)dx$$

Die ersten beiden Termini stellen den Wert der Unternehmung in t=0 dar, falls das Management das Vermögen der Anteilseigner maximiert. Das Management investiert I^* in das profitable Projekt mit einem Kapitalwert in Höhe von $I^*(Z-1)$. Übersteigen die Cash-flows I^*, wird der gesamte Free-cash-flow an die Anteilseigner ausgeschüttet. Im umgekehrten Fall werden alle Investitionsmöglichkeiten durch die Aufnahme von Fremdkapital finanziert. Das Vermögen der Anteilseigner setzt sich daher aus dem Wert des Cash-flow und dem Kapitalwert der vorteilhaften Investitionsmöglichkeit zusammen.

In der Modellkonzeption von Stulz (1990) maximiert das Management jedoch nicht das Vermögen der Anteilseigner, sondern das Investitionsvolumen. Die Kosten des Entscheidungsspielraums des Managements werden durch die beiden letzten Terme ausgedrückt. Der dritte Term bezeichnet die erwarteten Agency Kosten, die durch den Anreiz entstehen, Projekte mit negativem Kapitalwert durchzuführen, falls die

---

169 Dies läßt sich damit begründen, dass Projekte mit positivem Kapitalwert das zukünftige Investitionsvolumen erhöhen, während Projekte mit negativem Kapitalwert es verringern. Manager, die das Investitionsvolumen maximieren, realisieren daher zunächst Projekte mit positivem Kapitalwert. Vgl. Stulz (1990), S. 7.

170 Stulz geht zunächst von einer Vielzahl von Anteilseignern („atomistic shareholders") aus. Entscheidend ist jedoch die Höhe der Informationsasymmetrie und des Kontrolleinflusses. Vgl. Stulz (1990), S. 6. Zur Bedeutung von Großaktionären bei einer effizienten Reduzierung von Moral Hazard Problemen vgl. Shleifer/Vishny (1986) und Zeckhauser/Pound (1990).

Cash-flows die I^* übersteigen. Der letzte Term berücksichtigt den Fall, dass die Cash-flows nicht ausreichen, um alle Investitionen mit positivem Kapitalwert durchzuführen. Es entsteht ein Unterinvestitionsproblem.[171]

Externe Kapitalmaßnahmen können genutzt werden, um die Kosten, die durch den Entscheidungsspielraum des Managements entstehen, zu reduzieren. Stimmen die Anteilseigner einer Kapitalaufnahme zu, steigt die Wahrscheinlichkeit, dass alle vorteilhaften Investitionen durchgeführt werden und dass auch Investitionen mit negativem Wert erfolgen.[172] Eine Reduzierung der erwarteten Kosten einer Unterinvestition erhöht gleichzeitig die erwarteten Kosten einer Überinvestition. Das Unterinvestitionsproblem lässt sich dadurch vermeiden, dass die Eigentümer einer externe Finanzierungsmaßnahme in t=1 zustimmen. Aufgrund der asymmetrischen Informationsverteilung kann nur das Management die tatsächliche Realisation der Cash-flows und das optimale Investitionsprogramm beobachten. Das Management hat zudem immer den Anreiz anzugeben, dass die Cash-flows nicht ausreichen, um alle vorteilhafte Projekte durchzuführen.[173]

Entschließen sich die Anteilseigner, in t=1 Eigenkapitaltitel zu emittieren, setzt sich der Barwert ihrer Unternehmensbeteiligung V(N) zusammen aus dem Kapitalwert der vorteilhaften und der nachteiligen Investition abzüglich des Emissionserlöses:[174]

$$V_N = \int_{I^*-N}^{\infty} \left[\left(x + N - I^* \right) Y + I^* Y \right] f(x)dx + \int_0^{I^*-N} (x+N) Z\, f(x)dx - N$$

---

171 Das Unterinvestitionsproblem bei Stulz (1990) ist nicht identisch mit dem in Abschnitt 2.2.1.1 beschriebenen. Dort entstand die Unterinvestitionsproblematik aus einem Konflikt zwischen Eigen- und Fremdkapitalgebern, bei Stulz hingegen aus einem Konflikt zwischen Eigenkapitalgebern und Management.

172 Es wird davon ausgegangen, dass die bisherigen Eigenkapitalgeber einer externen Finanzierungsmaßnahme zustimmen müssen. Für die Aufnahmen von Eigenkapital ist dies realistisch. Fraglich ist, ob das Management nicht eigenständig Fremdkapital in erheblichen Umfang aufnehmen kann.

173 Vgl. Stulz (1990), S. 9

174 Stulz (1990) geht davon aus, dass eine Eigenkapitalemission gegenüber einer Fremdkapitalfinanzierung für die Altaktionäre vorteilhaft ist, da das Fremdkapital in t=2 mit erwarteten Konkurskosten behaftet ist. Weiterführend läßt sich argumentieren, dass Unterinvestitionsprobleme gerade dann entstehen, wenn der Verschuldungsspielraum der Unternehmung ausgeschöpft ist und vorteilhafte Investitionsmöglichkeiten auftreten.

Leitet man die Vermögensposition der Alteigentümer nach dem Nettofinanzierungsbedarf ab, erhält man als notwendige und hinreichende Bedingung für eine Eigenkapitalemission:[175]

$$V_N' = Y\left[1 - F\left(I^*\right)\right] + ZF\left(I^*\right) - 1 > 0.$$

Wird dem Management zusätzliches Kapital zur Verfügung gestellt, wird dieses mit einer Wahrscheinlichkeit von $1\text{-}F(I^*)$ in vorteilhafte, mit der Gegenwahrscheinlichkeit von $F(I^*)$ in kapitalwertvernichtende Projekte investiert. Der erwartete Barwert der Investition ist daher pro investierter Geldeinheit $Y[1\text{-}F(I^*)]+ZF(I^*)$.

Übersteigt der Barwert der beiden Investitionsalternativen den Emissionserlös, der in der ersten Ableitung nach dem Nettofinanzierungsbedarf einer Geldeinheit entspricht, ist eine Eigenkapitalemission vorteilhaft.[176]

Die Eigenkapitalgeber beziehen bei der Entscheidung über eine Emission von Eigenkapitaltiteln explizit die Gefahr der Überinvestition durch das Management mit in ihr Kalkül ein. Bei gegebener Verteilung der Cash-flows ist das Verhältnis der Renditeerwartung aus der vorteilhaften zur nachteiligen Investitionsalternative und die Eintrittswahrscheinlichkeit der beiden Alternativen ausschlaggebend.[177] Eine Emission ist solange vorteilhaft, wie der erwartete Ertrag aus der Behebung der Unterinvestition höher ist als die erwarteten Kosten der Überinvestition. Die Eigenkapitalgeber nehmen die Gefahr einer Überinvestition aufgrund eigennützigen Verhaltens des Managements billigend in Kauf, solange sie durch die Eigenkapitalemission ihre eigene Vermögensposition verbessern. Mit der Eigenkapitalemission vollzieht das Unternehmen einen Wechsel von einer Unterinvestitionsproblematik zu einer Überinvestionsproblematik, da sich keines der beiden Investitionsprobleme beheben läßt, ohne die Wahrscheinlichkeit für das Auftreten des jeweils anderen zu erhöhen. Das optimale Emissionsvolumen steigt c.p. mit dem Grenzertrag der Investitionsalternativen und der Summe der vorteilhaften Investitionen. Es fällt c.p., wenn die Wahrscheinlichkeit eines Free-cash-flow steigt.[178]

---

175 Eine Beweisführung, dass die Bedingung notwendig und hinreichend ist, findet sich bei Stulz im Appendix. Vgl. Stulz (1990), S. 24-25.

176 Stulz geht implizit davon aus, dass die Aktien zum fairen Preis zur Zeichnung angeboten werden. Anders als in den Modellen zur adversen Selektion liegt keine Fehlbewertung zum Zeitpunkt der Emission vor.

177 Stulz bildet das in der Unternehmensleitung begründete Verhaltensrisiko über die Verteilungsfunktion der Investitionsprojekte ab.

178 Vgl. Stulz (1990), S. 10-12.

Weiterführend untersucht Stulz (1990) Möglichkeiten, unter Berücksichtigung des Managerverhaltens Überinvestitionsprobleme zu reduzieren. Ausgangspunkt der Überlegung ist, dass Fremdkapital zu regelmäßigen Zins- und Tilgungszahlungen führt. Dies reduziert den Cash-flow und damit die Wahrscheinlichkeit eines Free-cash-flow. In einer Unternehmenssituation, in der Überinvestitionsprobleme überwiegen, sollte daher Fremdkapital aufgenommen werden, um eigene Aktien zurückzukaufen. Eine Verpflichtung zu regelmäßigen Dividendenzahlungen kann nur dann eine vergleichbare kontrollierende Wirkung haben, wenn Aktionäre mit gleichem Nachdruck auf Dividendenzahlungen bestehen, wie Fremdkapitalgeber Zinsen einfordern.

Aus den beiden gegenläufigen Effekten, der Gefahr der Überinvestition, und der Unterinvestition entwickelt Stulz ein Modell für eine optimale Kapitalstruktur bei Bestehen asymmetrischer Informationsverteilung und Moral Hazard Problemen.[179]

Eine entscheidende Determinante bei Finanzierungsentscheidungen in Hinblick auf eine effiziente Einschränkung der Konflikte zwischen Eigentümern und dem Management ist die Volatilität der Cash-flows.[180] Weist der Cash-flow im Zeitablauf eine hohe Schwankungsbreite auf, steigt die Wahrscheinlichkeit, dass es zu Abweichungen vom optimalen Zielbestand an verfügbaren Mitteln kommt. Dies ist für die Anteilseigner mit potentiellen Kosten verbunden, da es zu Über- oder Unterinvestitionen kommt.[181] Von den Anteilseignern erzwungenes Financial Engineering, das an sich aus kapitalwertneutralen Transaktionen besteht, z.B. Währungsabsicherungen, erzeugt im Modell von Stulz (1990) einen Wertbeitrag, in dem es die Volatilität der Cash-flows und damit die Agency Kosten reduziert. Gelingt es andererseits dem Management, die von Periode zu Periode von den Eigenkapitalgebern ex ante wahrgenommene Volatilität der Cash-flows zu erhöhen, kann es seinen Spielraum zur Maximierung des eigenen Nutzens ausweiten.[182]

---

179 Zur mathematischen Darstellung vgl. Stulz (1990), S. 12-18 und S. 24-26.

180 Maximiert das Management den Wert des Unternehmens, spielt die Volatilität der Cash Flows im Modell von Stulz keine Rolle. Der Wert des Unternehmens setzt sich zusammen aus den Investitionsmöglichkeiten mit positivem Kapitalwert und dem Barwert des Cash Flow, $V^*=I^*(Z-1)+E(x)$.

181 Bei einer Eigenkapitalemission gehen c.p. die Agency Kosten zurück, wenn F(x) durch eine Verteilungsfunktion ersetzt wird, die F(x) in stochastischer zweiter Ordnung dominiert. Unter zusätzlichen Annahmen gilt dies auch für Fremdkapitalfinanzierungen. Vgl. Stulz (1990), S. 16-17.

182 Hierbei handelt es sich um eine Schlußfolgerung des Verfassers, die sich nicht bei Stulz (1990) findet.

Stulz (1990) untersucht kombinierte Investitions- und Finanzierungsentscheidung unter expliziter Berücksichtigung von Moral Hazard. Aus seinem Modell lassen sich eine Reihe von Schlussfolgerungen ziehen:

1) Unter- und Überinvestitionsprobleme sind miteinander verknüpft. Reduzieren oder beheben Unternehmen durch eine Eigenkapitalemission eine Situation der Unterinvestition, erhöhen sie gleichzeitig die Wahrscheinlichkeit einer Überinvestition.
2) Je höher die Volatilität der Cash-flows ist, desto höher sind c.p. die Agency Kosten, die durch den Handlungsspielraum des Managements entstehen.
3) Je geringer die ex ante Wahrscheinlichkeit eines Free-cash-flow ist, desto höher ist c.p. die Wahrscheinlichkeit einer Eigenkapitalemission.
4) Je größer das Verhältnis vorteilhafter zu nachteiligen Investitionsmöglichkeiten ist, desto höher ist c.p. die Wahrscheinlichkeit einer Eigenkapitalemission.
5) Je größer das Verhältnis vorteilhafter zu nachteiligen Investitionsmöglichkeiten ist, desto geringer sollte c.p. der Verschuldungsgrad sein.

Stulz (1990) geht bei der Modellierung der Entscheidung Eigenkapital zu emittieren implizit davon aus, dass der Kapitalmarkt in der Lage ist, Moral Hazard vollständig zu antizipieren und Investoren daher einen fairen Preis bezahlen. So wird vollständig von Problemen adverser Selektion abstrahiert.[183] Eine Eigenkapitalemission ist dann vorteilhaft, wenn die erwarteten Kosten einer Unterinvestition die erwarteten Kosten einer Überinvestition übersteîgen. Wird eine Fehlbewertung aufgrund von Informationsasymmetrien zwischen Management, Alteigentümern und Kapitalmarktteilnehmern unterstellt, verschiebt sich das Entscheidungskriterium: Ist eine Überbewertung am Markt zu erwarten, werden die Alteigentümer dem Management ein höheres Maß an Überinvestition bzw. privater Nutzenmaximierung zubilligen und bei c.p. niedrigerer erwarteter Unterinvestition eine Börseneinführung vornehmen. Eine im Durchschnitt zunehmende Realisierung von Investitionsalternativem mit negativem Kapitalwert nach der Börseneinführung ist konsistent mit den Ergebnissen von Cooney/Kalay (1993). Erwarten die Alteigentümer eine zu niedrige Börsenbewertung werden sie c.p. eine höheres Maß an Unterinvestition und damit entstehende Opportunitätskosten akzeptieren.

183 Vgl. Abschnitt 2.2.1.

In der Literatur werden eine Reihe von Möglichkeiten zur Beseitigung oder Milderung von Interessenskonflikten zwischen Eigenkapitalgebern und Management diskutiert.[184] Grundsätzlich besteht die Möglichkeit Interessengegensätze zwischen Managern und Anteilseignern durch eine entsprechende Gestaltung von Vergütungssystemen zu beheben. Typischerweise werden in der Literatur Options- und Bonusprogramme diskutiert, die die Vergütung des Managements direkt an die Wertentwicklung des Unternehmens knüpfen.[185] Die Theorie führt jedoch zu sehr komplexen Vertragsgestaltungen, die in der Praxis nicht zu beobachten sind. Voraussetzung all dieser Systeme ist jedoch, dass sich Manager durch materielle Vergütungssysteme in ihrem Verhalten beeinflussen lassen. Steht z.B. das bei Zwiebel (1996) erwähnte „empire building" oder „legacy building" im Vordergrund, sind Vergütungssysteme ungeeignet, Interessenkonflikte, die durch Moral Hazard entstehen, zu lösen.[186]

Neben Anreizmechanismen für das Management werden in der Literatur auch disziplinierende Marktmechanismen untersucht. Fama (1980) spricht einem funktionierenden Arbeitsmarkt eine disziplinierende Wirkung zu: Manager berücksichtigen in ihrem Entscheidungsverhalten, dass sie bei einem späteren Arbeitsplatzwechsel mit Nachteilen, z.B. niedrigerem Gehalt oder Arbeitslosigkeit, rechnen müssen, wenn sie gegen die Interessen der Eigenkapitalgeber handeln.[187] Hart (1983) argumentiert, dass durch Interessenskonflikte die betriebliche Effizienz absinkt und keine konkurrenzfähigen Produkte mehr hergestellt werden können. Manager antizipieren diese Gefahr und sind deshalb daran interessiert Interessenskonflikte zu vermeiden.[188]

Zwiebel (1996) thematisiert im Rahmen einer dynamischen Modellanalyse die Gefahr feindlicher Übernahmen als zentralen Mechanismus zur Lösung von Eigentümer-Managerkonflikten.[189] Während in den meisten Modellkonzeptionen üblicherweise eine optimale Kapitalstruktur zur Reduzierung von Agency Kosten entweder explizit

---

184 Vgl. Agrawal/Mandelker (1987), S. 823-824.

185 Vgl. Langemann (2000), 87-108. Eine umfassende Darstellung aller von deutschen Unternehmen beim Börsengang angekündigten Optionspläne seit April 1995 findet sich ebenfalls bei Langemann (2000), S. XXXII-XXXV.

186 Vgl. Zwiebel (1996), S. 1213.

187 Die Überlegungen von Fama können nur zum Erfolg führen, wenn ein funktionierender Arbeitsmarkt für Manager existiert und das Fehlverhalten am Arbeitsmarkt bekannt wird.

188 Vgl. Hart (1983), S. 370-373. Die Schlußfolgerungen von Hart sind jedoch nur bei vollkommenem, nicht jedoch bei oligopolistischen oder monopolistischen Marktstrukturen zu erwarten.

189 Für eine umfassende Darstellung der theoretischen und empirischen Forschung zu Unternehmensübernahmen vgl. Weston/Chung/Siu (1998).

oder implizit ex ante festgelegt wird, modelliert Stulz (1990) die unterschiedliche Entwicklung als Folge eines sich im Zeitablauf verändernden Handlungsspielraums des Managements.[190] Der Autor geht davon aus, dass Manager den Anreiz haben, ex ante festgelegte Kapitalstrukturen, die primär das Interesse der Anteilseigner widerspiegeln, durch entgegengerichtete Finanzierungsmaßnahmen rückgängig zu machen bzw. die Kapitalstruktur entsprechend dem eigenen Nutzen auszurichten.[191] Eine optimale Kapitalstruktur im gegenwärtigen Betrachtungszeitpunkt stellt daher keine Garantie für die Vermeidung von Interessenskonflikten in zukünftigen Perioden dar, weshalb ein ständiger Kontrollprozess erforderlich ist.

Zwiebel (1996) sieht in der latenten Gefahr einer feindlichen Übernahme den wichtigsten Mechanismus zur Reduzierung von Moral Hazard bei Publikumsaktiengesellschaften, die sich in breitem Streubesitz befinden, da im Falle einer feindlichen Übernahme die Unternehmensleitung in der Regel neu besetzt wird. In der Modellkonzeption ist die Übernahmegefahr nicht exogen gegeben, sondern eine Funktion der erwarteten Überinvestition bzw. des erwarteten Free-cash-flow. Das Management ist daher im Gleichgewicht der Modellkonzeption gezwungen, in Abhängigkeit von der Qualität der Investitionsmöglichkeiten sich durch eine Aufnahmen von Fremdkapital, das zu regelmäßigen Kapitaldienstleistungen führt, oder Dividendenzahlungen Selbstbeschränkungen aufzuerlegen, um glaubhaft ein Handeln im Sinne des Shareholder Value zu signalisieren.

Die Modellkonzeption von Zwiebel (1996) lässt den Schluss zu, dass eine Börseneinführung bzw. die Aufnahme von Eigenkapital nur dann im Interesse des Managements liegt, wenn die Gefahr einer feindlichen Übernahme gering ist.[192] Dies ist insbesondere dann der Fall, wenn sehr gute Investitionsmöglichkeiten bzw. keine Free-cash-flows vorliegen. Börsennotierte Unternehmen mit relativ niedrigem Verschuldungsgrad sollten entsprechend eine überdurchschnittliche Rendite

---

190 Vgl. Zwiebel (1996), S. 1197-1198.

191 Vgl. Zwiebel (1996), S. 1198. Die Motivation der Unternehmensleitung entspricht der von Jensen (1986) und Stulz (1990). Zwiebel erwähnt explizit nur „empire building“ und „legacy building“ als Verhaltensweisen, die potentiell für die Anteilseigner einen Vermögensnachteil bedeuten können.

192 Während des Untersuchungszeitraums waren am deutschen Aktienmarkt keine feindlichen Übernahmen zu beobachten, die eine kontrollierende Wirkung hätten ausüben können. Zur Bedeutung von Großaktionären bei der Unternehmenskontrolle vgl. Shleifer/Vishny (1986), S. 465-471.

aufweisen.[193] Zwiebel liefert weiterführend auch eine agency-theoretische Erklärung für das verstärkte Auftreten von IPOs nach Zeiten deutlicher Aktienkurssteigerungen. Das Management betreibt ein bewusstes Emissions-Timing, indem es die Börseneinführung in Phasen durchführt, in denen aufgrund des relativ hohen Bewertungsniveaus eine feindliche Übernahmen tendenziell unwahrscheinlich ist.[194]

2.2.3 Window Dressing

Unternehmen müssen um eine Börsenzulassung zu erhalten, typischerweise eine Reihe von Veröffentlichungspflichten erfüllen.[195] Hierzu gehört der sogenannte Emissionsprospekt, der neben einer Beschreibung des Geschäftsfeldes, einer Liste der Leitungs- und Kontrollorgane, der geplanten Mittelverwendung, auch geprüfte Jahresabschlüsse enthalten muss. Die Unternehmen stellen meist zusätzliche Informationen auf sogenannten Road Shows zur Verfügung, um das Interesse von Investoren und Analysten zu finden. Es ist weiterhin üblich, dass die Unternehmensleitung zumindest mündlich ihre Einschätzungen der zukünftigen Gewinnentwicklung darstellt.[196] Investoren müssen sich weitgehend auf die Informationen verlassen, die beim Emissionsvorgang bekannt gegeben werden, da die Informationslage von nicht börsennotierten Unternehmen im Durchschnitt wesentlich geringer ist als bei etablierten Publikumsgesellschaften.[197]

Jahresabschlussdaten sind eine der zentralen Grundlagen im Preisfindungsprozess bei Börsenneueinführungen.[198] Eine besondere Rolle spielen dabei Gewinn- oder Cash-flow-Multiplikatoren, die von vergleichbaren Unternehmen auf Basis ihrer Börsenbewertung errechnet werden.[199] Bei jungen, innovativen Unternehmen steht das Wachstumspotential bei der Marktpreisfindung im Vordergrund. Beobachten

---

193 Vgl. Zwiebel (1996), S. 1210. Der klassischen Leverageeffekt der finanzwirtschaftlichen Literatur geht hingegen c.p. von einer steigenden Eigenkapitalrentabilität bei steigendem Verschuldungsgrad aus, solange die Fremdkapitalkosten unter der Gesamtkapitalrentabilität liegen. Vgl. Gerke/Bank (1998), S. 311-313.

194 Zwiebel (1996) stellt damit weiter gehende Überlegungen an als z.B. Choe/Masulis/Nanda (1993), die ausschließlich auf Bewertungsfragen im Kontext von Informationsasymmetrien fokusieren. Vgl. Abschnitt 2.2.1.3.

195 Vgl. §§ 13-42 BörsZulG i.V.m. § 38 Abs. 2 BörsG.

196 Vgl. Teoh/Welch/Wong (1998a), S. 1937.

197 Vgl. Chaney/Lewis (1998), S. 2.

198 Vgl. Goot (1997), S. 21-27.

199 Vgl. Ohlson (1995).

lässt sich hier nur das bisher realisierte Wachstum, das dem Kapitalmarkt eine erste Indikation für die Abschätzung der Zukunftsaussichten liefert.

Unternehmen verfügen über eine Vielzahl von Ansatz- und Bewertungsspielräumen, die eine aktive Bilanzpolitik ermöglichen. Das hohe Maß an Informationsasymmetrien zwischen dem Kapitalmarkt und der Unternehmensleitung von Börsenneueinführungen in Verbindung mit bilanziellen Entscheidungsspielräumen kann einen Anreiz vermitteln, durch den Ausweis eines möglichst hohen Gewinns oder möglichst hoher Wachstumsraten den Emissionserlös zu maximieren.[200]

Seit Anfang der neunziger Jahre hat sich in den USA ein empirischer Forschungszweig ausgeprägt, der versucht, mit Hilfe statistischer, bilanzanalytischer Verfahren typische Gestaltungsmuster von Jahresabschlüssen in Hinblick auf besondere Unternehmensereignisse, wie z.B. Management Buyouts oder Initial Public Offerings zu identifizieren und in einem zweiten Schritt Zusammenhänge zur Kapitalmarkteffizienz herzustellen.[201] Dabei steht nicht eine explizite Theoriebildung im Vordergrund. Vielmehr wird ohne weitere Erläuterung davon ausgegangen, dass eine Gruppe von Unternehmensinsidern Informationsasymmetrien bewusst und zielgerichtet nutzt und zum eigenem Vermögensvorteil der Gruppe der Unternehmensexternen schadet. Primärer Untersuchungsgegenstand, um derartiges Verhalten empirisch aufzuzeigen, sind Jahresabschlussdaten. Zentrale Begriffe der empirischen Forschungsrichtung sind dabei „accounting choices", „earnings management" und „window dressing".[202] Dabei wird nicht, vergleichbar wie zwischen den Modellgruppen zur Problematik von Adverser Selektion und Moral Hazard, zwischen Konfliktpotentialen vor und nach einem Vertragsabschlußss differenziert.

Healy (1985) untersucht das bilanzielle Ertragsmanagement von Managern in den USA, deren Bonuszahlung vom bilanziellen Jahresergebnis abhängt. Healy gelingt es nachzuweisen, dass Manager systematisch ihren Spielraum zur formell deklaratorischen Gestaltung des Jahresergebnisses ausnutzen, um eine Bonuszahlung zu erhalten.[203] DeAngelo (1985) analysiert die Jahresabschlussdaten und Quartalsberichterstattung von 68 Publikumsaktiengesellschaften in den USA, bei denen das Management den Aktionären ein Übernahmeangebot unterbreitet hat. Er kann keine

---

200 Vgl. Aharony/Chan-Janelin/Loeb (1993), S. 61-64.

201 Vgl. z.B. Skinner (1993), Aharony/Chan-Janelin/Loeb (1993), Teoh/Welch/Wong (1998a) und (1998b). Methodische Grundlagen erläutern Dechow/Sloan/Seeney (1995). Die Eignung unterschiedlicher statistischer Verfahren wurde von Barber/Lyon (1996) untersucht.

202 Eine umfassende deskriptive Darstellung enthält Kellog/Kellog (1994).

203 Ein ähnliches Ergebnis erzielt Skinner (1993), S. 423-426.

signifikante Veränderung im bilanziellen Ausweis des Unternehmenserfolges im Vorfeld feststellen.

DeAngelo führt dies auf die ausgeprägte Kapitalmarktkontrolle bei Management Buyouts und die Gefahr strafrechtlicher Verfolgung zurück, weist jedoch auch auf methodische und statistische Probleme der Untersuchungstechnik hin.[204] Studienmethodik und statistische Verfahren wurden in der Folgezeit erheblich verbessert.[205]

Teoh/Welch/Wong (1998) bieten eine Zusammenfassung der wichtigsten Möglichkeiten eines aktiven, bilanziellen Ertragsmanagements („methods of earnings management") nach US-GAAP.[206] Die in US-amerikanischen Studien aufgezeigten Spielräume bestehen weitgehend auch nach HGB. Eine direkte Anwendung der US-amerikanischen Studienmethodik ist jedoch in Deutschland mit vielen Problemen verbunden. So ist der bilanzielle Gestaltungsspielraum nach HGB wesentlich vielfältiger als der nach US-GAAP, was die Trennschärfe zwischen bilanziellen Entscheidungen und die Vergleichbarkeit zwischen Unternehmen in empirischen Studien stark einschränkt.[207] Die Gründe hierfür liegen letztlich im Vorsichtsprinzip und im Maßgeblichkeitsgrundsatz bzw. in der umgekehrten Maßgeblichkeit, die eine ausgeprägt steuerliche Motivation bei der Gestaltung der Handelsbilanz zur Folge haben kann. Insgesamt ergibt sich für Jahresabschlüsse nach HGB eine komplexere Interaktion von Gestaltungsmöglichkeiten und –motiven als

---

204 Vgl. DeAngelo (1985), S. 417-419.

205 Vgl. Dechow (1994), Friedlan (1994), Kang/Sivaramakrishnan (1995) und Dechow/Sloan/Seeney (1995).

206 Vgl. Teoh/Welch/Wong (1998a), S. 1969-1970. Es wird unterschieden zwischen „accounting method choice" (z.B. degressive oder lineare Abschreibung), „accounting method application" (z.B. Berechnung der Pensionsrückstellungen), „accounting method timing" (z.B. Realisierung stiller Reserven) und „timing" (z.B. zeitliche Durchführung realer Investitionen).

207 In US-amerikanischen Studien werden z.B. branchen- und wachstumsadjustierte erwartete Abschreibungen und Investitionen errechnet und diese mit den Abschreibungen und Investitionen von Unternehmen vor und nach der Börseneinführung verglichen. Während für US-amerikanische Unternehmen Abschreibung eine der zentralen Gestaltungsmöglichkeiten ist, können Unternehmen nach HGB eine vergleichbare Reduzierung des Jahresergebnisses z.B. auch durch den (begründeten) Ansatz von Rückstellungen erzielen, die auch für institutionelle Kapitalmarktteilnehmer u.U. nur schwer zu bewerten sind. Rückstellungen sind nach US-GAAP nicht vorgesehen.

bei Jahresabschlüssen nach US-GAAP, was eine differenzierte Analyse von Window Dressing in Deutschland weiter erschwert.[208]

Im folgenden sollen die Ergebnisse einiger wichtiger US-amerikanischer Studien kurz dargestellt werden. Aharony/Chan-Janelin/Loeb (1993) untersuchen die Nutzung von bilanziellen Gestaltungsspielräumen für ein Stichprobe von 229 US-amerikanischen Unternehmen, die von 1985 bis 1987 ein IPO durchgeführt haben. Sie betrachten einen Drei-Jahreszeitraum vor der Börseneinführung. Ausgangspunkt ihrer Analyse ist die Differenz zwischen dem „net operating income", was in etwa dem deutschen ordentlichen Betriebsergebnis entspricht, und dem operativen Cash-flow adjustiert um das Unternehmenswachstum. In der Studie können lediglich Hinweise für ein bilanzielles Ertragsmanagement („earnings management"), jedoch keine statistisch signifikanten Ergebnisse erzielt werden, die auf eine bewusste Bilanzpolitik im Hinblick auf die Börseneinführung schließen lassen.[209] Die Autoren können weiterhin keinen signifikanten Zusammenhang zwischen der Reputation der jeweils beauftragten Wirtschaftsprüfungsgesellschaften sowie Investmentbanken und dem Ausmaß des „earnings management" feststellen.[210]

Die Studie von Chaney/Lewis (1998) beruht auf einer Stichprobe von 489 Unternehmen, die von 1975 bis 1984 in den USA an die Börse gegangen sind. Die Autoren untersuchen Zusammenhänge zwischen einer Bilanzpolitik, die eine Glättung der Jahresergebnisse („income smoothing") zum Ziel hat, und der Kursperformance der Unternehmen über einen Zeitraum von fünf Jahren nach der Börseneinführung. Als Schätzgröße für eine Glättung von Jahresergebnissen dient das Verhältnis der Varianz der Jahresergebnisse zur Varianz der Cash-flows, das mit Hilfe einer multiplen Zeitreihen- und Querschnittsanalyse um branchenspezifische Faktoren ergänzt wird.[211] Es zeigt sich, dass Unternehmen, deren Jahresergebnisse im Durchschnitt eine geringere Variabilität als die der Cash-flows haben, eine systematisch bessere Kursperformance über einen Zeitraum von fünf Jahren nach der Börseneinführung aufweisen. Eine differenzierte Analyse deckt weiterhin auf, dass der Kapitalmarkt, den Ausweis von Gewinnsteigerungen bei Unternehmen, die sich

---

208 Dem Verfasser vorliegender Arbeit ist keine vergleichbare Studien für Börsenneueinführungen in Deutschland bekannt. Die empirische Forschung wird in Deutschland durch die geringe Stichprobengröße und Schwierigkeiten beim Aufbau geeigneter Kontrollstichproben erschwert.

209 Vgl. Aharony/Chan-Janelin/Loeb (1993), S.69-72.

210 Vgl. Aharony/Chan-Janelin/Loeb (1993), S. 72-77.

211 Vgl. Chaney/Lewis (1998), S. 9-11. Zur Wahrnehmung des Zusammenhangs zwischen der Qualität des ausgewiesenen Jahresüberschusses und der „Glättung" des Jahresüberschusses vgl. auch Ayres (1994), S. 27-29.

um eine Glättung der Jahresergebnisse bemühen, durch vergleichsweise höhere Kurssteigerungen honoriert.

Teoh/Welch/Wong (1998a) benutzen eine Stichprobe von 1649 US-amerikanischen Unternehmen, die im Zeitraum von 1980 bis 1992 an die Börse gegangen sind. Ihrer Studie liegt ein Betrachtungszeitraum von einem Jahr vor bis fünf Jahre nach dem IPO zugrunde. Die Autoren bilden auf der Grundlage branchenspezifischer Querschnittsanalysen vier unterschiedliche Gruppen von bilanziellen Gestaltungsspielräumen. Lediglich bilanzpolitische Maßnahmen mit kurzfristigen Auswirkungen, die direkt auf Managemententscheidungen beruhen, werden als Schätzgröße für ein aktives Ertragsmanagement in Hinblick auf die Börseneinführung herangezogen. Teoh/Welch/Wong können bei einem Vergleich zur Kontrollgruppe statistisch signifikant nachweisen, dass Unternehmen in den Jahren um die Börseneinführung ein höheres Maß an kurzfristig orientierter Bilanzpolitik betreiben, um einen möglichst hohen Jahresüberschuss auszuweisen. Dieses Verhalten geht im Zeitablauf zurück. Nach vier Jahren besteht kein statistisch signifikanter Unterschied mehr zur Kontrollstichprobe.[212]

In einem zweiten Schritt ihrer Studie untersuchen Teoh/Welch/Wong (1998a), ob ein systematischer Zusammenhang zwischen dem Ertragsmanagement und dem langfristigen Kursverlauf besteht. Die Autoren vertreten die Hypothese, dass die Kapitalmärkte nicht effizient sind und sich Kapitalmarktteilnehmer regelmäßig durch kurzfristiges bilanzielles Ertragsmanagement täuschen lassen. Zur Überprüfung ihrer Hypothese teilen sie die gesamte Stichprobe in Quartile, die das unterschiedliche Ausmaß kurzfristiger bilanzpolitischer Maßnahmen widerspiegeln, und führen eine Kursstudie durch, in der mehrere alternative Indizes zu Marktadjustierung genutzt werden.[213] Je nach Vergleichsindex weist die gesamte Stichprobe über einen Zeitraum von vier Jahren eine marktadjustierte Performance von ca. –9 % bis –19 % auf. Das Quartil, das die Unternehmen mit dem aggressivsten Ertragsmanagement enthält, weist eine marktadjustierte Performance von ca. –26 % bis –38 %, das Quartil mit der konservativsten Bilanzpolitik von lediglich ca. –2 % bis –12 %. Die Autoren schließen daraus, dass der Kapitalmarkt nicht in der Lage ist, kurzfristiges Ertragsmanagement und Window Dressing von Börsenneueinführun-

212 Vgl. Teoh/Welch/Wong (1998a), S. 1942-1948.

213 Neben dem Nasdaq Composite Index, einem Index bestehend aus der Kontrollstichprobe und einem marktwertgewichteten Index wird ein Index konstruiert, der auf dem Drei-Faktoren Modell von Fama/French (1993) beruht. Vgl. Teoh/Welch/Wong (1998a), S. 1948-1956. Die Aufteilung in Quartile reduziert die Abhängigkeit der Ergebnisse von der Linearitätsannahme der Querschnittsregressionen.

gen richtig einzuschätzen.[214] Sie folgern weiter, dass die Ergebnisse mit der Hypothese konsistent sind, dass Investoren eine naive Gewinnschätzung vornehmen, in dem sie die Vergangenheitsentwicklungen in die Zukunft extrapolieren.[215] Roosenboom/Goot/ Mertens (1999) können für holländische IPOs einen vergleichbaren Zusammenhang zwischen „earnings management" und der Kursentwicklung aufzeigen. Jedoch können sie kein zielgerichtetes Ertragsmanagement vor dem Börsengang feststellen.

Keine der empirischen Studien kann letztlich nachweisen, dass Unternehmen bzw. die Unternehmensleitung vorsätzlich ein kurzfristig orientiertes Ertragsmanagement betreiben, um einen Vermögensvorteil zu Lasten der Kapitalmarktteilnehmer zu erzielen. Stein (1989) zeigt in einem spieltheoretischen Signalling Modell, dass ein kurzfristig orientiertes Ertragsmanagement auch in einem effizienten Kapitalmarkt ein vollständig rationales Verhalten zur Maximierung des Unternehmenswertes ist. Kapitalmarktteilnehmer lernen aus dem Verhalten der Unternehmen und antizipieren dies vollständig im Kursbildungsprozess. Ein Verzicht auf ein kurzfristiges Ertragsmanagement würde daher fehlinterpretiert werden.[216]

Im bilanzanalytischen, empirischen Forschungsbereich der Börsenneueinführungen werden im wesentlichen vier Fragestellungen untersucht, ohne eine explizite Theoriebildung vorzunehmen:[217]

1) Nutzen Unternehmen im Vorfeld einer Börsenneueinführung einen bilanziellen Gestaltungsspielraum, um Jahresergebnisse oder Wachstumsraten möglichst hoch auszuweisen?[218]
2) Wie lange nach dem IPO wird diese Strategie fortgesetzt bzw. kann sie aufrechterhalten werden? Grundüberlegung ist, dass Altaktionäre oft erst nach einer Mindesthaltefrist von sechs bzw. zwölf Monaten nach dem Börsengang Aktien verkaufen dürfen. Eine sofortige Verschlechterung des ausgewiesenen betrieblichen Erfolgen, z.B. im ersten Quartalsbericht nach der Börsenneueinführung,

---

214 Vgl. Teoh/Welch/Wong (1998a), S. 1935-1941. Ein qualitativ vergleichbares Ergebnis erzielen die Autoren für Kapitalerhöhungen bereits börsennotierter Unternehmen. Vgl. Teoh/Welch/Wong (1998b).

215 Zur Hypothese einer naiven Extrapolation von Wachstumstrends vgl. Barberis/Shleifer/Vishny (1998), Theo/Welch/Wong (1998b) und Rajan/Servaes (1997).

216 Vgl. Stein (1989), S. 661-667.

217 Vgl. Aharony/Chan-Janelin/Loeb (1993), Chaney/Lewis (1998) und Teoh/Welch/Wong (1998a).

218 Teoh/Welch/Wong sprechen von „exceptional opportunities to „doctor" time series profiles of accounting earnings for the pre-issue fiscal years to show an increase in reported earnings". Vgl. Teoh/Welch/Wong (1998a), S. 1939.

könnte weiterhin eine Inanspruchnahme des Unternehmens und der Unternehmensleitung aufgrund der Prospekthaftung zur Folge haben.

3) Führt eine besonders aggressive Finanzberichterstattung im Vorfeld einer Börseneinführung zu einem um so stärkeren Rückgang der ausgewiesenen Performance in den Folgeperioden?
4) Lässt sich der Kapitalmarkt systematisch täuschen?[219] Bei Gültigkeit der halbstrengen Informationseffizienz im Sinne von Fama (1970) lässt sich der Kapitalmarkt nicht durch „Bilanzkosmetik" beeinflussen. Marktpreise spiegeln alle verfügbaren Informationen korrekt wider. Das bedeutet, dass Börsenneueinführungen im Durchschnitt keinen vom Gesamtmarkt systematisch abweichenden Kursverlauf aufweisen sollten.[220]

Fraglich ist, ob sich die Ergebnisse der primär US-amerikanischen Studie zum Window Dressing auch auf deutsche Börsenneueinführungen übertragen lassen. Jahresabschlüsse nach HGB eröffnen Unternehmen tendenziell einen größeren Spielraum für ein kurzfristiges Ertragsmanagement als Jahresabschlüsse nach US-GAAP. Die Anreizstrukturen für Window Dressing sind vergleichbar. Bei der ökonomischen Interpretation der empirischen Ergebnisse der vorliegenden Studie wird daher stets berücksichtigt, dass Jahresabschlusszahlen u.U. durch kurzfristiges Ertragsmanagement und Window Dressing beeinflusst sind. Um Hinweise auf ein mögliches Window Dressing zu erhalten, werden Kennzahlen einander gegenübergestellt, die unterschiedlich leicht beeinflussbar sind. Eine tatsächliche statistische Analyse kurzfristigen Ertragsmanagements vor und nach der Börseneinführung scheitert an der im Vergleich zu den USA erheblich schlechteren Datenlage, der zu geringen Stichprobengröße, der Verfügbarkeit branchen- und größenadjustierter Kontrollstichproben sowie einer auf HGB-Basis ungeklärten Messmethodik.

---

219 In der Finanzwirtschaft ist es üblich, von (informations-)effizienten Kapitalmärkten auszugehen. Die US-amerikanische „accounting"-Literatur unterstellt von vornherein, dass Kapitalmärkte nicht effizient sind und sich durch Bilanzkosmetik täuschen lassen. Vgl. z.B. Aharony/Chan-Janelin/Loeb (1993), S. 62-63.

220 Vgl. Caney/Lewis (1998), S. 11 und S. 18-27.

2.3 Zusammenfassung

Eine der klassischen Fragen der Finanzwirtschaft ist die Wahl der optimalen Finanzierungsform. Ausgehend vom Irrelevanztheorem der Verschuldung von Modigliani/Miller (1958) und unter der Annahme vollkommener Kapitalmärkte wurden in der neoklassischen Kapitalmarkttheorie eine Reihe von Modellen, wie z.B. das Capital Asset Pricing Model (CAPM), entwickelt, die ein breites finanzierungstheoretisches Fundament bilden. Dabei nutzt die neoklassische Modellwelt die Prämisse symmetrisch verteilter, kostenloser Informationen und die Prämisse, dass vollkommene Verträge kostenlos geschlossen und durchgesetzt werden können. Da die Börseneinführung bei vollkommenem Kapitalmarkt kein spezifisches, finanzierungstheoretisches Entscheidungsproblem darstellt, wird sie in der neoklassischen Kapitalmarkttheorie nicht thematisiert.

Die neoinstitutionalistische Finanzierungstheorie setzt an den Prämissen der Neoklassik an. Sie untersucht explizit das Verhalten von Entscheidungsträgern vor dem Hintergrund asymmetrisch verteilter Informationen. Adverse Selektion beschreibt dabei im vorliegenden Kontext opportunistisches Verhalten bei der Emissionsentscheidung. Mit dem Begriff Moral Hazard wird das Verhalten der Unternehmensleitung nach der Börseneinführung charakterisiert.

Adverse Selektion liegt den Pecking Order Modellen zugrunde. Diese entwickeln, basierend auf der Annahme, dass Unternehmen einen zeitlich begrenzten Informationsvorsprung haben und versuchen, diesen zu ihren Vorteil ausnutzen, Rangordnungen für Finanzierungsalternativen. Die grundlegenden Arbeiten hierzu stammen von Myers/Majluf (1984), Fazzari/Hubbard/Petersen (1988) und Cooney/Kalay (1993). Die Modelle greifen die Argumentation von Akerlof (1970) auf und zeigen, dass bei asymmetrisch verteilten Informationen über den wahren Wert von Unternehmen und deren Investitionsmöglichkeiten die Gefahr einer adversen Selektion besteht: Da die Kapitalmarktteilnehmer nicht in der Lage sind, die Qualität von Unternehmen richtig einzuschätzen, sind sie nur bereit, einen Preis zu zahlen, der eine durchschnittliche Qualität widerspiegelt. Entscheidendes Kriterium für die Alteigentümer ist, ob ihr Vermögensverlust auf Grund der anteiligen Beteiligung neuer Aktionäre an den bestehenden Unternehmensaktiva durch ihren Vermögenszuwachs auf Grund ihres Anteils am Emissionserlös und an neuen Investitionen kompensiert wird.

Liegt eine Überbewertung auf Grundlage des Wissensvorsprungs des Managements bzw. der Alteigentümer vor, besteht immer der Anreiz, Eigenkapitaltitel zu emittieren. Cooney/Kalay (1993) demonstrieren, dass eine Eigenkapitalemission sogar dann für die Alteigentümer vorteilhaft sein kann, wenn mit dem Emissionserlös nur Projekte mit negativem Kapitalwert realisiert werden können. Im Fall einer erwarteten Unterbewertung findet nur dann eine Emission von Eigenkapitaltiteln zur Durchführung von Investitionen statt, wenn interne Ressourcen erschöpft sind, die Verschuldungskapazität erreicht ist und der Wertbeitrag der Investitionsmöglichkeiten ausreicht, die Altaktionäre für einen zu niedrigen Emissionserlös zu entschädigen. Sind Kapitalmärkte nicht vollständig in der Lage, den Wissensvorsprung der Emittenten zu antizipieren, ist zu erwarten, dass sich die durchschnittliche Unternehmensqualität ex post als schlechter herausstellt, als dies von den Investoren bei der Emission erwartet wird.

Yosha (1995) untersucht die Entscheidungssituation eines kleinen Unternehmens, das durch eine Innovation einem großem Unternehmen ökonomischen Schaden zufügen kann. Ausgangspunkt der Überlegung ist, dass die Wahl der Finanzierungsform des kleinen Unternehmens vom großen Unternehmen als Signal über den tatsächlichen Wettbewerbsvorsprung interpretiert wird und entsprechende Gegenreaktionen auslöst. In einem spieltheoretischen Modell entwickelt Yosha eine Gleichgewichtslösung, in der Unternehmen mit relativ niedrigem Innovationspotential eine multilaterale Finanzierung, z.B. über die Börse, mit entsprechender Informationsveröffentlichung präferieren, um keine massive Wettbewerbsreaktion des großen Unternehmens auszulösen. Hochinnovative kleine und mittlere Unternehmen ziehen bilaterale Finanzierungsbeziehungen, z.B. über Venture Capital Gesellschaften, vor, bei der Informationen vertraulich bleiben. Es kommt zu einer adversen Selektion bei potentiellen Börsenneueinführungen, die die Aussagen der Pecking Order Modelle verstärkt.

Eine weitere Modellklasse beschäftigt sich mit bewusstem Emissions-Timing. Lucas/McDonald (1990) gehen davon aus, dass das Management den tatsächlichen Marktwert des Unternehmens jeweils eine Periode früher kennt als der Gesamtmarkt und Investitionen hinausgezögert werden können. Aktien werden nur dann emittiert, wenn die Unternehmensleitung, die vollständig im Interesse der Alteigentümer handelt, von einer Überbewertung ausgeht. Diese liegt vor, wenn sie bei Bekannt- werden des tatsächlichen Unternehmenswertes mit fallenden Kursen rechnet. Lucas/McDonald verknüpfen weiterhin die Bewertungssituation des einzelnen Unternehmens mit der des Gesamtmarktes. Ihre Grundüberlegung ist, dass das Verhältnis von über- zu unterbewerteten Aktien am Gesamtmarkt im

Zeitablauf stochastisch schwankt. Liegt eine Situation deutlicher Überbewertung vor, kommt es zu Zeiträumen ausgeprägter Emissionstätigkeit, den sogenannten „hot issue periods". Choe/Nanda/Masulis (1993) stellen einen Zusammenhang zwischen der Problematik der adversen Selektion und makroökonomischen Faktoren her. Sie zeigen auf, dass in Phasen eines konjunkturellen Aufschwungs das Verhältnis von Eigenkapital-Emissionen zu Fremdkapitalfinanzierungen ansteigt. Es kommt zu sogenannten „windows of opportunity" für Börsenneueinführungen. Sie führen dies auf die allgemein verbesserten Investitionsmöglichkeiten und die damit rückläufigen Kosten der adversen Selektion zurück: Relativ mehr Unternehmen überdurchschnittlicher Qualität finanzieren sich über die Börse, da die Alteigentümer durch profitable Investitionschancen eher für potentielle Vermögensverluste bei der Emission entschädigt werden. Berkovitch/Narayanan (1993) erweitern die vorhergehenden Überlegungen um die Variablen Expansionsgeschwindigkeit und Ausgangsniveau, um „hot issue periods" in einzelnen Branchen zu erklären. Lerner (1994) und Rajan/Servaes (1997) weisen nach, dass in Phasen optimistischer Kapitalmarktstimmung ein bewusstes Emissions-Timing existiert.

Underpricing wird in der Literatur als Möglichkeit diskutiert, die Kosten adverser Selektion zu reduzieren. Kernpunkt der Argumentation ist, dass bei Vorherrschen von Informationsasymmetrien Unternehmen überdurchschnittlicher Qualität Underpricing als kostspieliges Signal wählen, um Investoren ihren wahren Wert zu zeigen. Gelingt ihnen dies nicht, werden sie als Unternehmen durchschnittlicher Qualität eingestuft und entsprechend bewertet.

Die wohl bekannteste Arbeit zu Moral Hazard Problemen bei Börseneinführungen stammt von Jensen/Meckling (1976). Die Autoren analysieren die Auswirkungen einer externen Eigenkapitalaufnahme auf das Verhalten eines Unternehmers, der in der Ausgangssituation alle Anteile am Unternehmen hält. Für diesen entsteht der Anreiz, seinen Arbeitseinsatz zu verringern und Unternehmensressourcen zu seinem eigenen Nutzen zu verwenden, da der Vorteil ihm alleine zufällt, die Kosten jedoch auch die neuen Eigentümer tragen.

Überinvestitionsprobleme werden bei Jensen (1986), Stulz (1990) und Zwiebel (1996) diskutiert. Ausgangspunkt der Überlegungen ist der sogenannte Free-cash-flow. Das ist der Teil der finanziellen Ressourcen eines Unternehmens, der nach Durchführung aller Investitionen mit einem positiven Kapitalwert noch zur Verfügung steht. Für das Management existieren eine Reihe von Motiven, z.B. „empire building" oder „legacy building", den Free-cash-flow kapitalwertvernichtend einzusetzen. Mit dem Emissionserlös aus dem Börsengang steigt die Wahrscheinlichkeit eines Free-cash-flow an. Unternehmen verringern zwar potentielle Unterinvestitionsprobleme, erhöhen aber gleichzeitig die Gefahr von Überinvestitionen. Unklar ist, inwieweit eine interne Unternehmenskontrolle oder der Kapitalmarkt Überinvestitionsprobleme beheben können.

Ein weiterer Literaturzweig thematisiert ereignisinduziertes Window Dressing: Unternehmen nutzen für den Kapitalmarkt nur schwer identifizierbare bilanzielle Möglichkeiten des kurzfristigen Ertragsmanagements, um die Unternehmensbewertung zu erhöhen und dadurch den Emissionserlös zu steigern.

Zusammenfassend ist zu erwarten, dass Unternehmensinsider, d.h. Alteigentümer und Manager Informationsasymmetrien vor und nach der Börseneinführung zur Maximierung ihres eigenen Nutzens einsetzen. Die theoretischen Implikationen der Modelle zur adverser Selektion und Moral Hazard prognostizieren, dass sich die fundamentale Performance von Unternehmen nach der Börseneinführung im Durchschnitt verschlechtert. Die beobachtbaren Effekte werden durch Window Dressing im Vorfeld der Emission verstärkt. Fraglich ist, inwieweit der Kapitalmarkt in der Lage ist, Anreizstrukturen, die aus einer asymmetrischen Informationsverteilung entstehen, systematisch zu antizipieren bzw. bei der Preisbildung zu berücksichtigen und eine geeignete Unternehmenskontrolle zu gewährleisten.

3 Die fundamentale Performance

3.1 Grundlagen der Empirie

3.1.1 Empirische Untersuchungen in der Literatur

Im Mittelpunkt der Arbeit steht die Untersuchung der fundamentalen Performance von Unternehmen vor und nach der Börseneinführung. Die statistische Analyse des fundamentalen Unternehmenserfolges im Rahmen von Ereignisstudien ist ein relativ junges Forschungsgebiet. Finanzwirtschaftliche Ereignisstudien konzentrieren sich meist auf Kursdaten, um Marktanomalien an Börsenmärkten zu identifizieren.
Die folgende Darstellung beschränkt sich daher auf Ereignisstudien zur fundamentalen Performance von Unternehmen. Ziel des kurzen Überblicks ist es, Methodik und Ergebnisse der Arbeit in den Kontext der bisher geleisteten Forschung einzuordnen.[221]

3.1.1.1 Die Studie von Jain/Kini (1994)

Eine der ältesten empirischen Arbeiten zur operativen Performance von Börsenneueinführungen stammt von Jain/Kini (1994). Als Datengrundlage nutzen sie eine Stichprobe von 682 US-amerikanischen IPOs aus dem Zeitraum von 1976 bis 1988. Sie analysieren die Veränderung der operativen Performance über einen Zeitraum von einem Jahr vor der Börseneinführung (t= -1) bis drei Jahre nach der Börseneinführung (t= +3).

---

221 Kapitel 4.3 enthält zusammenfassende Darstellungen zentraler Studien zur langfristigen Kursperformance von Börsenneueinführungen.

Zur Messung der fundamentalen Performance verwenden sie drei Kennzahlen:[222]

$$operating\ return\ on\ assets = \frac{operating\ income\ before\ depreciation\ and\ taxes}{total\ assets}.$$

Der „operating return on assets" entspricht in etwa der in Deutschland gebräuchlichen Kennzahl Betriebsrentabilität.[223] Diese wird in der Studie primär als Kennzahl zur Ermittlung der betrieblichen Effizienz und der nachhaltigen Ertragskraft verstanden.

$$\frac{operating\ cash\ flows}{total\ assets} = \frac{operating\ income - capital\ expenditure}{total\ assets}.$$

„Operating cash flows/total assets" wird von Jain/Kini als die zentrale Kennzahl zur Messung operativer Performance herangezogen, da der Cash-flow eine der Hauptkomponenten im Discounted Cash Flow Verfahren zur Bestimmung des Unternehmenswertes ist.

Die dritte Kennzahl der Studie ist:

$$asset\ turnover = \frac{total\ sales}{total\ assets}.$$

Der „asset turnover" entspricht der in Deutschland üblichen Kennzahl Kapitalumschlagshäufigkeit. Die Kennzahl dient der Messung der betrieblichen Effizienz.
Die Kennzahlen werden durch eine Analyse der Umsatzentwicklung und der Investitionsausgaben ergänzt. Weiterhin ermitteln Jain/Kini auch branchenadjustierte Werte, indem sie eine Kontrollstichprobe aus Unternehmen der gleichen Branchen mit vergleichbarer Größenordnung bilden.

---

222 Vgl. Jain/Kini (1994), S. 1709. Die Autoren benutzen im Detail verschiedene Verfahren zur Berechnung der Kennzahlen, erhalten jedoch stets vergleichbare empirische Ergebnisse.

223 Vgl. White/Sondhi/Fried (1998), S. 225-231. Die Autoren bieten eine umfassende Darstellung der Analyse der Finanzberichterstattung nach US-GAAP. Zur Kennzahl Betriebsrentabilität vgl. Husmann (1997), S. 245-248.

Zur Messung der fundamentalen Performance nach der Börseneinführung berechnen Jain/Kini stets die Veränderung der Kennzahlen bezogen auf t= -1, dem letzten Geschäftsjahr vor der Börseneinführung. Aufgrund der empirischen Verteilungsschiefe von Unternehmenskennzahlen und der Sensibilität des Mean gegenüber Extremwerten benutzen sie ausschließlich den Median als Maßzahl der Verteilung. Als nichtparametrischen Signifikanztest verwenden sie den zweiseitigen Wilcoxon-Rangsummentest.

Der Median des „operating return on assets" und des „operating cash flow/total assets" gehen im Jahr der Emission absolut um ca. 4 % zurück. Der „asset turnover" sinkt um ca. 20%. Alle Ergebnisse sind durchgehend signifikant auf dem 1 % Niveau. Das gleiche Bild ergibt sich auch für branchenadjustierte Kennzahlen. Bei allen drei Kennzahlen steigt durch die Kapitaleinlage im Rahmen des Börsenganges der Nenner an, während eine Steigerung des Zählers über Investitionen und zusätzliche Umsätze erst zeitverzögert zu erwarten ist. Tatsächlich fallen alle drei Kennzahlen in den Folgeperioden t= +1 und t= +2 weiter ab. Erst in t= +3 tritt eine Stabilisierung ein. Das Niveau der fundamentalen Performance liegt deutlich unter dem vor der Börseneinführung.

Eine weiter gehende Untersuchung zeigt, dass die Umsätze im Median in den Jahren nach der Emission kontinuierlich ansteigen. In t= +3 liegen sie ca. 140 % über dem Wert vor der Börseneinführung. Dabei wächst die Bilanzsumme stärker als die Umsätze. Die Investitionen steigen von t= -1 auf t= +1 ebenfalls um ca. 140 % an. Alle Ergebnisse sind signifikant auf dem 5 % bis 1% Niveau.

Jain/Kini (1994) stellen zusammenfassend fest, dass die operative Performance von IPOs in den Folgejahren der Emission deutlich zurückgeht, obwohl die Unternehmen ein deutliches Umsatzwachstum verzeichnen und erhebliche Investitionen vornehmen. Die weitere Untersuchung ergibt, dass das Markt-/Buchwert-Verhältnis und das Kursgewinnverhältnis je um ca. ein Drittel bis t= +3 signifikant abfällt. Diese Ergebnisse sind unter der Annahme nicht vollständig informationseffizienter Kapitalmärkte konsistent mit der in vielen Kursstudien festgestellten Underperformance von IPOs über einen Zeitraum von drei bis fünf Jahren nach der Emission.[224] Jain/Kini folgern daraus, dass der Kapitalmarkt bei der Bewertung von Börsenneueinführungen regelmäßig Gewinnmargen vor dem IPO zugrunde legt, diese jedoch im Durchschnitt nach der Börseneinführung deutlich zurückgehen.[225]

---

[224] Vgl. Ritter (1991).

[225] Vgl. Jain/Kini (1994), S. 1720-1726.

Die Autoren identifizieren ohne weitere Diskussion vier mögliche Erklärungen für die durchschnittliche Verschlechterung der fundamentalen Performance nach der Börseneinführung:

- Überinvestition,
- Agency Kosten des Eigenkapitals im Sinne von Jensen/Meckling (1976),
- Window Dressing vor der Börseneinführung und
- Emissions-Timing: Die Alteigentümer nutzen Zeiträume ungewöhnlich guter Unternehmenslage zur Börseneinführung.

Jain/Kini (1994) können im weiteren aufzeigen, dass ein positiver Zusammenhang zwischen dem Anteilsbesitz von Alteigentümern nach der Emission und der operativen Performance besteht, dieser jedoch im wesentlichen nicht signifikant ist. Ein Zusammenhang zwischen Underpricing und operativer Performance kann nicht festgestellt werden.[226]

Zur Studie von Jain/Kini (1994) lassen sich mehrere Kritikpunkte anführen. So können auf Grund der sehr eingeschränkten Auswahl von Kennzahlen die Auswirkungen des Börsengangs auf Unternehmensebene letztlich nicht aufgeschlüsselt werden. Dies verhindert eine differenzierte Bewertung der unterschiedlichen Erklärungsansätze für die zurückgehende Performance. Vorteilhaft wäre auch ein erweiterter Betrachtungszeitraum relativ zum Jahr des IPO. Insbesondere die fundamentale Entwicklung vor dem Börsengang könnte klären, ob Emissions-Timing und Window Dressing eine entscheidende Rolle spielen.[227] Jain/Kini verknüpfen ihre Ergebnisse der fundamentalen Analyse der Unternehmen nicht mit einer Kursstudie, die die Kapitalmarktreaktion bzw. Kapitalmarkteffizienz untersucht. Dies könnte eine direkte Verbindung zu den bisher vielfach geleisteten Kursstudien herstellen.

---

226 Zum Zusammenhang zwischen Underpricing und Unternehmensqualität vgl. Allen/Faulhaber (1989), Grinblatt/Hwang (1989), Welch (1989) und Chemmanur (1992). Vgl. Abschnitt 2.2.1.4.

227 Eine Analyse von t= -2 oder weiter zurückgehend scheitert jedoch vermutlich an der Verfügbarkeit von Daten. US-amerikanische Jahresabschlußdaten stammen meist vom Datenanbieter Compustat, der gewöhnlich Unternehmen erst mit der Börseneinführung in die Datenbank aufnimmt.

3.1.1.2 Die Studie von Mikkelson/Partch/Shah (1997)

Mikkelson/Partch/Shah (1997) untersuchen wie Jain/Kini (1994) die operative Performance von Börsenneueinführungen am US-amerikanischen Kapitalmarkt, erweitern diese jedoch um eine differenzierte Analyse des Einflusses unterschiedlicher Aktionärsgruppen. Der Studie liegen 283 IPOs aus den Jahren 1980 bis 1983 zugrunde. Der Untersuchungszeitraum reicht von t= -1 bis t= +10. Als Bezugszeitpunkt ihrer Studie wählen sie ebenfalls das letzte Geschäftsjahr vor der Börseneinführung. Zur Bestimmung der operativen Performance nutzen sie die Kennzahlen „operating return on assets" und „operating return on sales".[228] Der Bezugszeitpunkt der Studie ist wie bei Jain/Kini (1994) jeweils das Jahr vor dem Börsengang.

Der Median des „operating return on assets" fällt von 21 % im letzten Geschäftsjahr vor der Emission auf 7 % im ersten vollen Geschäftsjahr nach der Börseneinführung (t= +1).[229] Fünf Jahre nach dem Börsendebüt liegt der „operating return on assets" bei nur noch 3 %. Bis t= +10 tritt eine leichte Erholung auf ca. 4 % ein. Ein vergleichbares Bild zeigt sich für den Median „operating return on sales". Dieser fällt von 13% vor der Börseneinführung auf 8 % in t= +1. In t= +5 und t= +10 weist die Kennzahl einen Wert von 2 % auf.

Mikkelson/Partch/Shah (1997) gehen anschließend der Frage nach, ob eine Veränderung des Anteilsbesitzes unterschiedlicher Aktionärsgruppen einen erklärenden Einfluss auf die Gesamtvariation der fundamentalen Performance der Stichprobe hat. Univariate Analysen und multivariate Regressionsanalysen können jedoch keinen signifikanten Einfluss einer Veränderung des Anteilsbesitzes des Vorstandsvorsitzenden (CEO), leitender Angestellter, Venture Capital Unternehmen oder einzelner Großaktionäre auf die operative Performance aufdecken. Allerdings sinkt der Median Aktienanteil des CEO bei der Börseneinführung von ca. 25 % auf ca. 16 %. In den folgenden zehn Jahren reduziert er sich weiter auf ca. 6 %. Ebenso geht die Aktienbeteiligung der leitenden Angestellte deutlich zurück. Der Rückgang lässt sich teilweise damit erklären, dass innerhalb von fünf Jahren bei 39 % der Unternehmen der CEO und in ca. 28 % das gesamte Top Management ausgewechselt wurde.[230]

---

228 Zu „operating return on assets" vgl. Abschitt 3.111. Die Kennzahl „operating return on sales" nutzt den gleichen Zähler wie der „operating return on assets", im Nenner stehen jedoch der Umsatz. Die Kennzahl kann als der Umsatzrentabilität interpretiert werden.

229 Mikkelson/Partch/Shah (1997) stellen wie Jain/Kini (1994) ausschließlich auf den Median ab. Mittelwerte werden nicht berichtet.

230 Vgl. Mikkelson/Partch/Shah (1997), S. 286-289.

3.1.1.3 Die Studie von Sapusek (1998)

Die erste Studie zur fundamentalen Performance von Börsenneueinführungen am deutschen Kapitalmarkt stammt von Sapusek (1998). Der Untersuchung liegen 89 Unternehmen zugrunde, die von 1988 bis 1993 an die Börse gegangen sind. Dabei wird ein Zeitraum von einem Jahr vor (t= -1) bis zwei Jahre nach der Börseneinführung (t= +2) betrachtet. Die Methodik entspricht weitgehend der von Jain/Kini (1994).[231] Sie erweitert jedoch das Kennzahlensystem, so dass auch eine differenzierte Analyse der Auswirkungen des Börsengangs auf die Kapitalstruktur, Liquidität, Investitionsverhalten, Produktivität und Dividendenpolitik möglich ist.

Sapusek kann einen Rückgang der Eigenkapitalrendite im Median von t= -1 auf t= 0 um ca. 50 % nachweisen. In den beiden Folgeperioden fällt die Eigenkapitalrentabilität weiter auf ein Niveau, das in t= +2 lediglich bei noch ca. 35 % des letzten Geschäftsjahres vor der Börseneinführung liegt. Die Umsatzrentabilität, die nicht durch eine Erhöhung des Nenners aufgrund der Börseneinführung beeinflusst ist, fällt ebenfalls kontinuierlich auf ein Niveau von ca. 75 % des Wertes von t= -1 ab. Der Jahresüberschuss vor und nach Steuern steigt von t= -1 auf t= 0 noch leicht an, fällt allerdings in t= +1 und t= +2 auf Werte, die unterhalb den Werten von einem Jahr vor der Börseneinführung liegen. Alle Ergebnisse sind auf dem 5 %- bzw. 1 %-Niveau signifikant.

In weiter gehenden Untersuchungen kann Sapusek eine Reihe von Ergebnissen erzielen, die über die Arbeit von Jain/Kini (1994) hinausgehen. So zeigt sich, dass durch die Börseneinführung die Eigenkapitalquote nach Buchwerten im Median von ca. 27 % auf ca. 40% ansteigt und dieses Niveau in etwa auch in den Folgeperioden aufrechterhalten werden kann. Ebenso bleibt die Liquidität auf signifikant erhöhtem Niveau. Ein negativer Zusammenhang zwischen der Eigenkapitalrentabilität und der Eigenkapitalquote, entsprechend der Aussage des klassischen Leverageeffekts, lässt sich nicht feststellen. Hingegen besteht über den gesamten Betrachtungszeitraum eine auf dem 1 %-Niveau signifikant positive Korrelation zwischen der Umsatzrentabilität und der Eigenkapitalquote. Die Autorin schließt daraus, dass tendenziell ein umgekehrter Leverageeffekt gilt.[232]

---

231 Im folgenden werden jeweils die Mediane berichtet. Die Angaben zur Signifikanz beruhen auf einem zweiseitigen Wilcoxon Rangsummentest.

232 Sapusek (1998), S. 71-78. Sapusek bietet keine Erklärung für den umgekehrten Leverageeffekt. Rajan/Zingales (1995) können für Deutschland in ihrer internationalen Studie ebenfalls keinen Zusammenhang zwischen der Eigenkapitalquote und der Eigenkapitalrendite feststellen.

Im Gegensatz zu Jain/Kini (1998) kann Sapusek (1998) nur einen geringen Anstieg der Investitionstätigkeit nach dem Börsengang feststellen.[233] Gleichzeitig steigt jedoch die Investitionsintensität im Jahr der Börseneinführung signifikant an, fällt allerdings in t= +1 wieder auf das vorhergehende Niveau ab. Insgesamt betrachtet hat die Börseneinführung keinen signifikanten Einfluss auf die Investitionstätigkeit.

Die Unternehmen der Studie weisen während des Betrachtungszeitraums ein Umsatzwachstum von nominell ca. 15 % p.a. auf. Die Zahl der Beschäftigten steigt jährlich um ca. 10 % an. Da keine Wachstumswerte vom letzten Geschäftsjahr vor dem IPO vorliegen, lässt sich der Einfluss der Börseneinführung auf das Wachstum nicht ermitteln. Die jährlichen Wachstumswerte von t= -1 bis t= +2 weisen allerdings kaum Schwankungen auf.

Insgesamt gesehen zeichnen sich die Unternehmen der Stichprobe durch eine signifikant rückläufige Profitabilität bei gleichzeitig stabilem Wachstum in den Jahren nach der Börseneinführung aus. Der Zufluss von Eigenkapital führt nicht zu einer deutlichen Erhöhung der Investitionstätigkeit. Sapusek (1998) bezieht in ihre Studie keine Kursdaten oder zumindest stichtagsbezogene Marktwerte des Eigenkapitals mit ein. Eine Aussage über die Kapitalmarkteffizienz in Hinblick auf die Bewertung von Börsenneueinführungen in Deutschland ist daher nicht möglich. Die Beschränkung des Untersuchungszeitraums auf t= +2 ermöglicht nur mit Einschränkungen, eine Verbindung zu Kursstudien zur langfristigen Performance von Börsenneueinführungen herzustellen, da diese sich meist auf einen längeren Zeitraum beziehen.[234] Da nur der letzte Jahresabschluss vor dem Börsengang (t= -1) in der Studie berücksichtigt wird, sind zudem nur Aussagen über die fundamentale Performance nach dem Börsengang möglich.

3.1.1.4 Die Studie von Langemann (2000)

Die Arbeit von Langemann (2000) über die ökonomischen Vorteile eines Börsengangs enthält auch eine Untersuchung zur fundamentalen Performance deutscher Börsenneueinführungen.[235] Der Autor beschränkt sich auf die Kennzahlen Eigenkapitalrentabilität, EBITDA/Eigenkapital und Markt-/Buchwert-Verhältnis.[236].

233 Investitionsintensität = (Investitionen/Umsatz).

234 Vgl. Abschnitt 4.3.

235 Vgl. Langemann (2000), S. 220-231.

236 EBITDA= earnings before interest, taxes and depreciation.

Die Studie umfasst alle 177 Unternehmen aus den Bereichen Industrie, Handel und Verkehr, die von 1968 bis 1990 an die Börsen gegangen sind. Der Untersuchungszeitraum reicht von t= -1 bis t= +7. In Abweichung zur Methodik von Jain/Kini (1994) und Sapusek (1998) analysiert Langemann die Veränderung der Kennzahlen von Jahr zu Jahr, also nicht in direktem Bezug zum Geschäftsjahr vor der Börseneinführung. Die statistischen Tests basieren primär auf nichtparametrischen Verfahren, da die Annahme einer Normalverteilung fast durchgehend auf dem 1 %-Niveau verworfen werden muss.

Die beiden Kennzahlen Eigenkapitalrentabilität und EBITDA/Eigenkapital sinken, wie aufgrund der Eigenkapitalerhöhung zu erwarten ist, im Jahr des Börsengangs signifikant ab. Die Rentabilität verschlechtert sich jedoch auch in den Folgejahren weiter. So sinkt die Eigenkapitalrentabilität auf durchschnittlich die Hälfte des Wertes vor dem IPO und die EBITDA-Kennzahl auf ca. zwei Drittel. Ab t= +4 tritt eine Stabilisierung ein. In t= +6 steigen beide Kennzahlen wieder geringfügig an.

In einem weiteren Schritt analysiert der Autor Markt-/Buchwert-Verhältnisse, um zu überprüfen, ob der Kapitalmarkt im Durchschnitt Börsenneueinführungen zu optimistisch bewertet. Dabei ergibt sich ein ähnliches Bild wie bei Jain/Kini (1994). Über den gesamten Betrachtungszeitraum von 1968 bis 1990 sinkt das Markt-/Buchwertverhältnis bis t= +4 im Mittelwert und im Median um ca. 42 %. Da die Kennzahl sensibel auf Börsenphasen reagiert, unterteilt Langemann den Untersuchungszeitraum in die drei Zeitabschnitte von 1968 bis 1982, 1983 bis 1987 und 1988 bis 1990. Während im ersten Zeitabschnitt Mittelwert und Median nahezu unverändert bleiben, fällt das Bewertungsniveau in der letzten Betrachtungsperiode bis t= +4 um mehr als die Hälfte ab. Trotz einer leichten Erholung bis t= +7 wird das Markt-/ Buchwert-Verhältnis zu Beginn der Kursnotiz nicht mehr erreicht. Der letzte Untersuchungsabschnitt zeichnet sich durch die höchste Anzahl von Börsenneulingen aus.

Langemann (2000) sieht in den Ergebnissen ein Indiz dafür, dass Altaktionäre Zeiten euphorischer Markstimmung zur Börseneinführung ihrer Unternehmen nutzen. Weiterhin besteht die Möglichkeit, dass die Altaktionäre selbst durch die Veröffentlichung positiver Geschäftszahlen und geeigneter Werbung die Einstellung der Kapitalmarktteilnehmer beeinflussen können.

3.1.1.5 Weitere Studien

Im folgenden sollen noch drei Studien skizziert werden, die Zusammenhänge zwischen der fundamentalen Performance von Unternehmen und der Inanspruchnahme des Kapitalmarktes durch eine Emission von Aktien analysieren. Dabei handelt es sich mit ehemaligen Leveraged Buyouts und privatisierten Staatsbetrieben um Spezialfälle von Börseneinführungen. Die dritte empirische Arbeit beschäftigt sich mit bereits börsennotierten Unternehmen, die eine Kapitalerhöhung durchführen.

Degeorge/Zeckhauser (1993) untersuchen eine Stichprobe von 62 Unternehmen, die zwischen 1983 und 1988 wieder an die Börse gebracht wurden, nachdem sie in den Jahren zuvor im Rahmen eines Leveraged Buyouts (LBO) von einer Publikumsaktiengesellschaft in ein privates Unternehmen umgewandelt worden waren („reverse LBOs"). Die Autoren können nachweisen, dass die LBOs im Vergleich zu einer branchen- und größenadjustierten Kontrollstichgruppe vor dem Börsengang eine signifikant bessere fundamentale Performance aufweisen. Im ersten Geschäftsjahr nach dem Börsengang verschlechtert sich ihre Performance signifikant.

Als zentrale Gründe werden adverse Selektion und Moral Hazard angeführt.[237] Mit einer Kursstudie überprüfen Degeorge/Zeckhauser (1993), ob der Kapitalmarkt in der Lage ist, das fundamentale Performancemuster von „reverse LBOs" systematisch zu antizipieren. Es stellt sich heraus, dass diese in einem Betrachtungszeitraum von zwei Jahren nach dem Börsengang keine Underperformance im Vergleich zur Kontrollstichprobe aufweisen. Degeorge/Zeckhauser schließen daraus, dass Kapitalmärkte in der Lage sind, die Zukunftsaussichten von „reverse LBOs" realistischer zu bewerten als die von Unternehmen, die das erste Mal an die Börse gehen.[238]

Die fundamentale Performance von Unternehmen, die bis zur Börseneinführung in Staatsbesitz waren, steht im Zentrum der Studie von D'Souza/Megginson (1999). Ihrer Untersuchung liegt eine Stichprobe von 85 Unternehmen aus 28 Industrieländern zugrunde, die im Zeitraum von 1990 bis 1996 privatisiert wurden.[239] Profitabilität, Effizienz und Investitionen steigen nach der Börseneinführung

---

237 Ein besondere Rolle bei Finanzierungsentscheidungen von LBOs spielt der meist relativ hohe Verschuldungsgrad („debt overhang"). Vgl. Degeorge/Zeckhauser (1993), S. 1339-1349.

238 Vgl. Degerorge/Zeckhauser (1993), S. 1342-1346.

239 Die Studie führt eine Untersuchung von Megginson/Nash/VanRandenborgh (1994) weiter, die die fundamentale Performance von im Zeitraum von 1961 bis 1990 privatisierten Staatsbetrieben analysierten.

signifikant an, gleichzeitig geht der Verschuldungsgrad zurück. Ein Teil der verbesserte fundamentalen Performance lässt sich u.U. mit der signifikant sinkenden Anzahl von Mitarbeitern erklären. Die Ergebnisse der Untersuchung sind konsistent mit denen von Megginson/Nash/VanRandenborgh (1994) mit Ausnahme der Beschäftigtenzahl, die im Betrachtungszeitraum von 1961 bis 1990 nach der Börseneinführung signifikant ansteigt.[240] Boubraki/Cosset (1998) führen eine vergleichbare Studie für 79 Unternehmen aus 21 Entwicklungsländern durch, in der sie ebenfalls einen signifikanten Anstieg der fundamentalen Performance in Verbindung mit einem Anstieg der Beschäftigtenzahl feststellen.[241]

Loughran/Ritter (1997) analysieren die fundamentale Performance und die Kursentwicklung von börsennotierten Unternehmen, die eine Kapitalerhöhung durchführen. Für eine Stichprobe von 1338 US-amerikanischen Unternehmen aus dem Zeitraum von 1979 bis 1989 können sie zeigen, dass die fundamentale Performance sich nach der Kapitalerhöhung signifikant verschlechtert. Im Durchschnitt handelt es sich bei den Unternehmen der Stichprobe um relativ stark wachsende Unternehmen, die nach der Kapitalerhöhung eine deutlich schlechtere Kursperformance aufweisen, als die Unternehmen einer Kontrollstichprobe mit vergleichbaren Wachstumsraten. Loughran/Ritter (1991) kommen aufgrund ihrer Studie und vorliegenden Literatur zum Schluss, dass Unternehmen, die Eigenkapitaltitel emittieren, mitunter den Kapitalmarkt vorsätzlich und erfolgreich täuschen.[242]

---

240 Vgl. Megginson/Nash/VanRandenborgh (1994), S. 433.

241 Vgl. Boubraki/Cosset (1998), S. 1089.

242 Vgl. Loughran/Ritter (1991), S. 1847: „Our interpretation of the findings of this and other articles is that some, but by no means not all, issuing firms are intentionally and successfully misleading investors."

3.1.2 Design der eigenen Untersuchung

Das Design der vorliegenden Untersuchung orientiert sich bei der Analyse der fundamentalen Performance an den Studien von Jain/Kini (1993), Mikkelson/ Partch/Shah (1997) und Sapusek (1998).

Die statistische Analyse der fundamentalen Performance vor und nach der Börseneinführung beruht auf dem Vergleich von Jahresabschlusskennzahlen der Unternehmensstichprobe im Zeitablauf. Die Untersuchung stützt sich dabei primär auf Verhältniskennzahlen, da diese gewährleisten, dass Unternehmen unterschiedlicher Größe vergleichbar werden und gleichgewichtig die Stichprobe beeinflussen. Die Auswahl und Berechnung der Kennzahlen ist an den Implikationen der finanzierungstheoretischen Modelle ausgerichtet. Dabei dient eine breitangelegte Erfassung der ökonomischen Auswirkungen der Börseneinführung als Grundlage. Weiterhin soll eine Vergleichbarkeit zu internationalen Studien hergestellt werden, wenngleich dies aufgrund der unterschiedlichen Rechnungslegungsvorschriften vielfach nur mit Einschränkungen möglich ist.

Die zentrale Hypothese der finanzierungstheoretischen Modelle ist, dass die Rentabilität von Unternehmen nach der Börseneinführung rückläufig ist. Insbesondere US-amerikanischen Studien stellen meist auf eine alleinige Untersuchung von Rentabilitätsveränderungen nach dem IPO ab. In der vorliegenden Arbeit wird eine differenziertere Analyse der fundamentalen Performance vor und nach der Börseneinführung angestrebt. Hierzu werden acht Untersuchungsgruppen gebildet:[243]

1) Rentabilität
2) Kapitalstruktur
3) Leverageeffekt
4) Fremdkapitalfinanzierung
5) Investition
6) Effizienz
7) Dividendenpolitik
8) Wachstumseffekt

[243] Auf eine Darstellung des Leverageeffekts und der Berechnung der Veränderung von Jahresabschlußdaten bzw. Wachstum wird in Abschnitt 3.3 verzichtet. Siehe Abschnitt 3.5.

Im Vordergrund steht die Veränderung der Rentabilität im Zeitablauf. Um mögliche Zusammenhänge zwischen der Eigenkapitalquote und der Eigenkapitalrendite zu erfassen, wird eine Querschnittsanalyse zum Leverageeffekt durchgeführt. Kennzahlen zu der Fremdkapitalfinanzierung, der Investitionstätigkeit, dem Wachstum und der Effizienz geben weitere Hinweise, die auf die Verwendung der zufließenden Eigenmittel im Zeitablauf schließen lassen. Die Einbeziehung von Marktwerten und der Dividendenpolitik zeigt in der Kennzahlenanalyse erste Zusammenhänge zur Kapitalmarktrezeption auf, die im Rahmen einer Kursstudie weiter gehend im Gesamtmarktzusammenhang untersucht werden.[244] Es werden sowohl Kennzahlen gebildet, die bilanzpolitische Maßnahmen unbereinigt widerspiegeln, als auch Kennzahlen, die relativ schwer manipulierbar sind, um Hinweise auf ein mögliches Window Dressing in Hinblick auf die Börseneinführung zu gewinnen.

Der gesamte Betrachtungszeitraum umfasst acht Geschäftsjahre, von zwei Jahren vor dem Börsengang bis fünf Jahre nach dem Börsengangs.

Bezugszeitpunkt ist wie in den Studien von Jain/Kini (1993), Mikkelson/Partch/Shah (1997) und Sapusek (1998) das letzte Geschäftsjahr vor dem Börsengang.[245] Die deskriptive Darstellung basiert stets auf der gesamten Stichprobe in jedem Betrachtungszeitpunkt. Die statistischen Tests nehmen jeweils einen paarweisen Vergleich vor und beruhen damit auf einer konstanten Stichprobe.[246]
In Kapitel 4 wird die Untersuchung der fundamentalen Performance um eine Kursstudie erweitert. Im Rahmen einer Ereignisstudie wird die langfristige Kursperformance analysiert und das Underpricing mit in die Betrachtung einbezogen.

---

244 Vgl. Kapitel 4.

245 Langemann (2000) analysiert die Veränderungen von Jahr zu Jahr.

246 Die Teststatistik enthält auch die deskriptiven Werte für konstante Stichproben.

3.2 Datenbasis der empirischen Untersuchung

3.2.1 Untersuchungszeitraum und Unternehmensauswahl

Grundlage der empirischen Untersuchung sind Börsenneueinführungen in Deutschland im Zeitraum von 1987 bis 1998.

Der Beginn des Untersuchungszeitraums ist für Unternehmen des Amtlichen Handels und Geregelten Marktes durch eine Veränderung in den Rechnungslegungsvorschriften bestimmt. Mit dem Bilanzrichtliniengesetz (BiRiLiG), das zum 1.1.1986 in Kraft trat, wurde die 4., 7. und 8. EG-Richtlinie in deutsches Recht transformiert. Mit dem Einführungsgesetz zum HGB (EGHGB), Artikel 23(1), waren die neuen Vorschriften über den Jahresabschluss und den Lagebericht, sowie über die Pflichten zur Offenlegung erstmals auf das nach dem 31.12.1986 beginnende Geschäftsjahr anzuwenden. Allerdings konnten Unternehmen das neue Recht auch schon vorher anwenden, dann aber nur in seiner Gesamtheit. Unternehmen, die im Jahre 1987 an die Börse gingen, bilanzierten in aller Regel bereits für das Jahr 1986 nach neuem Recht.[247] Dies sollte die Transparenz erhöhen und dem Kapitalmarkt eine Analyse des Unternehmens erleichtern. Aufgrund der veränderten Rechnungslegungsvorschriften ist ein direkter Vergleich der Jahresabschlüsse vor und nach der Gesetzesänderung nur sehr eingeschränkt möglich. Der Untersuchung liegen daher ausschließlich Jahresabschlussdaten zugrunde, die nach neuem Bilanzrecht erstellt wurden.

Der Neue Markt als weiteres Börsensegment der Studie nahm seine Handelstätigkeit erst im März 1997 auf. Die empirische Untersuchung der Unternehmen des Neuen Marktes beginnt mit der ersten Börsenneueinführung.

Die Untersuchung beschränkt sich auf Unternehmen, die erstmals an der Börse in den Marktsegmenten Amtlicher Handel, Geregelter Markt oder am Neuen Markt notiert wurden. Der Wechsel eines Marktsegments wurde nicht als Börsenneueinführung gewertet. Eine Einbeziehung des Freiverkehrs erfolgte nicht, da die Datenbasis sehr lückenhaft ist und die deutlich niedrigeren Publizitätsanforderungen für im

---

[247] In Einzelfällen wurden auch rückwirkend Jahresabschlüsse für 1985 nach neuem Recht erstellt. Im Rahmen der empirischen Studie wurde der Beginn des Untersuchungszeitraums auf 1986 festgelegt. Eine Ausweitung auf das Jahr 1985 hätte lediglich auf wenige Jahresabschlüsse gestützt werden können.

Freiverkehr gehandelte Unternehmen die Vergleichbarkeit und Aussagekraft der empirischen Untersuchung einschränken würde.[248] Weiterhin wurden solche Unternehmen eliminiert, die aufgrund ihrer Branche und der branchentypischen Bilanzstrukturen bei der Betrachtung von Bilanzkennzahlen das Ergebnis stark verzerren würden. Hierzu gehören typischerweise Banken und Versicherungen. Reine Holdinggesellschaften, die nur ein untergeordnetes oder kein operatives Geschäft betreiben, wurden daher ebenfalls ausgeschlossen.[249] Die Tätigkeitsbereiche der entsprechenden Unternehmen wurden mit Hilfe des Saling Aktienführers überprüft. Weiterhin fanden Unternehmen keine Berücksichtigung, die zwar in Deutschland notiert sind, jedoch ihren Rechtssitz im Ausland haben.[250]

Datenquelle für die benötigten Jahresabschlussdaten ist die Bilanzdatenbank von Hoppenstedt. Die Jahresabschlussdaten liegen in einer sogenannten Normbilanz vor, die sich in ihrer Form an der Jahresabschlussgliederung des HGB orientiert. Die Normbilanz enthält neben Angaben zur Bilanz und Gewinn- und Verlustrechnung Informationen des Anhangs sowie zusätzliche Betriebsdaten. Insgesamt besteht sie aus ca. 630 Positionen, die jedoch nicht alle besetzt sein müssen. Der Umfang der Daten hängt von der Publizitätspolitik der Unternehmen ab. Die Bilanzdatenbank umfasst weiterhin aufbereitete Strukturbilanzen.[251]

Unternehmen des Neuen Marktes sind verpflichtet, Jahresabschlüsse und Quartalsberichte wahlweise auch nach US-GAAP oder IAS zu erstellen.[252] Hoppenstedt stellt diese Daten jedoch erst seit dem Jahr 2000 in elektronisch verwertbarer Form zumindest für einen Teil der Unternehmen des Neuen Marktes zur Verfügung.[253] Hoppenstedt erstellt für die Unternehmen des Neuen Marktes ebenfalls Norm- und Strukturbilanzen auf Grundlage des HGB. Diese liegen der Untersuchung zugrunde, was auch eine Vergleichbarkeit zu den Ergebnissen für die

---

248 Im Freiverkehr wurden ab Mai 1988 die Marktsegmente geregelter und ungeregelter Freiverkehr zusammengefaßt.

249 Vgl. z.B. Mann/Sicherman (1991), S. 218 und Schwenold (1999) , S. 65-66.

250 Es handelt sich um die am Neuen Markt gelisteten Unternehmen LHS und SCM, die beide ihren Sitz im Bundesstaat Delaware/USA haben.

251 Die in der Bilanzdatenbank ebenfalls verfügbaren Verhältniskennzahlen wurden nur in wenigen Fällen (z.B. Auslandsanteil des Umsatzes) in der Studie verwendet. Das Auswertungsprogramm von Hoppenstedt setzt systematisch negative Kennzahlenwerte auf Null. Eine statistische Auswertung vorberechneter Werte würde zu einer starken Verzerrung der empirischen Ergebnisse führen.

252 Unternehmen wurde auch die Möglichkeit eingeräumt, einen HGB-Abschluß mit Überleitung zu erstellen. Davon hat jedoch kein Unternehmen Gebrauch gemacht.

253 Quartalsberichte sind nicht in der Hoppenstedt Bilanzdatenbank enthalten.

Unternehmen des Amtlichen Handels oder Geregelten Marktes gewährleistet.[254] Da die Unternehmen des Neuen Marktes wahlweise Jahresabschlüsse und Quartalsberichte nach US-GAAP oder IAS veröffentlichen, ist eine Aufspaltung einer Stichprobe, die nicht auf HGB-Standards beruht, unumgänglich. Auf Grund des kurzen Untersuchungszeitraums, der Datenverfügbarkeit und der Größe der Stichprobe musste daher auf eine Einbeziehung von Jahresabschlussdaten nach US-GAAP oder IAS verzichtet werden. Die Daten von Hoppenstedt wurden durch eigene Erhebungen auf der Grundlage von Geschäftsberichten ergänzt und auf Plausibilität überprüft. Ferner wurde auf Unternehmensinformationen der Deutschen Börse AG zurückgegriffen.[255]

Es stellt sich die Frage, ob Einzelabschlüsse oder Konzernabschlüsse für die empirische Untersuchung verwendet werden sollen.[256] Die Ermittlung von Jahresabschlusskennzahlen auf der Basis von Konzernabschlüssen ist grundsätzlich vorzuziehen, da bei einer konsolidierten Betrachtung Unternehmenscharakteristika vollständiger abgebildet werden und dadurch die Qualität ihrer Aussagekraft steigt.[257] Aufgrund der Zunahme von Unternehmensverflechtungen geben Einzelabschlüsse ein immer unzutreffenderes Bild der tatsächlich zugrunde liegenden wirtschaftlichen Einheit. Der Hauptgrund hierfür ist, dass das Fremdkapital von Tochtergesellschaften, das nicht von der Mutter zur Verfügung gestellt wird, auch nicht in den Einzelabschluss der Mutter eingeht. Dies verzerrt den wahren Verschuldungsgrad.[258] Gerade die Frage nach der optimalen Kapitalstruktur und deren Bestimmungsfaktoren gehört aber zu den am intensivsten diskutierten Problemen der Finanzierungstheorie. Gegen die Verwendung von Einzelabschlüssen spricht weiter, dass aus Sicht der theoretischen Modelle geklärt werden müsste, welchen Einfluss die Konzernmutter auf die Tochtergesellschaften ausübt. Bestimmt

---

254 Ein stichprobenweiser Vergleich von Bilanzen nach US-GAAP bzw. IAS mit HGB-Abschlüssen von Unternehmen des Neuen Marktes auf Basis der Hoppenstedt-Normbilanzen ergab kaum Abweichungen. Der Grund liegt vermutlich darin, dass Pensionsrückstellungen bei Unternehmen des Neuen Marktes eine untergeordnete Rolle spielen. Ein vergleichbares Bild ergibt sich für Abschreibungen, die aufgrund der Branchenstruktur der Unternehmen des Neuen Marktes eine geringere Rolle spielen als z.B. bei den Unternehmen des Amtlichen Handels und Geregelten Marktes.

255 Deutsche Börse AG (2000).

256 Eine Diskussion der Vor- und Nachteile der unterschiedlichen Abschlußarten als Grundlage empirischer Studien findet sich bei Stehle (1994).

257 Vgl. die Empfehlungen der DVFA (Deutsche Vereinigung für Finanzanalyse und Anlageberatung e.V.), Busse et. al. (1996), S. 9.

258 Vgl. Rajan/Zingales (1995), S. 1434-1436.

sie maßgeblich deren Finanzierungs- als auch Investitionspolitik, so verliert der Einzelabschluss deutlich an Aussagekraft.[259]

Untersuchungsgegenstand der Studie ist neben fundamentalen Entwicklungen auf Unternehmensebene die korrespondierende Kursentwicklung an der Börse. Der Kapitalmarkt bewertet das Gesamtunternehmen, wie es durch den Konzernabschluss abgebildet wird. Gegen die Verwendung von Konzernabschlüssen spricht allerdings eine gewisse Freiheit bei der Währungsumrechnung, wenn ausländische Tochtergesellschaften einzubeziehen sind, und Unterschiede in der Konsolidierung.[260]

Eine Abwägung der Vor- und Nachteile lässt die Aussagekraft von Konzernabschlüssen im Rahmen der Fragestellung der empirischen Untersuchung wesentlich höher als die von Einzelabschlüssen erscheinen. Grundlage der Untersuchung sind daher Konzernabschlüsse. Lediglich im Fall fehlender Konzernabschlussdaten für einzelne Geschäftsjahre wurden Einzelabschlüsse herangezogen, dann jedoch durchgehend für den gesamten Betrachtungszeitraum, um keine statistische Verzerrung im Zeitablauf zu erzeugen.[261]

Die Wertpapierdaten zur Berechnung des Markt-/Buchwertverhältnisses, des Marktwertes des Eigenkapitals und der Dividendenrendite werden in Abschnitt 4.1 besprochen.

---

259 Steuerliche Bemessungsgrundlage sind zudem immer die Einzelabschlüsse. Der Konzernabschluss ist in geringeren Umfang durch steuerliche Gestaltungsmaßnahmen beeinflußt. Vgl. Coenenberg (1994), S. 456-457.

260 Bis 1989 war die Einbeziehung ausländischer Töchter in die Konzernbilanz freiwillig. Die Pflicht zur weltweiten Bilanzkonsolidierung entstand erst mit der Umsetzung der 7. EG-Richtlinie in das deutsche Recht, die am 1.1.1990 wirksam wurde. Mit ihr wurde der Kreis der Unternehmen, die einen Weltabschluß erstellen müssen, der jetzt gleich dem Konzernabschluss ist, vergrößert und die Verpflichtung zur Einbeziehung abhängiger Unternehmen erweitert. Fraglich ist, ob dadurch eine Verzerrung der Ergebnisse zu erwarten ist. Unternehmen haben vor der Börseneinführung den Anreiz, einen maximalen Konsolidierungskreis zu wählen, um ihre tatsächliche Größe offenzulegen und eine entsprechende Bewertung am Kapitalmarkt zu erzielen. Selbst wenn erst nach der Börseneinführung in einzelnen Fällen ausländische Töchter mit einbezogen wurden, wird dieser Effekt durch den relativ kurzen Zeitraum und die zeitliche Querschnittsbildung statistisch weitgehend eliminiert. Zur Problematik der Währungsumrechnung im internationalen Konzern vgl. Peemöller/Husmann (1996), S. 101-104 und Husmann (1997), S. 134-137.

261 Die Bilanzsumme des Einzelabschlusses mußte jedoch mindestens zwei Drittel des Konzernabschlusses betragen, sonst wurde das Unternehmen ausgeschlossen.

3.2.2 Stichprobenbildung und Struktur des Datenbestandes

Die Studie umfasst insgesamt 152 Unternehmen. Davon entfallen 115 auf den Amtlichen Handel und Geregelten Markt. 37 Unternehmen sind am Neuen Markt notiert. Unternehmen des Amtlichen Handels und Geregelten Marktes und Unternehmen des Neuen Marktes werden in getrennten Stichproben untersucht, da die Betrachtungszeiträume deutlich voneinander abweichen. Ein zweiter Grund liegt in den Unternehmenseigenschaften selbst. Ziel der Deutschen Börse AG war es, mit der Etablierung des Neuen Marktes ein Marktsegment zu schaffen, das jungen, innovativen und wachstumsstarken Unternehmen einen in ihrer Entwicklung frühen Börsengang ermöglicht und die Eigenkapitalbeschaffung erleichtert. Um Informationsasymmetrien zwischen Emissionsunternehmen und Investoren zu reduzieren, das Vertrauen auf seiten der Investoren zu erhöhen und einen liquiden Handel sicherzustellen, wurden für den Neuen Markt spezifische Konstruktionselemente gewählt, die den Neuen Markt vom Amtlichen Handel oder Geregelten Markt unterscheiden.[262]

Ein Vergleich einiger Unternehmenscharakteristika verdeutlicht, dass sich die untersuchten Emittenten des Neuen Marktes erheblich von denen des Amtlichen Handels und des Geregelten Marktes im Jahr der Börseneinführung unterscheiden (vgl. Tabelle 3-1). So sind die Unternehmen des Neuen Marktes hinsichtlich ihrer Bilanzsumme deutlich kleiner als die des Amtlichen Handels oder Geregelten Marktes. Sie weisen jedoch ein erheblich höheres Markt-/Buchwertverhältnis auf, was die unterschiedlichen wahrgenommenen Wachstumsperspektiven widerspiegelt. Im Jahr des Börsengangs verbuchen alle Unternehmen des Amtlichen Handels und Geregelten Marktes einen Jahresüberschuss, am Neuen Markt nur ca. 71 % der Unternehmen der Stichprobe. Die unterschiedlichen Stadien der Unternehmensentwicklung zeigen sich auch am Alter der Unternehmen, das im Median am Neuen Markt bei ca. 16 Jahren liegt, bei den Unternehmen des Amtlichen Handels und Geregelten Marktes bei ca. 44 Jahren.

---

262 Hierzu gehören z.B. die Pflicht zur Quartalsberichterstattung. Geschäftsberichte müssen auch in englischer Sprache zur Verfügung gestellt werden etc. Eine mindestens sechsmonatige bzw. zwölfmonatige Haltepflicht nach der Emission für Altaktionäre dient der Erhöhung des Anlegervertrauens. Um einen liquiden Handel zu gewährleisten, müssen vor Aufnahme der Notierung mindestens zwei sogenannte „designated sponsors" bestimmt werden, die verpflichtet sind, auf Anfrage stets Kurse zu stellen. Für eine zusammenfassende Darstellung der spezifischen Charakteristika vgl. z.B. Gerke/Bosch (2000).

Tabelle 3-1: Unternehmenscharakteristika

Kennzahlen im Jahr der Börseneinführung	Amtlicher Handel u. Geregelter Markt n= 115		Neuer Markt n= 37	
	Mean	Median	Mean	Median
Alter in Jahren[263]	57,2	43,5	16,6	16,6
Unternehmen mit Jahresüberschuss	100 %		71 %	
Markt-/Buchwert-Verhältnis	3,5	2,6	34,5	8,5
Bilanzsumme in Mio. DM	1.994	235,2	116,3	82,1
Umsatzwachstum	5,9 %	10,0 %	50,7 %	23,3 %

Die getrennten Stichproben ermöglichen zudem einen Vergleich der fundamentalen Performance vor und nach der Börseneinführung zwischen den Unternehmen des Neuen Marktes und den Unternehmen des Amtlichen Handels und Geregelten Marktes.

Auf eine Kontrollstichprobe, bestehend aus vergleichbaren, seit längerem börsennotierten Unternehmen, wird in der Studie aus zwei Gründen verzichtet. Zum einen erfordert eine geeignete Kontrollstichprobe, dass Unternehmen in der gleichen Branche existieren. In US-amerikanischen Studien werden gewöhnlich vergleichbare Unternehmen auf Basis der beiden letzten Ziffern des SIC-Branchencodes ausgewählt. Zum anderen müssen die Unternehmen eine vergleichbare Größe haben. So sollte ein Vergleichsunternehmen z.B. eine Bilanzsumme von 70 % bis 130 % des Stichprobenunternehmens aufweisen.[264] Für die Stichproben konnten nur in Einzelfällen am deutschen Kapitalmarkt Unternehmen gefunden werden, die beide Anforderungen an eine Kontrollstichprobe erfüllten. Auch bei einem Verzicht auf das Größenkriterium verbessert sich die Datensituation nicht deutlich, da viele der Börsenneueinführungen aus Branchen stammen, die bisher nicht an der Börse vertreten waren. Dies gilt für den Neuen Markt, aber auch für den Amtlichen Handel und Geregelten Markt. Da die Stichprobe letztlich ca. ein Fünftel aller börsennotierten Unternehmen in Deutschland umfasst, steht anders als in den USA keine ausreichende Breite börsennotierter Unternehmen zur Auswahl geeigneter Vergleichsunternehmen zur Verfügung.

263 Für 11 der Unternehmen des Neuen Marktes konnten keine plausiblen Gründungsdaten ermittelt werden, da es sich entweder um Carve Outs handelt oder die Unternehmen nur das Datum der Umwandlung in eine Aktiengesellschaft bekanntgeben. Dadurch verringert sich der Stichprobenumfang für das Unternehmensalter bei der Börseneinführung auf n=26.

264 Vgl. Barber/Lyon (1996), S. 367-387.

Der Aufbau einer Kontrollstichprobe hätte daher nur mit einem hohen Maß an Willkür erfolgen können. Das zweite Kernproblem liegt darin, dass bereits ein relativ geringer Unterschied der Performance zwischen den Unternehmen der Stichprobe und der Kontrollstichprobe vor dem Untersuchungsereignis zu fehlspezifizierten Teststatistiken führt.[265] Gerade die hier untersuchten Börsenneueinführungen weisen jedoch im Jahr vor der Börseneinführung eine im Vergleich zum vorhergehenden Geschäftsjahr wie auch zu allen Folgejahren der Betrachtungsperiode außergewöhnlich gute Performance auf. Aufgrund der bezeichneten Probleme wird daher auf eine Kontrollstichprobe verzichtet.[266]

3.2.2.1 Amtlicher Handel und Geregelter Markt

Voraussetzung für die Aufnahme in die Stichprobe war, dass Jahresabschlussdaten für das Geschäftsjahr vor der Börseneinführung (t = -1), das Jahr der Börseneinführung (t= 0) und ein Folgejahr (t= +1) zur Verfügung standen. Dadurch ergibt sich für einen Zeitraum von drei Jahren eine konstante Stichprobe.[267] Die statistischen Tests basieren stets auf einem paarweisen Vergleich von Stichproben mit jeweils identischen Unternehmen.[268]

Die zeitliche Verteilung der Börsenneueinführungen ist in Abbildung 3-1 dargestellt.[269]

Insgesamt wurde ein Untersuchungszeitraum von zwei Jahren vor bis fünf Jahre nach der Börseneinführung erfasst.[270] Nach Anwendung der verschiedenen Kriterien der Stichprobenbildung verbleiben 115 Unternehmen. Aufgrund der

---

265 Vgl. Lyon/Barber (1996), S. 361.

266 Vgl. auch Langemann (2000), S. 216-231.

267 Der Aufbau der Stichprobe entspricht der Methodik von Mikkelson/Partch/Shah (1997), S. 283-286.

268 Vgl. Jain/Kini (1994), S. 1705-1709.

269 Eine systematische Verteilung zugunsten einzelner Zeiträume scheint nicht vorzuliegen, wenngleich eine Häufung von IPOs insbesondere 1989 und 1990 feststellbar ist. Dies beeinträchtigt jedoch kaum die Untersuchung zur fundamentalen Performance aufgrund der Länge des Betrachtungszeitraums und der zeitlichen Querschnittsbildung. Im Rahmen der Kursstudie wird eine Kursbereinigung vorgenommen, so dass ebenfalls keine verzerrenden Effekte zu erwarten sind.

270 Eine Einbeziehung von t= -3 oder weiter zurückliegenden Betrachtungszeiträumen scheitert an der Verfügbarkeit von Daten.

Datenanforderung (t= –1 bis t= +1) bildet die Stichprobe ca. 81 % der Grundgesamtheit auf Basis der in Frage kommenden Unternehmen ab.[271]

Die sich daraus ergebende Anzahl der Jahresabschlüsse pro Untersuchungsjahr relativ zur Börseneinführung findet sich in Abbildung 3-2.

Abbildung 3-1: Verteilung nach Emissionsjahren

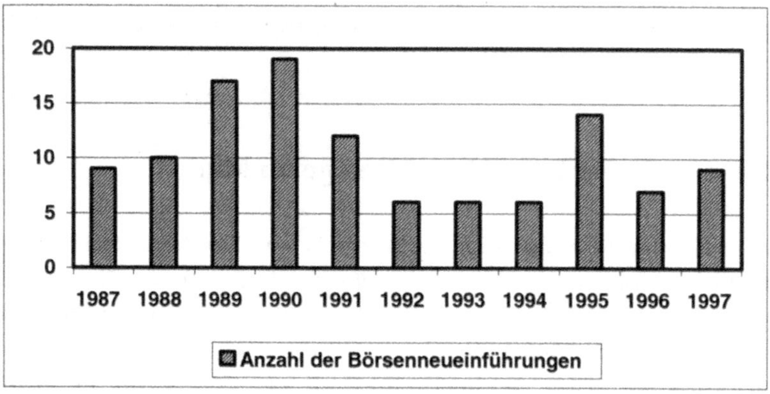

Abbildung 3-2: Anzahl der Jahresabschlüsse

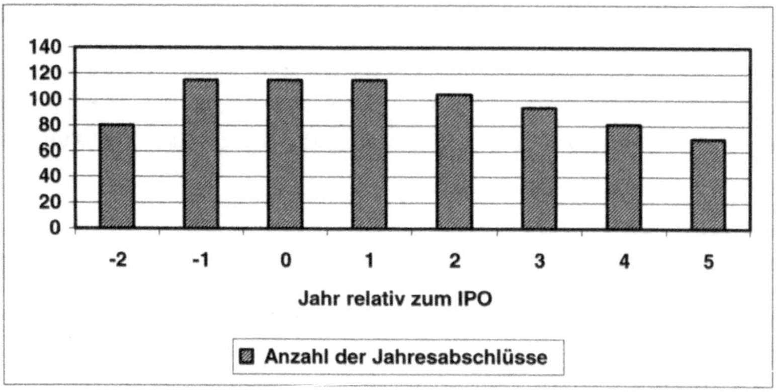

271 Weder hinsichtlich der zeitlichen Verteilung noch der Unternehmenseigenschaften, der nicht erfassten Unternehmen, konnte ein systematischer Unterschied zur Stichprobe erkannt werden.

Die Stichprobe weist eine breite Streuung hinsichtlich der Branchenverteilung auf. Das stärkste Gewicht hat der Maschinenbau mit einem Anteil von ca. 15 %. Lediglich Großhandel und chemische Industrien weisen noch Anteile von über 10% auf (vgl. Tabelle 3-2).

Tabelle 3-2: Branchenverteilung Amtlicher Handel und Geregelter Markt

SIC-Codes	Industrieklassifikation	N	Anteil
1500-1799	Bauunternehmen, Dienstleistungen der Bauwirtschaft	5	4,35 %
2000-2141	Lebensmittel und verwandte Produkte	5	4,35 %
2200-2399	Textilprodukte, Bekleidung	8	6,09 %
2400-2499	Holzwaren, Möbel und Einrichtungsgegenstände	6	5,22 %
2600-2796	Papier, Druckereien usw.	2	0,89 %
2800-2899	Chemikalien und verwandte Produkte	12	10,43 %
3200-3299	Stein-, Ton-, Glas- und Betonprodukte	7	6,09 %
3300-3499	Metallbearbeitung, Metallwaren außer Maschinen	8	6,96 %
3500-3569	Maschinenbau	17	14,78 %
3571	Computer	1	0,87 %
3600-3699	Elektrische und elektronische Maschinen, Apparate und Zubehör außer Computer	8	6,96 %
3700-3799	Transporteinrichtungen	7	6,09 %
3800-3873	Mess-, Prüf-, Kontrollinstrumente	3	2,61 %
3900-3999	Verschiedene Hersteller-Industrien	4	3,49 %
4833	Fernsehstationen	1	0,87 %
5000-5199	Großhandel	12	10,44 %
5300-5699	Einzelhandel	3	2,61 %
5812	Restaurant, Schnellimbiss usw.	1	0,87 %
5995	Optiker	1	0,87 %
7374	Datenverarbeitung	2	1,74 %
7389	Sonstige gewerbliche Dienste	1	0,87 %
8000	Gesundheitsdienste	2	1,74 %
8999	Sonstige Dienste	1	0,87 %
	Σ	115	100 %

3.2.2.2 Neuer Markt

Die Stichprobe von Unternehmen des Neuen Marktes beschränkt sich auf lediglich zwei Jahre, da der Neue Markt erst im März 1997 als neues Marktsegment die Handelstätigkeit aufnahm. Die Studie umfasst mit 37 Unternehmen ca. 85 % der Grundgesamtheit der Börsenneueinführungen am Neuen Markt nach Anwendung der Ausschlusskriterien. Ca. 12 % der Grundgesamtheit konnten aufgrund der in Abschnitt 3.3.2. bezeichneten Kriterien nicht einbezogen werden. Bei ca. 3 % der Grundgesamtheit konnten trotz intensiver Bemühungen Datenlücken nicht zureichend geschlossen werden.

Tabelle 3-3: Verteilung nach Emissionsjahren

Jahr	1997	1998
N	9	28

Für den Neuen Markt steht nur ein Betrachtungszeitraum von t= -1 bis t= +2 zur Verfügung (vgl. Abbildung 3-3). Eine statistische Analyse des Betrachtungszeitraums t=+2 ist jedoch bei einer Fallzahl von n=17 nur mit deutlichen Einschränkungen möglich.

Abbildung 3-3: Anzahl der Jahresabschlüsse Neuer Markt

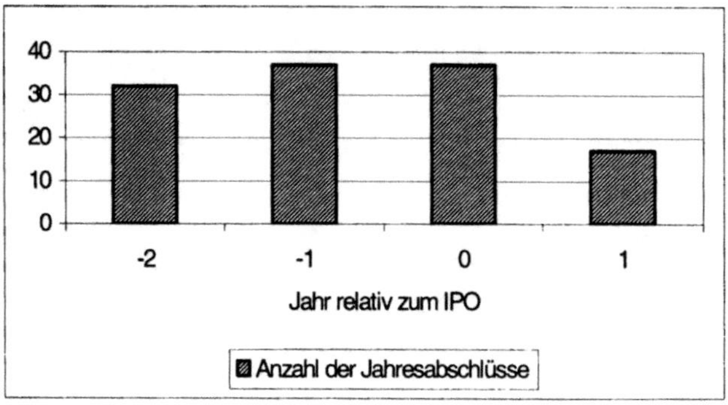

Im Gegensatz zur Stichprobe Amtlicher Handel und Geregelter Markt ist die Stichprobe Neuer Markt durch eine starke Branchenkonzentration charakterisiert. Circa 40 % der Unternehmen sind im Bereich Softwareprogrammierung und weiterhin über 10 % in der Herstellung von Computererzeugnissen tätig.

Die Branchenverteilung des Neuen Marktes zeigt nur geringe Überschneidungen mit der des Amtlichen Handels und Geregelten Marktes. Die Unternehmen des Neuen Marktes lassen sich zu einem großen Teil den „modernen Technologien" zuordnen (vgl. Tabelle 3-4).

Tabelle 3-4: Branchenverteilung Neuer Markt

SIC-Code	Industrieklassifikation	Anzahl	in %
3081	Unverstärkte Kunststofffolien u. –platten	1	2,70
3519	Sonstige Verbrennungsmotoren	1	2,70
3544	Spezialwerkzeuge, Stempel u. Schablonen	1	2,70
3571-3577	Computer u. Computerzubehör	4	10,81
3600-3699	Elektrische und elektronische Maschinen, Apparate, Zubehör, außer Computer	3	8,11
3714	Kfz-Zubehör und Ersatzteile	1	2,70
4800-4899	Fernmeldeeinrichtungen	2	5,41
5045	Computerhandel	1	2,70
5735	Schallplatten-, Kassetten- u. CD-Handel	1	2,70
6531	Immobilien-Agenten, Makler u. Verwalter	1	2,70
7371-7379	Softwareprogrammierung	15	40,54
7389	Sonstige gewerbliche Dienstleistungen	3	8,11
7800-7922	Film- u. Theaterproduktion u. verschiedene Theaterdienste	2	8,11
		Σ 37	Σ 100

3.3 Spezifikation eines Kennzahlensystems

Die Kennzahlenbildung beruht primär auf den bereits aufbereiteten Strukturbilanzen der Hoppenstedt Unternehmensdatenbank.[272] Teilweise musste zur Datenerfassung auf die Normbilanzen zurückgegriffen werden. Die folgende Darstellung der Kennzahlenbildung verzichtet auf eine differenzierte Aufarbeitung der Literatur-Diskussion zur Bildung und Interpretation von Kennzahlen, wie sie insbesondere in den Wissenschaftsbereichen des Prüfungswesens üblich ist. Es sei auf die Literatur zur Bilanzanalyse verwiesen.[273] Im Vordergrund steht eine im Zeitablauf einheitliche Berechnungsmethodik, die eine statistische Analyse der Veränderungen ermöglicht, und eine breitangelegte Erfassung bilanzieller Effekte. Dazu werden sowohl Kennzahlen gebildet, die bilanzpolitische Maßnahmen unbereinigt widerspiegeln, als auch Kennzahlen, die relativ schwer manipulierbar sind, um Hinweise auf ein mögliches Window Dressing in Hinblick auf die Börseneinführung zu gewinnen.

3.3.1 Rentabilitätskennzahlen

Rentabilitätseffekte werden mit den vier Kennzahlen Gesamtkapitalrentabilität, Eigenkapitalrentabilität, Cash-flow-Rentabilität und Umsatzrentabilität gemessen.

Die Gesamtkapitalrentabilität (GKR) zeigt unabhängig von der konkreten Finanzierungsstruktur die Verzinsung des eingesetzten bilanziellen Gesamtkapitals an. Durch die Addition der Fremdkapitalzinsen zum Jahresüberschuss wird der Einfluss unterschiedlicher Kapitalstrukturen eliminiert. Da eine Vergleichbarkeit zu internationalen Studien gewährleistet werden soll, wird in vorliegender Untersuchung der Jahresüberschuss vor Steuern gewählt.[274] Dies neutralisiert auch

---

272 Hoppenstedt verdichtet das ca. 630 Bilanzpositionen umfassende Ermittlungsschema der sogenannten Normbilanz auch zu Strukturbilanzen. Dabei wird z.B. das ausgewiesene Eigenkapital um ausstehende Einlagen und aktivisch ausgewiesene Fehlbeträge reduziert. Vgl. Hoppenstedt (o.J.) Zu einer Diskussion der Aufbereitungsmaßnahmen der Passivseite im Rahmen der Konzernbilanzanalyse vgl. Husmann (1996), S. 122-133.

273 Eine tabellarische Auswertung der in der Literatur diskutierten Kennzahlen findet sich bei Husmann (1997). Der Kennzahlenberechnung der vorliegenden Arbeit liegen primär Küting/Weber (1997a, 1997b), Peemöller (1993), Baetge (1995, 1998) und Coenenberg (1994) zugrunde.

274 Vgl. Baetge 1998, S. 430.

die im deutschen Steuersystem ungleiche Behandlung der Eigenkapital- und Fremdkapitalfinanzierung.

Die Gesamtkapitalrentabilität wird damit durch folgenden Quotienten gemessen:[275]

$$Gesamtkapitalrentabilität\,(GKR) = \frac{Jahresüberschuß\ vor\ Steuern + Fremdkapitalzinsen}{Gesamtkapital}.$$

Bei der Interpretation der Gesamtkapitalrentabilität ist zu berücksichtigen, dass diese selbst dann positiv sein kann, wenn das Unternehmen einen Jahresfehlbetrag ausweist.[276] Die Eigenkapitalrentabilität (EKR) zeigt die Verzinsung des bilanziellen Eigenkapitals.[277] Sie ist damit die eigentliche Zielgröße einer erwerbswirtschaftlich orientierten Unternehmung.

Eine steigende Eigenkapitalrentabilität bedingen insbesondere

- eine höhere Umsatzrentabilität,
- ein höherer Gesamtkapitalumschlag und
- eine niedrigere Eigenkapitalquote.[278]

Die Eigenkapitalrentabilität wird durch den folgenden Quotienten gemessen:

$$Eigenkapitalrentabilität\,(EKR) = \frac{Jahresüberschuß\,/\,Jahresfehlbetrag}{Eigenkapital}.$$

Es wird hier der Jahresüberschuss nach Steuern als Größe im Zähler gewählt, da dies die Nettorendite des eingesetzten Eigenkapitals widerspiegelt. Diese ist aus Sicht des Kapitalmarktes die entscheidende Vergleichsgröße bei der Beurteilung der Angemessenheit des Marktwertes des Eigenkapitals unter Berücksichtigung von Risikoüberlegungen.[279] Im Gegensatz zu den in der Arbeit verwendeten weiteren drei Kennzahlen zur Messung von Rentabilitätseffekten werden bilanzpolitische

---

275 Auf eine Berechnung von Durchschnittswerten aus dem Gesamtkapital zu Beginn und am Ende des Geschäftsjahres, wie sie z.B. Coenenberg (1994), S. 612 vorschlägt, wird verzichtet, da dies aufgrund der Datensituation eine Analyse von t= -2 fast vollständig unmöglich machen würde und die Betrachtung der Veränderungen im Zeitablauf Ziel der Untersuchung ist.

276 Vgl. Baetge (1998), S. 431.

277 Hoppenstedt korrigiert in den Strukturbilanzen den Jahresüberschuß/-fehlbetrag um den Anteil von Minderheitsgesellschaftern. Im Nenner der Kennzahl steht entsprechend das Konzerneigenkapital.

278 Vgl. Küting/Weber (1997), S. 304-305.

279 Vgl. Peemöller (1993), S. 331 und Gräfer (1994), S. 156-157.

Maßnahmen, wie z.B. die Wahl der Abschreibungsmethode oder die Auswirkungen der Kapitalstruktur nicht neutralisiert. Im Vergleich zur Gesamtkapitalrentabilität und zur Cash-flow-Rentabilität offenbart die Eigenkapitalrentabilität daher in höherem Maße eine aktive Bilanzpolitik der Unternehmensleitung.[280]

Als dritte Kennzahl zur Messung von Rentabilitätseffekten wird die Cash-flow-Rentabilität (CFR) gewählt. Der Cash-flow ist eine der zentralen Größen bei der Unternehmensbewertung im Rahmen von Discounted Cash Flow Verfahren. Es existieren eine Reihe von Ermittlungsalternativen.[281] Da eine kapitalmarktorientierte Sichtweise Grundlage der Arbeit ist, wird das auf finanzwirtschaftliche Belange ausgerichtete Berechnungsschema gewählt, das die DVFA/SG („Deutsche Vereinigung für Finanzanalyse und Anlageberatung" und „Schmalenbach-Gesellschaft") empfiehlt.

Im Vergleich zu den Kennzahlen Gesamtkapitalrentabilität und Eigenkapitalrentabilität wird die Cash-flow-Rentabilität wesentlich weniger durch Maßnahmen der Bilanzpolitik beeinflusst, da Abschreibungen und Zuschreibungen sowie Rückstellungsbildung und –auflösung wieder hinzugerechnet bzw. abgezogen werden. So hat z.B. die Wahl der Abschreibungsmethode oder die Nutzung steuerlicher Sonderabschreibungen keinen Einfluss auf die Höhe des Cash-flows.[282] Es ist daher zu erwarten, dass Veränderungen des Cash-flows im Zeitablauf die tatsächlichen wirtschaftlichen Verhältnisse der Stichprobenunternehmen besser abbilden als Vergleiche auf Basis von Jahresergebnissen. Weiterhin können Veränderungen des Verhältnisses der Cash-flow-Rentabilität zur Eigenkapital- und Gesamtkapitalrentabilität in Hinblick auf die Börseneinführung bei entsprechender Wirkungsrichtung als Ausdruck von Window Dressing interpretiert werden.[283]

---

280 Das Eigenkapital wird der Strukturbilanz entnommen. Da der Sonderposten mit Rücklagenanteil sich nicht exakt in den Rücklagenanteil (Eigenkapital) und die gestundete Steuerschuld (Fremdkapital) aufteilen läßt, wird er wie bislang üblich je zur Hälfte dem Eigen- und Fremdkapital zugerechnet. Vgl. Coenenberg (1994), S. 490.

281 Vgl. Baetge (1998), S. 452 und Eidel (1999), S. 55-68.

282 Vgl. Küting/Weber (1997a), S. 133-134.

283 Vgl. Chaney/Lewis (1998), S. 8-10.

Der Cash-flow wird nach folgendem Schema berechnet:[284]

	Jahresüberschuss bzw. –fehlbetrag
+	Abschreibungen auf Gegenstände des Anlagevermögens
-	Zuschreibungen zu Gegenständen des Anlagevermögens
+/-	Veränderungen der Rückstellungen für Pensionen bzw. anderer langfristiger Rückstellungen
+/-	Veränderung der Sonderposten mit Rücklagenanteil
+/-	andere, wesentliche zahlungsunwirksame Aufwendungen bzw. Erträge
=	Jahres Cash-flow
+/-	ungewöhnliche, zahlungswirksame Aufwendungen/Erträge von wesentlicher Bedeutung
=	Cash-flow nach DVFA/SG

Die Cash-flow-Rentabilität errechnet sich aus:[285]

$$Cash\text{-}flow\text{-}Rentabilität\,(CFR) = \frac{Cash\text{-}flow}{Gesamtkapital}.$$

Die Cash-flow-Rentabilität kann wie die Gesamtkapitalrentabilität positiv sein, obwohl die Unternehmung Verluste erzielt. Bei der Interpretation muss auch beachtet werden, dass der Cash-flow auch echte, d.h. nicht durch bilanzpolitische Maßnahmen verzerrte, Abschreibungen und Zuführungen zu den Rückstellungen enthält. Die Cash-flow-Rentabilität eignet sich daher nur mit Einschränkungen zur Bestimmung der Ertragskraft eines Unternehmens.[286]

Die Umsatzrentabilität (UR) wird im Schrifttum meist aus dem Verhältnis von Jahresüberschuss bzw. –fehlbetrag oder dem ordentlichen Betriebsergebnis zu den Umsatzerlösen oder der Gesamtleistung errechnet. [287] Zur Analyse von Rentabilitätseffekten im Zusammenhang mit der Börseneinführung weicht die Arbeit von der

[284] Vgl. Busse von Colbe et al.(1996), S. 95-104.

[285] Vgl. Küting/Weber (1997a), S. 311.

[286] Vgl. Baetge (1998), S. 455-456.

[287] Vgl. Küting/Weber (1997a), S. 307-308, Baetge (1998), S. 458-460, Coenenberg (1994), S. 615 und Peemöller (1993), S. 337.

üblichen Messung der Umsatzrentabilität ab.[288] Der Zähler wird wie bei der Gesamtkapitalrentabilität ermittelt. Dadurch unterscheiden sich Gesamtkapitalrentabilität und Umsatzrentabilität nur durch die Bezugsgröße im Nenner. Dies erleichtert die differenzierte Interpretation von Rentabilitätseffekten in Hinblick auf die Börseneinführung, da die Bezugsgröße Gesamtkapital durch die Aufnahme von neuem Eigenkapital ansteigt, die Bezugsgröße Umsatzerlöse jedoch nicht direkt beeinflusst wird. Die Umsatzrentabilität ergibt sich aus

$$Umsatzrentabilität\,(UR) = \frac{Jahresüberschuß\ vor\ Steuern + Fremdkapitalzinsen}{Umsatzerlöse}.$$

3.3.2 Kapitalstrukturkennzahlen

Die Eigenkapitalquote kann auf Basis von Buchwerten oder Marktwerten berechnet werden. Die Eigenkapitalquote nach Buchwerten, EKQ(BW), wird durch folgenden Quotienten gemessen:[289]

$$Eigenkapitalquote\,(EKQ(BW)) = \frac{Eigenkapital}{Gesamtkapital}.$$

Mit dem Zeitpunkt der Börseneinführung lässt sich der Marktwert des Eigenkapitals direkt ermitteln. Dieser ergibt sich aus der Multiplikation der Anzahl der Aktien mit dem dazugehörigen unbereinigten Aktienkurs. Sind sowohl Stamm- als auch Vorzugsaktien an der Börse notiert, dann wird der jeweilige Anteil am gezeichneten Kapital bei der Berechnung berücksichtigt. Es wird der Kurs des Bilanzstichtages, bzw. der letzte vorhergehende Kurs herangezogen.[290] Grundsätzlich müsste bei der Berechnung der Eigenkapitalquote zu Marktwerten EKQ(MW) auch der Marktwert des Fremdkapitals verwendet werden. Da jedoch die Unternehmen der Stichprobe nur in Einzelfällen Anleihen emittiert haben, stehen keine Marktpreise zur

---

288 Im Zähler der Umsatzrentabilität werden oft unterschiedliche Ergebnisgrößen verwendet. Vgl. Baetge (1998), S. 458.

289 Das Eigenkapital wird der Strukturbilanz entnommen. Es findet eine hälftige Zurechnung des Sonderpostens mit Rücklagenanteil statt.

290 Diese Vorgehensweise erscheint aufgrund der zeitlichen Querschnittsbildung sinnvoll. Vgl. Loughran/ Ritter (1997), S. 1828.

Verfügung.[291] Daher wird bei der Berechnung der Eigenkapitalquote zu Marktpreisen anstelle des Fremdkapitals zu Buchwerten das Fremdkapital zu Marktwerten verwendet:

$$Eigenkapitalquote\,(EK(MW)) = \frac{Eigenkapital\ zu\ Marktwerten}{Eigenkapital\ zu\ Marktwerten + Fremdkapital\ zu\ Buchwerten}.$$

3.3.3 Fremdkapitalfinanzierung

Zur Untersuchung der Auswirkungen des Börsengangs auf die Fremdkapitalfinanzierung werden der Entschuldungsgrad, die Zinsdeckung, die Fristigkeitsstruktur des Fremdkapitals und die Zinskosten berechnet.

Der Entschuldungsgrad (CFNV) dient der Beurteilung der Fähigkeit eines Unternehmens, seine Verbindlichkeiten mit selbst erwirtschafteten Mitteln zu erfüllen. Das Verhältnis zeigt an, welcher Prozentsatz der Nettoverschuldung c.p. getilgt werden könnte. Die Nettoverschuldung entsteht durch den Abzug der kurzfristigen Aktiva von der Bruttoverschuldung. Der Entschuldungsgrad wird durch folgenden Quotienten gemessen:

$$Entschuldungsgrad\,(CFNV) = \frac{Cash\ Flow}{Nettoverschuldung}.$$

Es wird der Cash-flow nach Ermittlungsschema der DVFA/SG verwendet.[292] Der Entschuldungsgrad spielt insbesondere in der Kreditwürdigkeitsprüfung eine zentrale Rolle.[293]

---

291 Informationen über Laufzeit und Verzinsung der verschiedenen Kredite sind für den externen Bilanzleser ebenfalls nicht erhältlich. Dies würde es erlauben, auf Grundlage der Zinsstrukturkurve und der Aktienkursvolatilität eine Schätzgröße für den Marktwert des Fremdkapitals zu errechnen.

292 Vgl. Abschnitt 3.3.2.

293 Vgl. Hüls (1995), S. 237.

Die Kennzahl Zinsdeckung (ZIDKO) ergänzt den Entschuldungsgrad. Sie zeigt an, wie vielfach das aus dem Gesamtkapital erwirtschaftete Ergebnis ausreicht, die Fremdkapitalzinsen zu begleichen. Während der Entschuldungsgrad die Höhe der Nettoverschuldung betrachtet, nutzt die Kennzahl Zinsdeckung die Zinsaufwendungen als zentrale Größe:

$$Zinsdeckung\,(ZIDKO) = \frac{Jahresüberschuß\,/-\,fehlbetrag + Zinsaufwand}{Zinsaufwand}.$$

Die Kennzahl Zinsdeckung wird in wesentlich höherem Maß durch bilanzpolitische Entscheidungen beeinflusst als der Cash-flow.[294] Da sie durch die zeitliche Querschnittsbildung nur gering von Veränderungen der Zinsstrukturkurve beeinflusst wird, zeigt sie im Zeitablauf strukturelle Veränderungen im Verhältnis von betrieblichem Erfolg zur Zinsbelastung an.

Im allgemeinen wird die Fristigkeitsstruktur des Fremdkapitals analysiert, um Aufschlüsse über die finanzielle Stabilität einer Unternehmung zu gewinnen.[295] In Hinblick auf die Börseneinführung ist auch die Frage von Interesse, ob die Erhöhung der Duration der Passivseite, bedingt durch die Eigenkapitalaufnahme, durch eine verstärkte Nutzung von kurzfristigem Fremdkapital wieder rückgängig gemacht wird. Dies kann als Indiz für ein aktives Durationsmanagement zwischen Finanzierung- und Investitionsentscheidungen gewertet werden.[296]

Weiterhin sinkt bei dem Vorliegen einer normalen Zinsstrukturkurve c.p. die Zinsbelastung bei der Inanspruchnahme von Krediten mit kürzeren Laufzeiten. Börsennotierte Unternehmen sind generell verpflichtet, Verbindlichkeiten nach Restlaufzeiten von bis zu einem Jahr, zwischen einem und fünf Jahren und über fünf Jahren gestaffelt auszuweisen.[297]

---

294 Vgl. Abschnitt 3.5.1.

295 Vgl. Baetge (1998) ,S. 220-223.

296 Vgl. Brealy/Myers (1996), S. 724-725 und Baetge (1998), S. 238-247.

297 Alle börsennotierten Gesellschaften gelten als große Kapitalgesellschaften i. S. d. HGB § 267 Abs. 3. Die Ausweispflicht entsteht aus § 268 Abs. 5 i. V. m. § 298 Abs. 1 und § 285 Nr. 1 und Nr. 2, für den Konzernabschluß aus § 314 Abs. 1 Nr. 1 und Nr. 2.

Für die Untersuchung der Unternehmensfinanzierung mittels Fremdkapital wird kurzfristiges Fremdkapital definiert als Fremdkapital mit einer Restlaufzeit von bis zu fünf Jahren:[298]

Kurzfristiges Fremdkapital = Verbindlichkeiten mit einer Restlaufzeit $\geq$ 5 Jahre
+ 0,5 x Sonderposten mit Rücklagenanteil
+ Rückstellungen
- Pensionsrückstellungen[299]

Zur Bestimmung von Veränderungen der Fristigkeitsstruktur des Fremdkapitals (KRZFK) wird folgender Quotient verwendet:

$$Fristigkeitsstruktur\,(KRZFK) = \frac{kurzfristiges\ Fremdkapital}{Fremdkapital}.$$

Die Berechnung von Zinskosten auf der Basis ausgewiesener Zinsaufwendungen und Verbindlichkeiten ist sehr problematisch.[300] Sie lässt sich jedoch bei einer statistischen Analyse einer großen Stichprobe rechtfertigen, wenn anzunehmen ist, dass sich verzerrende Effekte in der Querschnittsbildung wechselseitig aufheben und die Veränderung der Kennzahl im Zeitablauf im Zentrum der Betrachtung steht.[301] Mit der Kennzahl Zinskosten wird der Frage nachgegangen, ob sich die Börseneinführung auf die Kosten von Fremdkapitalfinanzierungen auswirkt. So kann argumentiert werden, dass durch die Börseneinführung die Eigenkapitalquote von Unternehmen im Durchschnitt ansteigt, was c.p. das Risiko des Fremdkapitals und damit die Zinskosten senken sollte. Weiterhin könnte die Verhandlungsmacht

---

298 Die Unterscheidung in kurz- bzw. langfristiges Fremdkapital erfolgt in Hinblick auf finanzierungstheoretische Modellimplikationen.Vgl. z.B. Wu (1993) und Abschnitt 3.5.4. Eine maximale Restlaufzeit von fünf Jahren erscheint eine geeignete Trenngröße zur Unterscheidung zwischen kurz- und langfrister Fremdkapitalfinanzierung zu sein. In der deutschen Literatur zur Bilanzanalyse wird üblicherweise zwischen kurzfristig($\leq$1 Jahr), mittelfristig ($\leq$5 Jahre) und langfristig (> 5 Jahre) unterschieden. Vgl. Baetge (1998), S. 219-223. Verbindlichkeiten mit einer Laufzeit unter einem Jahr werden in der Studie in der Kennzahl Liquidität gesondert berücksichtigt.

299 Vgl. § 266 Abs. 3 Pos. B Nr. 1 HGB.

300 Wenn z.B. ein während des Geschäftsjahres abgelaufener Kredit nicht verlängert wird, erscheinen lediglich die Kreditkosten in der Gewinn- u. Verlustrechnung, nicht jedoch die Kreditsumme in der Bilanz. Dies führt c.p. zu einer niedrigeren Kennzahl. Sofern keine weiteren Kredite bestehen, kann die Kennzahl aufgrund der Division mit Null nicht berechnet werden.

301 Vgl. auch Hüls (1995), S. 80.

gegenüber Kreditgebern steigen, was ebenfalls zu einer Reduzierung von Kreditkosten führen sollte.[302]

Die Kennzahl Zinskosten wird wie folgt definiert:[303]

$$Zinskosten\,(ZIKO) = \frac{Zinsaufwand}{Verbindl.\ ggü.\,KIs. + ggü.\,verbundenen\ U. + ggü.\ Beteiligungen}$$

mit: Verbindl. = Verbindlichkeiten, KIs = Kreditinstitute und U. = Unternehmen.

3.3.4 Investitionstätigkeit

Zur Untersuchung des Investitionsverhaltens vor und nach der Börseneinführung werden die Kennzahlen Investitionsquote, Investitionsintensität und Abschreibungsfinanzierungsquote berechnet.

Die Investitionsquote (INVQ) zeigt den prozentualen Anteil der Sachanlageinvestitionen eines Jahres am Anfangsbestand der Sachanlagen. Die Investitionsquote wird als Maß für die Zukunftsvorsorge eines Unternehmens betrachtet.[304] Allerdings unterscheidet sie nicht zwischen Ersatz- und Neuinvestitionen.[305] Die Investitionsquote errechnet sich aus:

$$Investitionsquote\,(INVQ) = \frac{Investitionen\ in\ Sachanlagevermögen}{Anfangsbestand\ Sachanlagevermögen}.$$

---

302 In italienischen Studien werden exakte Angaben über die tatsächlichen mit Kreditinstituten vereinbarten Zinssätze verwendet. Dies ist möglich, da eine Meldepflicht gegenüber der Zentralbank besteht. Dem Verfasser ist aus keinem anderen Land eine vergleichbare Meldepflicht bekannt. Vgl. Pagano/Panetta/Zingales (1998), S. 53-56, Gualtieri (1988), S. 108-117 und Basile (1988), S. 350-356.

303 Versuche, Informationen aus der Zinsstrukturkurve und der Fristigkeitsstruktur der Verbindlichkeiten in die Kennzahl zu integrieren, konnten die empirische Aussagekraft nicht erhöhen. Mit weiteren Faktoren stieg jedoch die Komplexität und die Zahl der Annahmen an, so dass auf eine weitergehende Analyse verzichtet wurde.

304 Vgl. Gräfer (1994), S. 213-214.

305 Vgl. Küting/Weber (1997a), S. 92., Baetge (1998), S. 180 und Peemöller (1993), S. 293-296.

Die Bezugsgröße der Kennzahl Investitionsquote, Anfangsbestand der Sachanlagen, ist problematisch, da sie durch die Abschreibung beeinflusst wird. In der Literatur werden daher die historischen Anschaffungs- und Herstellungskosten als Bezugsgröße gefordert.[306] Dies Berechnung ist jedoch auf Basis der vorliegenden Datengrundlage nicht möglich. Daher wird als Kontrollgröße die Investitionsintensität berechnet. Diese unterscheidet sich von der Investitionsquote nur durch die Wahl der Umsatzerlöse als Größe im Nenner. Die Investitionsintensität stellt zudem einen direkten Bezug zwischen Investitionen und Unternehmenswachstum im Zeitablauf her.

$$Invesitionsintensität\,(INVINT) = \frac{Investitionen\ in\ das\ Sachanlagevermögen}{Umsatz}.$$

Die Quote der Abschreibungsfinanzierung zeigt den Anteil der Investitionssumme, der aus Abschreibungen erfolgt. Interpretiert man als Schätzgröße, dass Investitionen aus Abschreibungen im Durchschnitt Ersatzinvestitionen sind, so gibt die Höhe der Quote der Abschreibungsfinanzierung Auskunft über den Anteil der Neuinvestition. Auch hier konzentriert sich die Betrachtung auf systematische Veränderungen der Unternehmensstichprobe im Zeitablauf. Die Abschreibungsfinanzierungsquote dient damit der Ergänzung der Investitionsquote.

Die Abschreibungsfinanzierung errechnet sich aus:

$$Abschreibungsfinanzierungsquote\,(AFIN) = \frac{Abschreibungen\ auf\ Sachanlagen}{Investitionen\ in\ Sachanlagen}.$$

3.3.5 Effizienz

Der Vermögensumschlag (VUS) wird in der vorliegenden Arbeit als Kennzahl zur Messung betrieblicher Effizienz verwendet.[307] Der Vermögensumschlag bringt zum Ausdruck wie oft das eingesetzte Gesamtkapital „zu Umsatzerlösen geworden" ist. In Hinblick auf die finanzierungstheoretischen Überlegungen zur Börseneinführung interessiert insbesondere die Frage, ob das zufließende Kapital effizient zur Erzielung von Umsätzen und Gewinnen eingesetzt wird.

306 Vgl. Küting/Weber (1997a), S. 92-94.

307 Vgl. Jain/Kini (1993), S. 1704.

Der Vermögensumschlag wird wie folgt definiert:[308]

$$Vermögensumschlag = \frac{Umsatz}{Bilanzsumme}$$

Die Kennzahl Umsatz pro Mitarbeiter (UMMA) bringt die Produktivität der Beschäftigten bzw. deren effizienten Einsatz zum Ausdruck. Veränderungen des Umsatzes pro Mitarbeiter können z.B. auf Rationalisierungsmaßnahmen oder unterschiedliche Kapazitätsauslastungen während eines Konjunkturzyklus zurückzuführen sein.[309]

Die Kennzahl pro Mitarbeiter ergänzt die Kennzahlen zur Investitionstätigkeit. Der Umsatz pro Mitarbeiter ergibt sich aus:

$$Umsatz\ pro\ Mitarbeiter\ (UMMA) = \frac{Umsatz}{durchschnittliche\ Anzahl\ der\ Mitarbeiter}.$$

Die Liquidität (LIQUI) wird im Rahmen der Fragestellung als Kennzahl zur Messung betrieblicher Effizienz verstanden. Hintergrund der Überlegung ist, dass in Übereinstimmung mit den finanzierungstheoretischen Implikationen Unternehmen nach dem Börsengang weniger effizient mit dem zur Verfügung gestellten Kapital umgehen. Dies kann sich an einem im Verhältnis zu den kurzfristigen Verbindlichkeiten erhöhten Bestand an liquiden Mitteln, kurzfristigen Forderungen und Vorräten ausdrücken. Daher wird als Kennzahl zur Bestimmung der Liquidität die sogenannte Liquidität 3. Grades gewählt:[310]

$$Liquidität\ (LIQUI) = \frac{liquide\ Mittel + kurzfristige\ Forderungen + Vorräte}{kurzfristige\ Verbindlichkeiten}.$$

---

308 Vgl. z.B. Hüls (1995), S. 79.

309 Vgl. Baetge (1998), S. 400-401.

310 Vgl. Peemöller (1993), S. 312-317.

Liquiditätskennzahlen gelten im allgemeinen als sehr manipulationsanfällig und für sich genommen als wenig aussagekräftig. Sie werden daher in der Literatur stark kritisiert.[311] Bei der Analyse von Konzernabschlüssen ist zudem zu beachten, dass § 299 Abs. 3 HGB einen Gestaltungsspielraum bezüglich der Wahl des Abschlussstichtages vorsieht. Dadurch ist bei Konzernabschlüssen nicht sichergestellt, dass der Ansatz der Bilanzpositionen zum gleichen Stichtag erfolgt. Verzerrende, unsystematische Effekte sollten jedoch durch die Querschnittsbildung innerhalb der Stichprobe weitgehend neutralisiert werden. Die Interpretation fokussiert zudem nicht auf das absolute Niveau, sondern auf die Veränderung im Zeitablauf.

3.3.6 Dividendenzahlung

Die Dividendenrendite wird aus der Bruttobardividende und dem Aktienkurs errechnet:[312]

$$Dividendenrendite\,(DIVR) = \frac{Bruttobardividende}{Aktienkurs}.$$

Als Bezugsgröße kommen der Aktienkurs vor oder nach der Dividendenausschüttung oder zum Bilanzstichtag in Frage. Da zur Berechnung des Marktwertes des Eigenkapitals bzw. für die Kennzahlen Markt-/Buchwertverhältnis und Eigenkapitalquote zu Marktwerten jeweils der Aktienkurs zum Bilanzstichtag gewählt wurde, wird dieser auch der Dividendenrendite zugrunde gelegt.[313]
Zur Ergänzung wird die absolute Höhe der Dividenden pro Aktie' (DIVA) angegeben, die als Bruttobardividende angegeben wird.

311 Vgl. Baetge (1998), 249-254 und Küting/Weber (1997a), S. 120-121.

312 Zur Berechnung der Bruttobardividende vgl. Scheffler (1998), S. 143-151.

313 Im Vordergrund steht die Veränderung im Zeitablauf und nicht die Höhe der Dividendenrendite zum Zeitpunkt der Ausschüttung.

3.4 Statistische Methodik

3.4.1 Vorbereitende Überlegungen

Eine grundsätzliche Frage in empirischen Studien ist, wie mit sogenannten Ausreissern umgegangen werden soll. Gerade bei den hier untersuchten Verhältniszahlen kommt es zu besonders hohen oder niedrigen Werten, wenn der Nenner oder der Zähler nahe Null liegen. Ausreißer können die Aussagekraft von Mittelwerten deutlich reduzieren und eine Ablehnung einer Normalverteilungsannahme notwendig machen. Daher werden in vielen Studien Ausreißer eliminiert, durch Durchschnittswerte ersetzt, oder die Merkmalsausprägung wird durch festgelegte Extremwerte begrenzt.[314] Dabei ist es oft das Ziel, die Annahme einer Normalverteilung aufrechterhalten zu können, um parametrische Testverfahren zu nutzen.[315] Wenn im Rahmen der vorliegenden empirischen Untersuchung alle Unternehmen, die bei einer Kennzahl einen Extremwert aufweisen, aus der Stichprobe entfernt würden, hätte dies einen stark verringerten Stichprobenumfang zur Folge. Weiterhin besteht die Gefahr, dass durch die Eliminierung von Unternehmen oder Veränderung von Kennzahlenausprägungen die Qualität der Stichprobe leidet und der ökonomische Sachverhalt letztlich verzerrt wird. Daher wurden grundsätzlich keine Extremwerte ausgeschlossen oder ihre Ausprägungen verändert.

Für die Studie hat die Frage, ob die Kennzahlenwerte als normalverteilt angenommen werden können große Bedeutung, da sie über die geeigneten statistischen Analyseverfahren entscheidet. Eine Verteilung ist dann nicht normalverteilt, wenn sie nicht symmetrisch ist oder das Maximum höher oder niedriger als das der Normalverteilung ist.[316] Mit den Verteilungskennzahlen Schiefe und Exzess kann die Abweichung von der Symmetrie und die Abweichung vom Maximum der Normalverteilung ermittelt werden. Beide Werte sind bei exakter Normalverteilung gleich Null.

---

314 Vgl. Sachs (1992), S. 363-372.

315 Ein Beispiel ist Hüls (1995). Die Autorin ersetzt bei einer Diskriminanzanalyse zur Kreditwürdigkeitsprüfung Ausreißer durch die jeweiligen Mittelwerte der Kennzahl. Fraglich ist nach Meinung des Verfassers, ob nicht gerade bei einer Kreditwürdigkeitsprüfung, die auf einer statistischen Analyse früherer Kreditnehmer beruht, die Ausreißer von besonderem Interesse sein müßten. Vgl. Hüls (1995), S. 111. Löffler (2000) kappt in einer Studie zur Kursperformance der Unternehmen des Neuen Marktes die Wertentwicklung der EM.TV-Aktie auf ein Niveau, das ca. 82 % unter dem tatsächlichen lag. Vgl. Löffler (2000), S. 8.

316 Vgl. Sachs (1992), S. 167.

Eine Überprüfung der berechneten Kennzahlen ergab für die Gesamtstichprobe, dass ca. 85 % einen Kennwert für die Schiefe größer als |1,645| und ca. 75 % größer als |1,960| aufweisen. Der Exzess liegt bei ca. 90 % der Werte über |1,645| und bei ca. 80 % der Werte über |1,960|. Unter der Annahme, dass die Kennwerte für Schiefe und Exzess annähernd normalverteilt sind, lässt sich für diese Kennzahlen die Annahme der Normalverteilung mit einer Irrtumswahrscheinlichkeit von 10 % bzw. 5 % ablehnen.[317] Eine zusätzliche graphische Überprüfung der Verteilung der Kennzahlenwerte ergab, dass diese vielfach mehrgipfelig verteilt sind.

Weiterhin wurde die Anpassung der empirischen Verteilung an die Normalverteilung mit Hilfe des Kolmogorov-Smirnow-Anpassungstests (K-S-Test) untersucht.[318] Der K-S-Test vergleicht die Summenhäufigkeit der empirischen Verteilung mit der Verteilungsfunktion der Normalverteilung. Da weder Mittelwert noch Varianz bekannt sind und daher aus der Stichprobe geschätzt werden müssen, werden die kritischen Schranken angepasst, was schneller zu einer Ablehnung der Normalverteilungsannahme führt.[319] Bei der Überprüfung stellte sich heraus, dass mit Ausnahme des Markt-/Buchwertverhältnisses, der Dividende pro Aktie und der Dividendenrendite bei allen Kennzahlen eine Normalverteilung mit 1 % Irrtumswahrscheinlichkeit abgelehnt werden muss. Parametrische Testverfahren würden daher zu fehlerhaften Ergebnissen führen.

Für die Bilanzkennzahlen werden im folgenden nichtparametrische Verfahren verwendet, die keine spezielle Verteilungsannahme treffen. Diese erweisen sich häufig als effizienter als parametrische Testverfahren, falls eine andere Verteilung zugrunde liegt als diejenige, bei der der entsprechende parametrische Test optimal ist. Lediglich wenn alle Annahmen des jeweiligen parametrischen Modells erfüllt sind, nutzen nichtparametrische Verfahren nicht alle in den Daten vorhandenen Informationen, was die Effizienz des Tests reduziert.[320]

---

317 Bei Stichproben mit n > 100 kann die Normalverteilungsannahme auch mit den Verteilungswerten von Schiefe und Exzeß getestet werden. Vgl. Bleymüller/Gehlert/Gütlicher (1994), S. 133. Zum Vorgehen vgl. Hüls (1995), S. 113-115 und Feidicker (1992), S. 75.

318 Vgl. Büning/Trenkler (1994), S. 68-74.

319 Vgl. Sachs (1992), S. 428-429.

320 Vgl. Büning/Trenkler (1994), S. 2-3.

Insbesondere in der US-amerikanischen Literatur haben sich nichtparametrische Verfahren bei der statistischen Analyse von Bilanzkennzahlen durchgesetzt, da die Stichproben meist ein hohes Maß an Schiefe, Exzess und Extremwerten aufweisen. Die Analysen konzentrieren sich folglich auf den Median. Vielfach wird in der Literatur auch nur dieser berichtet.[321]

3.4.2 Statistische Testverfahren

Im empirischen Teil der Arbeit zur fundamentalen Performance werden der Wilcoxon-Rangsummentest und der Spearmansche Rang-Korrelationskoeffizient als nichtparametrische Verfahren verwendet.[322]

Der zweiseitige Wilcoxon-Rangsummentest hat sich als Standardtestverfahren für die fundamentale Unternehmensperformance im Zeitablauf herausgebildet.[323] Der Test prüft, ob die Differenzen paarweise angeordneter Beobachtungen symmetrisch mit einem Median von Null angeordnet sind.[324] Hierzu errechnet man die betragsmäßigen Differenzen aller Wertepaare und bringt sie in eine aufsteigende Reihenfolge.[325] Anschließend wird jedem Wert eine Rangzahl zugeordnet: Der kleinste Wert erhält die Rangzahl 1, der größte die Rangzahl n. Bei gleich großen Beträgen werden mittlere Rangzahlen zugeordnet. Jeder Rangzahl wird daraufhin das Vorzeichen der Differenzsumme zugewiesen. Aus der Summe der positiven Rangzahlen ergibt sich die Prüfgröße w^+. Die kritischen Werte für $4 \leq n \leq 20$ sind tabelliert. Für Stichproben mit $n>20$ ist die Teststatistik asymptotisch normalverteilt.

---

321 Vgl. z.B. Jain/Kini (1994), Loughran/Ritter (1997), S. 1828 und Lyon/Barber (1996), S. 361-364 und S. 395.

322 Soweit die Annahme einer Normalverteilung nicht verworfen werden muß bzw. Kursdaten verwendet werden, bei denen parametrische Verfahren üblich sind, wird auch ein t-Test eingesetzt. Zum t-Test vgl. Abschnitt 4.2.1.

323 Vgl. z.B. Degeorge/Zeckhauser (1993), Jain/Kini (1994), Loughran/Ritter (1997) und Sapusek (1998).

324 Vgl. Büning/Trenkler (1994), S. 96-102 und S. 171-174.

325 Bezogen auf die Unternehmenskennzahlen besteht ein Wertepaar z.B. aus der Umsatzrendite des Unternehmens ABC in t= -1 und t= 0. Es handelt sich damit um eine verbundene Stichprobe, da die Werte gemeinsam und paarweise auftreten und inhaltlich verbunden sind. Vgl. Sachs (1992), S. 405-407.

Als Prüfgröße wird

$$z=\frac{w^{+}-\frac{n(n+1)}{4}}{\sqrt{\frac{n(n+1)(2n+1)}{24}}}$$ verwendet.[326]

Die Nullhypothese, dass die Differenzen paarweiser angeordneter Beobachtungen symmetrisch mit einem Median von Null sind, wird beim zweiseitigen Test abgelehnt für $|Z| \geq z_{1-\alpha/2}$.

Lyon/Barber (1996) überprüfen in einer empirischen Studie die Güte des nichtparametrischen Wilcoxon-Rangsummentests im Vergleich zum parametrischen t-Test speziell für den Test von Unternehmenskennzahlen zur Performancemessung. Sie kommen zum Ergebnis, dass bei allen von ihnen durchgeführten Untersuchungen der Wilcoxon-Test durchgehend eine höhere Wirksamkeit als der parametrische t-Test aufweist. Die Autoren führen dies auf die bei Unternehmenskennzahlen zu beobachtenden extremen Ausprägungen zurück.[327] Selbst bei Vorliegen einer Normalverteilung ist der Wilcoxon-Rangsummentest in der Studie von Lyon/Barber dem t-Test kaum unterlegen.[328]

Mit dem Spearmanschen Rang-Korrelationskoeffizienten wird der Grad des Zusammenhangs zwischen zwei Reihen von Messwerten ermittelt.[329] Im Rahmen der Arbeit werden mit ihm Querschnittsuntersuchungen durchgeführt. Zwei Reihen von Meßdaten werden durch die Zuordnung von Rangzahlen in Rangreihen transformiert. Man bildet anschließend die Differenzen d der n Rangpaare, quadriert diese und setzt sie in die Formel für den Spearmanschen Rang-Korrelationskoeffizienten r_S[330]

$$r_S=\frac{6\sum_{i=1}^{n}d_i^2}{(n-1)n(n+1)}$$

326 Vgl. Büning/Trenkler (1994), S. 99.

327 Vgl. Lyon/Barber (1996), S. 375-387.

328 Vgl. Büning/Trenkler (1994), S. 100-101.

329 Vgl. Büning/Trenkler (1994), S. 232-239.

330 Zur Herleitung vgl. Büning/Trenkler (1994), S. 232-234.

ein. Bei gleichen Werten werden mittlere Rangplätze zugeordnet.[331] Wenn zwei Rangordnungen gleich sind, werden die Differenzen gleich Null. Aus obiger Formel ergibt sich dann ein Wert von +1. Wenn eine Rangordnung eine vollständige Umkehrung der anderen ist, entspricht r gleich -1. Der Rang-Korrelationskoeffizient liegt damit bei einer stark negativen Korrelation bei –1 und bei +1 im Fall einer stark positiven Korrelation. Bei r =0 besteht kein linearer Zusammenhang.

Die Maßzahl r_s selbst wird als Teststatistik für den Test auf Unabhängigkeit verwendet. Die kritischen Werte ergeben sich aus

$$D = \frac{(n-1)n(n+1)(1-r_S)}{6}.$$

Die Nullhypothese, dass die Messreihen unabhängig sind, wird beim zweiseitigen Test abgelehnt für:

$$D \leq d_{\alpha/2} \text{ oder } D \geq d_{1-\alpha/2}.$$

Der Rang-Korrelationskoeffizient nach Spearman wird ähnlich berechnet wie der Korrelationskoeffizient nach Pearson. Der Unterschied besteht letztlich darin, dass nicht die Variablenwerte, sondern deren Rangwerte betrachtet werden. Dadurch kann auf die Normalverteilungsannahme verzichtet werden. Allerdings kommt es auch zu einem Informationsverlust bei kardinalem Messniveau. Ein weiterer Nachteil liegt darin, dass der Korrelationskoeffizient nur schlecht zu interpretieren ist, wenn er nicht nahe 0, +1 oder –1 liegt.[332]

Die statistischen Auswertungen erfolgten mit dem EDV-Programm SPSS 10.0.

---

331 In einer der beiden Reihen dürfen maximal 20 % der Beobachtungen ranggleich sein. Zur Korrekturformel im Fall einer hohen Anzahl von ranggleichen Beobachtungen vgl. Büning/Trenkler (1994), S. 237-238.

332 Vgl. Büning/Trenkler (1994), S. 232-235.

3.5 Ergebnisse zur fundamentalen Performance

3.5.1 Rentabilitätseffekt

Als Rentabilitätseffekt wird die Beobachtung beschrieben, dass die Rentabilität in den Jahren vor der Börseneinführung stark ansteigt, in den Folgejahren hingegen deutlich sinkt (vgl. Tabellen 3-5, 3-6 und Abbildungen 3-4, 3-5).

Die Gesamtkapitalrentabilität steigt von 11,1 % in t= -2 auf 14,2 % in t= -1 an. Nach der Emission fällt sie in jedem der fünf folgenden Jahre ab. Am Ende des Betrachtungszeitraums liegt sie bei 5,8 %.

Alle Ergebnisse sind signifikant auf dem 1 %-Niveau.[333] Dies spiegelt sich verstärkt in der Eigenkapitalrendite wider. Diese steigt von 16,3 % in t= -2 auf 22,7 % in t= -1. Im Zeitraum von t= 0 bis t= +3 sinkt sie auf ein Niveau von ca. einem Drittel vor der Emission.

Tabelle 3-5: Deskriptive Statistik Rentabilität

Kenn-zahl		t=-2 n=80	t=-1 n=115	t=0 n=115	t=1 n=115	t=+2 n=104	t=+3 n=94	t=+4 n=81	t=5 n=70
GKR[a] (%)	Median	11,12	14,16	12,67	10,17	9,04	7,00	6,31	5,79
	Mean	14,68	16,79	13,52	11,44	9,44	7,14	6,18	5,92
	(Std.)	(17,13)	(11,33)	(7,50)	(7,63)	(8,79)	(9,18)	(10,62)	(10,18)
EKR[b] (%)	Median	16,34	22,72	12,27	11,78	10,10	7,19	7,14	8,23
	Mean	25,14	28,68	14,35	12,28	-5,22	-2,16	-4,63	4,78
	(Std.)	(42,25)	(24,89)	(11,23)	(8,95)	(127,7)	(41,17)	(28,73)	(47,08)
CFR[c] (%)	Median	15,52	19,45	17,23	16,35	14,92	11,63	11,40	10,98
	Mean	16,75	21,57	18,32	17,16	15,43	13,18	12,34	11,37
	(Std.)	(10,95)	(12,71)	(7,84)	(8,56)	(9,89)	(10,41)	(10,05)	(10,52)
UR[d] (%)	Median	7,13	8,37	9,18	7,50	6,38	5,33	4,47	3,53
	Mean	8,77	9,87	9,49	7,99	6,18	4,82	2,21	3,69
	(Std.)	(8,14)	(7,00)	(5,37)	(7,06)	(7,06)	(6,87)	(22,46)	(7,17)

[a]Eigenkapitalrendite nach Steuern
[b]Gesamtkapitalrendite (inkl. Steuern)
[c]Cash-flow-Rendite
[d]Umsatzrendite

[333] Die Teststatistik nimmt stets einen paarweisen Vergleich von Jahresabschlußdaten vor. Es handelt sich damit jeweils um eine konstante Stichprobe. Vgl. Abschnitt 3.4.2.

Die Cash-flow-Rendite, die sich durch bilanzielles Ertragsmanagement geringer beeinflussen lässt als die beiden vorhergehenden Kennziffern, zeigt hinsichtlich der Veränderungsrichtungen ein vergleichbares Bild, jedoch sind die relativen Niveauänderungen geringer ausgeprägt. Die Cash-flow-Rendite fällt von 19,4 % in t= -1 auf 11,0 % in t= +5.

Der signifikante Rückgang der Gesamtkapital-, Eigenkapital und Cash-flow-Rendite von t= -1 auf t= 0 könnte mit einem Anstieg des Eigenkapitals durch den Börsengang erklärt werden: Das zusätzliche Eigenkapital geht jeweils in den Nenner dieser Kennzahlen ein. Die Unternehmen sind nicht sofort in der Lage, mit dem neuen Kapital zusätzliche Erträge zu erzielen, die den Anstieg des Nenners kompensieren. Zudem spiegeln sich im Jahresabschluss von t= 0 auch die Kosten des Börsengangs wider. Aber auch in den Folgejahren kommt es nicht zu einem Anstieg der Rentabilität, vielmehr sinkt sie im Vergleich zu t= 0 oder t= +1 deutlich ab.

Abbildung 3-4: Eigenkapital- und Gesamtkapitalrentabilität

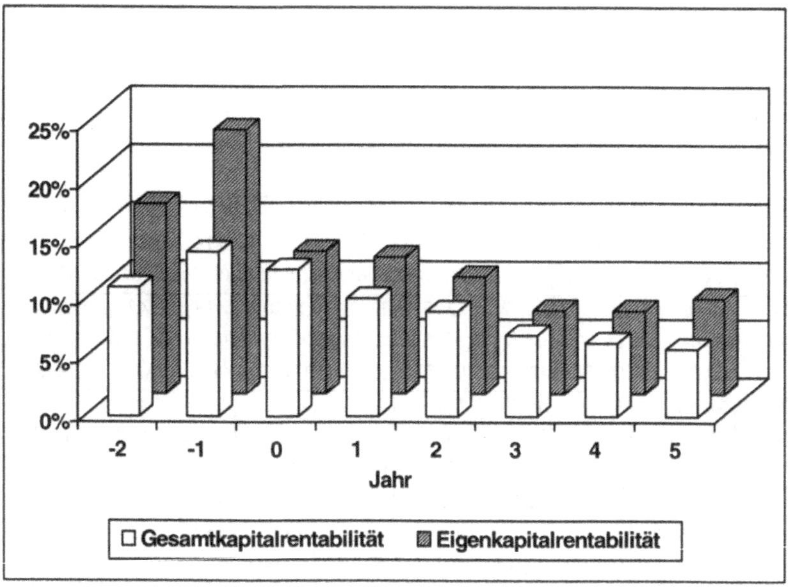

Die Umsatzrentabilität hat als Kennzahl für die fundamentale Performance den Vorteil, dass Zähler und Nenner der Gewinn- und Verlustrechnung entstammen und daher nur indirekt von einer Veränderung der Kapitalstruktur betroffen sind.

Als Kontrollgröße unterscheidet sie sich von der Gesamtkapitalrentabilität nur im Nenner. Die Umsatzrendite steigt von 7,1 % in t= -2 auf 8,4 % in t= -1 signifikant an.

Im Gegensatz zu den anderen Rentabilitätskennzahlen kommt es zu einem weiteren Anstieg von t= -1 auf t= 0, der allerdings nicht signifikant ist. Erst von t= +1 fällt sie auf ein Niveau, das in t= +5 bei weniger als der Hälfte von t= -1 oder t= -2 liegt.

Der Rückgang der Rentabilität verlangsamt sich im Zeitraum von t= +3 bis t= +5. Die deskriptive Statistik und die Teststatistik weisen bei der Eigenkapitalrendite sogar eine leichte Trendumkehr auf. Insgesamt befinden sich jedoch alle vier Kennzahlen in den Jahren nach dem Börsengang auf einem Niveau, das deutlich unter dem der beiden Jahre davor liegt.

Abbildung 3-5: Umsatz- und Cash-flow-Rentabilität

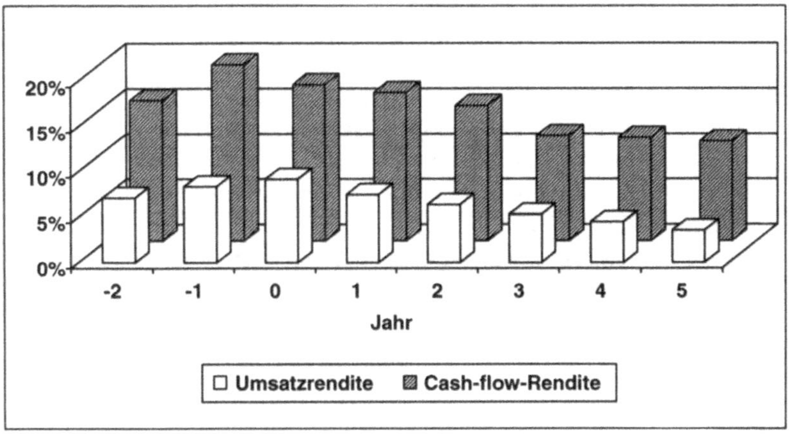

Die Ergebnisse sind konsistent mit denen von Langemann (2000), der für den Beobachtungszeitraum von 1968 bis 1990 für deutsche Unternehmen ein Absinken der Eigenkapitalrendite von ca. 20 % im Jahr vor der Börseneinführung auf ca. 5 % im fünften Geschäftsjahr danach feststellt.[334]

Jain/Kini (1994) berichten einen signifikanten Rückgang der Cash-flow-Rentabilität von ca. 6 % von t= -1 bis t= +3 für US-amerikanische Börsenneueinführungen.[335] Mikkelson/Partch/Shah (1997) ermitteln für ihre Stichprobe von Börsenneueinführungen aus den Jahren 1980 bis 1983 einen Rückgang der Eigenkapitalrentabilität

334 Langemann untersucht lediglich die Eigenkapitalrendite. Vgl. Langemann (2000), S. 223.

335 Jain/Kini (1994) geben nur die absoluten Veränderungen des Means an.

von 21 % vor dem IPO auf 4 % im fünften Folgejahr. Im gleichen Zeitraum geht die Umsatzrentabilität von 13 % auf 2% zurück.[336]

Pagano/Panetta/Zingales (1998) können für italienische Börsenneueinführungen ebenfalls einen Rückgang der Rentabilität in den ersten drei Jahren nach der Emission aufzeigen. Dabei ist der relative Rückgang bei Carve Outs stärker ausgeprägt.[337]

Keine der Studien analysiert jedoch die Veränderung von t= -2 auf t= -1. Es ist daher nicht möglich den signifikanten Anstieg der Rentabilität im Vorfeld der Börseneinführung in den Kontext bisher geleisteter Forschung zu stellen.

Tabelle 3-6: Teststatistik Rentabilität

		t= -2 zu t= -1 n=80	t= -1 zu t= 0 n=115	t=-1 zu t=+1 n=115	t=-1 zu t=+2 n=104	t=-1 zu t=+3 n=94	t=-1 zu t=+4 n=81	t=-1 zu t=+5 n=70
GKR[a]	Δ Median	+2,94***	-1,49***	-3,99***	-5,41***	-7,40***	-8,14***	-8,17***
	(Z-Wert)	(-4,213)	(-4,446)	(-6,606)	(6,698)	(-7,468)	(-6,989)	(-6,276)
EKR[b]	Δ Median	+6,67***	-10,45***	-10,94***	-12,52***	-15,43***	-14,30***	-13,03***
	(Z-Wert)	(-3,300)	(-6,83)	(-7,630)	(-7,807)	(-7,902)	(-6,142)	(-5,914)
CFR[c]	Δ Median	+2,90***	-2,22***	-3,10***	-4,43***	-6,28***	-8,05***	-8,46***
	(Z-Wert)	(-4,149)	(-3,892)	(-4,440)	(-5,369)	(-6,722)	(-6,142)	(-5,914)
UR[d]	Δ Median	+2,15***	+0,81***	-0,87***	-2,12***	-3,05***	-3,48***	-4,05***
	(Z-Wert)	(-3,798)	(-0,056)	(-3,895)	(-5,576)	(-6,118)	(-6,48)	(-5,603)

[a]Eigenkapitalrendite
[b]Gesamtkapitalrendite
[c]Cash-flow-Rendite
[d]Umsatzrendite

*** signifikant auf dem 1 %-Niveau
** signifikant auf dem 5 %-Niveau
* signifikant auf dem 10 %-Niveau

Sapusek (1998) kommt in ihrer Untersuchung für deutsche Börsenneueinführungen von 1988 bis 1993 zum gleichen Ergebnis hinsichtlich der Veränderungsrichtung von Rentabilitätskennzahlen von t= -1 bis t= +3. Die in ihrer Studie ausgewiesenen absoluten Werte konnten vom Verfasser der vorliegenden Arbeit jedoch zum Teil nicht nachvollzogen werden. Sapusek weist eine Eigenkapitalrendite von ca. 44 % im Median und ca. 51 % im Mittelwert für das letzte Geschäftsjahr vor der Börseneinführung aus. Die Werte sind ca. doppelt so hoch wie in vorliegender Studie und der Untersuchung von Langemann (2000).

---

336 Die Berechnung der Zähler der Kennzahlen entspricht in etwa der Berechnung des ordentlichen Betriebsergebnisses nach HGB. Vgl. Mikkelson/Partch/Shah (1997), S. 193.

337 Vgl. Pagano/Panetta/Zingales (1998), S. 48-49.

Das absolute Niveau der Rentabilitätskennziffern in den Jahren t= +3 bis t= +5 entspricht dem in anderen Untersuchungen für börsennotierte Unternehmen ausgewiesenen. Wohlschieß (1996) berichtet einen Median der Gesamtkapitalrentabilität von 5,9 % und der Cash-flow-Rentabilität 13,8 %, basierend auf einer Querschnittsbildung von ca. 390 börsennotierten deutschen Gesellschaften über den Zeitraum von 1988 bis 1992. Die Mittelwerte liegen bei 6,4 % bzw. 14,2 %. Dabei liegen vergleichbare Ausschlusskriterien der Stichprobenbildung zugrunde. Hinsichtlich der beiden Rentabilitätskennziffern unterscheiden sich Börsenneueinführungen nach drei bis fünf Jahren im Durchschnitt kaum von seit längerem an der Börse notierten Unternehmen.[338]

Zusammenfassend lässt sich die Entwicklung der Rentabilität der Börsenneueinführungen der Stichprobe in drei Phasen gliedern:

1) Die Rentabilität steigt vor der Börseneinführung (t= -2 bis t= -1) signifikant an.
2) Nach der Börseneinführung kommt es von t= 0 bis t= +3 zu einem signifikanten Rückgang der Rentabilität im Vergleich zu t= -1.
3) Im Zeitraum von t= +4 bis t= +5 kommt es zu einer Stabilisierung auf einem Niveau, das auch deutlich unter dem von t= -2 liegt. Die absoluten Werte entsprechen im Durchschnitt allerdings in etwa dem aller börsennotierten Unternehmen, selektiert nach vergleichbaren Ausschlusskriterien.[339]

3.5.2 Kapitalstruktureffekt

Als Kapitalstruktureffekt wird die Beobachtung bezeichnet, dass die Unternehmen durch die Börseneinführung ihre Eigenkapitalquote über den gesamten Betrachtungszeitraum deutlich erhöhen (vgl. Tabelle 3-7, 3-8 und Abbildung 3-6).

So steigt die Eigenkapitalquote gemessen in Buchwerten von 26,4 % in t= -2 bzw. 26,8 % in t=-1 auf 42,1% in t= 0 an. In den Folgejahren fällt sie kontinuierlich bis auf 37,4 in t= +5 ab, bleibt jedoch stets signifikant auf dem 1 %-Niveau über den Werten vor der Börseneinführung.

---

338 Wohlschieß addiert aufgrund spezifischer Untersuchungsfragen Zinsaufwand und Ertragssteuern zum Cash Flow. Dadurch entsteht ein höherer Wert als in der vorliegenden Studie. Vgl. Wohlschieß (1996), S. 192-201.

339 Fama/French (2000) zeigen empirisch, dass die Profitabilität US-amerikanischer Unternehmen einem Mean-Reverting-Prozeß folgt.

Während die Eigenkapitalquote zu Buchwerten die Problematik der historischen Kosten und damit eine Vergangenheitsorientierung aufweist, reflektiert der Marktwert des Eigenkapitals das zukünftige Ertragspotential.[340] Die Eigenkapitalquote gemessen in Marktwerten sinkt nach der Börseneinführung von 65,2 % in t= 0 auf 49,3 % in t= +3 ab. Dies bringt eine im Zeitablauf rückläufige Ertragserwartung des Kapitalmarktes zum Ausdruck.

Tabelle 3-7: Deskriptive Statistik Kapitalstruktur

Kenn-zahl		t=-2 n=80	t=-1 n=115	t=0 n=115	T=1 n=115	t=2 n=104	t=3 n=94	t=4 n=81	t=5 n=70
EKQ	Median	26,42	26,80	42,12	40,14	39,79	38,39	37,92	37,38
(BW)[a]	Mean	27,84	28,56	44,41	42,75	41,10	39,62	39,92	39,59
(%)	(Std.)	(13,66)	(11,53)	(14,81)	(14,99)	(15,75)	(16,38)	(16,93)	(17,50)
EKQ	Median			65,21	61,75	59,93	54,80	55,73	49,25
(MW)[b]	Mean	n.v.[c]	n.v.[c]	63,34	61,89	58,52	54,75	54,45	49,83
(%)	(Std.)			(20,31)	(17,77)	(19,66	(19,81)	(20,35)	(21,68)

[a] Eigenkapitalquote zu Buchwerten
[b] Eigenkapitalquote zu Marktwerten
[c] Marktwerte des Eigenkapitals können vor dem Börsengang nicht ermittelt werden

Abbildung 3-6: Eigenkapitalquoten

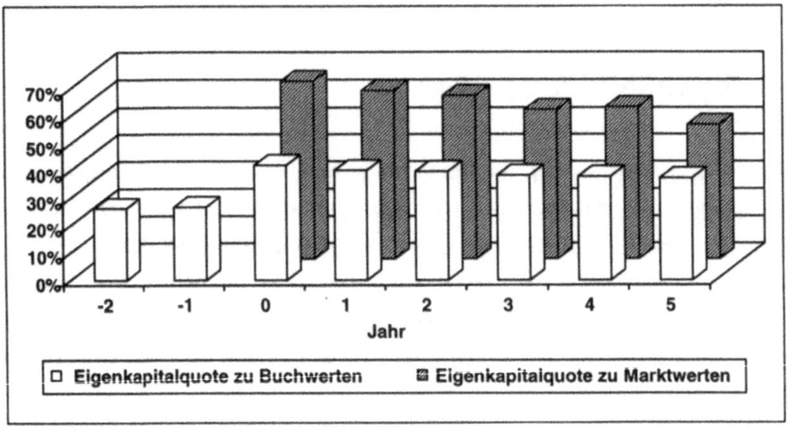

[340] Vgl. Barber/Lyon (1996), S. 392.

Wohlschieß (1996) ermittelt für einen Zeitraum von fünf Jahren für eine Stichprobe von ca. 390 börsennotierten Unternehmen, selektiert nach vergleichbaren Ausschlusskriterien, eine durchschnittliche Eigenkapitalquote zu Buchwerten im Median von 37,7 %.[341] Hinsichtlich der Eigenkapitalquote zu Buchwerten unterscheidet sich die Stichprobe von Börsenneueinführungen nach fünf Jahren bei einer Eigenkapitalquote zu Buchwerten im Median von 37,4 % kaum noch von den anderen börsennotierten Unternehmen.

Der Kapitalstruktureffekt lässt sich damit auch typisierend als Übergang vom nicht börsennotierten zum börsennotierten Unternehmen interpretieren.

Tabelle 3-8: Teststatistik Kapitalstruktur

Kennzahl		t= -2 zu t= -1 n=80	t= -1 zu t= 0 n=115	t= -1 zu t= +1 n=115	t= -1 zu t= +2 n=104	t= -1 zu t= +3 n=94	t= -1 zu t= +4 n=81	t= -1 zu t= +5 n=70
EKQ (BW)[a]	Δ Median (Z-Wert)	0,14* (-1,695)	+15,32*** (-8,919)	+13,34*** (-8,404)	+13,91*** (-7,465)	+11,88*** (-6,160)	+10,24 (-5,450)	+9,39*** (-5,914)

[a] Eigenkapitalquote zu Buchwerten

*** signifikant auf dem 1 %-Niveau

* signifikant auf dem 10 %-Niveau

3.5.3 Leverageeffekt

Der Leverageeffekt stellt einen Zusammenhang zwischen der Unternehmensrentabilität und der Kapitalstruktur her: Bei gegebener Gesamtkapitalrentabilität einer Unternehmung steigt die Rentabilität des Eigenkapitals durch eine Erhöhung des Fremdkapitalanteils an, wenn die Rentabilität des Gesamtkapitals höher ist als der Fremdkapitalzins. Ein systematischer Zusammenhang zwischen der Eigenkapitalquote und der Gesamtkapitalrentabilität besteht beim klassischen Leverageeffekt jedoch nicht.[342] Unter der Annahme asymmetrischer Informationsverteilungen kommt die Finanzierungstheorie aber auch zu gegenteiligen Aussagen. Myers/Majluf (1984) zeigen auf, dass Unternehmen interne Mittel einer Fremdfinanzierung vorziehen, d.h. je höher die Eigenkapitalrentabilität ist, desto geringer ist c.p. der Verschuldungsgrad.[343]

---

341 Vgl. Wohlschieß (1996), S. 201.

342 Vgl. Gerke/Bank (1998), S. 311-312 und Coenenberg (1994), S. 507-508.

343 Vgl. Abschnitt 2.2.1.1.

Jensen (1986) macht eine Aussage über den Zusammenhang zwischen der Eigenkapitalquote und der Eigenkapitalrendite von der Funktionsfähigkeit des Markts für Unternehmenskontrolle abhängig. Wenn eine effektive Kontrolle des Managements besteht, werden Unternehmen gezwungen, liquide Mittel auszuschütten und den Verschuldungsgrad zu erhöhen. Dies führt zu einem positiven Zusammenhang zwischen der Eigenkapitalrendite und dem Verschuldungsgrad. Ist der Markt für Unternehmenskontrolle ineffektiv, so wird das Management einen Free-cash-flow nicht im Sinne der Anteilseigner verwenden, was einen negativen Zusammenhang zwischen der Eigenkapitalquote und der Eigenkapitalrentabilität zur Folge hat.[344]

In der Tabelle 3-9 sind die Spearman-Rangkorrelationskoeffizienten der Querschnittsanalyse enthalten. Die Ergebnisse wurden auf Signifikanz gegen Null getestet.

Tabelle 3-9: Korrelation, gesamte Stichprobe

Kennzahl	t=-2 n=80	t=-1 n=115	t=0 n=115	t=1 n=115	t=2 n=104	t=3 n=94	t=4 n=81	t=5 n=70
EKR[a]								
Median (%)	15,76	22,63	12,23	11,78	10,10	7,20	7,14	8,23
Mean (%)	24,67	28,43	14,23	12,28	-5,22	-2,16	-4,63	4,78
Spearman	-0,005	0,029	-0,091	0,095	0,254***	0,353***	0,385***	0,273**
(p-Wert)	(0,962)	(0,762)	(0,332)	(0,310)	(0,009)	(0,000)	(0,000)	(0,022)
GKR[b]								
Median	11,12	14,02	12,61	10,17	9,04	7,58	6,13	5,79
Mean (%)	14,53	16,64	13,40	11,44	9,44	7,47	6,18	5,92
Spearman	0,407***	0,424***	0,353***	0,473***	0,473***	0,498***	0,430***	0,413***
(p-Wert)	(0,000)	(0,000)	(0,000)	(0,000)	(0,000)	(0,000)	(0,000)	(0,000)

[a] Eigenkapitalrendite
[b] Gesamtkapitalrendite

*** signifikant auf dem 1 %-Niveau
** signifikant auf dem 5 %-Niveau
* signifikant auf dem 10 %-Niveau

Vor der Börseneinführung lässt sich kein eindeutiger Zusammenhang zwischen der Eigenkapitalquote und der Eigenkapitalrendite feststellen. Ab t= +2 besteht durchgehend bis t= +5 eine positive Korrelation. Die Korrelationskoeffizienten sind signifikant von Null verschieden. Zudem besteht über den gesamten Betrachtungs-

344 Vgl. Abschnitt 2.2.2.2.

zeitraum ein positiver Zusammenhang zwischen der Eigenkapitalquote und der Gesamtkapitalrentabilität. Die Korrelationskoeffizienten sind durchgehend auf dem 1 %-Niveau von Null verschieden. Insgesamt widersprechen sämtliche Ergebnisse dem klassischen Leverageeffekt. Als alternative Erklärungsansätze könnten das Modell von Myers/Majluf (1984), wie auch die anderen Pecking Order Theorien den positiven Zusammenhang zwischen der Eigenkapital- bzw. Gesamtkapitalrentabilität und der Eigenkapitalquote begründen.[345] Ein ineffektiver Markt für Unternehmenskontrolle entsprechend den Überlegungen von Jensen (1986) kann ebenfalls zur Erklärung herangezogen werden.
Auch andere Studien können für börsennotierte deutsche Unternehmen keinen klassischen Leverageeffekt feststellen. Rajan/Zingales (1995) analysieren den Leverageeffekt in den G7-Ländern.[346] Mit Ausnahme von Deutschland weisen alle Länder einen negativen Zusammenhang zwischen der Eigenkapitalrendite und dem Verschuldungsgrad auf, der für die USA und Japan auf dem 1 %-Niveau signifikant ist.[347] Eine schlüssige Erklärung für den abweichenden Zusammenhang zwischen der Eigenkapitalquote und der Eigenkapitalrentabilität deutscher Unternehmen können die Autoren nicht ausmachen. Francfort/Rudolph (1992) sehen in institutionellen und historischen Faktoren Gründe für unterschiedliche Finanzierungs- und Renditemuster bei deutschen und US-amerikanischen Unternehmen.[348]

Sapusek (1998) findet einen positiven Zusammenhang zwischen der Eigenkapitalrendite und der Eigenkapitalquote vergleichbar der vorliegenden Studie.

Ein möglicher Erklärungsansatz für die schwierig interpretierbaren Ergebnisse könnte sein, dass bei einem Teil der Unternehmen die Fremdkapitalzinsen über der Gesamtkapitalrentabilität liegen. In diesem Fall ergibt sich aus dem klassischen Leverageeffekt ein positiver Zusammenhang zwischen dem Verschuldungsgrad und der Eigenkapitalrentabilität. Daher wird im folgenden in Abweichung zur üblichen Studienmethodik eine Aufspaltung der Stichprobe vorgenommen. Als Trenngröße wird dabei das Verhältnis von Gesamtkapitalrentabilität zu Eigenkapitalrentabilität herangezogen, da sich die Fremdkapitalzinsen auf Grundlage der verfügbaren Daten nicht direkt beobachten lassen. Es wird angenommen, dass die Eigenkapitalrentabilität dann niedriger ist als die Gesamtkapitalrentabilität, wenn der Zinssatz für Fremdkapital die Gesamtkapitalrentabilität übersteigt.

345 Vgl. Abschnitt 2.2.1.

346 G 7 Staaten sind USA, Japan, Deutschland, Frankreich, Italien, Großbritannien und Kanada.

347 Vgl. Rajan/Zingales (1995), S. 1453.

348 Vgl. Francfort/Rudolph (1992), S. 1072-1076.

Die Stichprobe wird aufgeteilt in:[349]
Teilstichprobe 1: Eigenkapitalrentabilität > Gesamtkapitalrentabilität und
Teilstichprobe 2: Eigenkapitalrentabilität < Gesamtkapitalrentabilität.

Die Ergebnisse der Rangkorrelationsanalyse sind in den Tabellen 3-10 und 3-11 dargestellt. Die Koeffizienten wurden auf Signifikanz gegen Null getestet.

In Teilstichprobe 1 (Eigenkapitalrentabilität > Gesamtkapitalrentabilität) lässt sich kein Zusammenhang zwischen der Eigenkapitalrentabilität und der Eigenkapitalquote mehr erkennen. Die Korrelationskoeffizienten sind in keinem Betrachtungszeitpunkt signifikant von Null verschieden. Die Existenz eines Leverageeffekts kann abgelehnt werden. Es besteht jedoch weiterhin ein positiver Zusammenhang zwischen der Gesamtkapitalrentabilität und der Eigenkapitalquote. Die Korrelationskoeffizienten sind allerdings nur in vier von acht Betrachtungszeitpunkten signifikant von Null verschieden.

Tabelle 3-10: Korrelation, Stichprobe EKR>GKR

Kennzahl	t=-2 n=60	t=-1 n=100	t=0 n=48	t=1 n=60	t=2 n=51	t=3 n=38	t=4 n=33	t=5 n=35
EKR[a]								
Median(%)	21,29	23,85	16,01	15,51	12,79	9,43	9,91	10,45
Mean (%)	32,7	30,66	18,95	15,38	13,48	12,02	11,78	13,43
Spearman	-0,094	0,044	0,020	0,024	-0,163	-0,143	-0,082	0,050
(p-Wert)	(0,476)	(0,667)	(0,895)	(0,854)	(0,253)	(0,393)	(0,651)	(0,776)
GKR[b]								
Median (%)	12,08	14,16	11,64	10,23	9,08	6,94	8,47	6,04
Mean (%)	16,93	16,15	11,97	10,36	9,47	7,75	8,91	6,98
Spearman	0,355***	0,416***	0,183	0,423***	0,225	0,148	0,184	0,360**
(p-Wert)	(0,005)	(0,000)	(0,213)	(0,001)	(0,071)	(0,374)	(0,305)	(0,034)

[a] Eigenkapitalrendite
[b] Gesamtkapitalrendite

*** signifikant auf dem 1 %-Niveau
** signifikant auf dem 5 %-Niveau
* signifikant auf dem 10 %-Niveau

349 Rein mit Eigenkapital finanzierte Unternehmen wurden aus der Stichprobe entfernt, da dies zur Messung rein steuerlicher Effekte führen würde. Dies betrifft je ein Unternehmen in t= -2, t= -1 und t= 0.

Ein anderes Bild ergibt sich für Teilstichprobe 2 (Eigenkapitalrentabilität < Gesamtkapitalrentabilität). Es besteht ein durchgehend positiver Zusammenhang zwischen der Eigenkapitalrentabilität und der Eigenkapitalquote. Die Korrelationskoeffizienten sind bis auf t= -1 stets auf dem 1 %-Niveau signifikant von Null verschieden.[350] Der Wirkungsmechanismus des klassischen Leverageeffekts hat Gültigkeit, wenn die Eigenkapitalrendite unterhalb der Gesamtkapitalrendite liegt. Nach der Börseneinführung ist zudem ein positiver Zusammenhang zwischen der Gesamtkapitalrendite und der Eigenkapitalquote feststellbar.

Die Stichprobengrößen, die sich durch die Aufspaltung ergeben, bestätigen die Ergebnisse von Abschnitt 3.5.1. Von t= -2 auf t= -1 findet eine deutliche Rentabilitätsverbesserung statt. Das Verhältnis der Unternehmen, deren Eigenkapitalrentabilität über der Gesamtkapitalrentabilität liegt, zu den Unternehmen, bei denen sie darunter liegt, steigt von 3,16 auf 7,14.

Tabelle 3-11: Rentabilitätsverhältnis[a]

t= -2	t= -1	t= 0	t= +1	t= +2	t= +3	t= +4	t= +5
3,16	7,14	0,73	1,09	0,96	1,04	0,68	1,00

[a]Verhältnis der Unternehmen mit EKR>GKR zu Unternehmen mit EKR<GKR

Tabelle 3-12: Korrelation, Stichprobe EKR<GKR

	t=-2 n=19	t=-1 n=14	t=0 n=66	t=1 n=55	t=2 n=53	t=3 n=56	t=4 n=48	t=5 n=35
EKR[a]								
Median (%)	2,85	6,54	11,56	8,06	8,27	5,18	1,12	3,26
Mean (%)	6,13	14,57	11,01	8,89	-23,2	-11,79	-8,88	-13,33
Spearman	0,717***	0,458*	0,314**	0,599***	0,733***	0,740***	0,730***	0,731***
(p-Wert)	(0,001)	(0,100)	(0,010)	(0,000)	(0,000)	(0,000)	(0,000)	(0,000)
GKR[b]								
Median (%)	7,00	13,34	13,70	10,17	8,76	7,08	3,94	5,69
Mean (%)	7,74	21,33	14,65	12,61	9,41	7,28	4,31	4,85
Spearman	0,398	0,270	0,328***	0,385***	0,666***	0,687***	0,622***	0,640***
(p-Wert)	(0,091)	(0,350)	(0,007)	(0,004)	(0,000)	(0,000)	(0,000)	(0,000)

[a] Eigenkapitalrendite
[b] Gesamtkapitalrendite

*** signifikant auf dem 1 %-Niveau
** signifikant auf dem 5 %-Niveau
* signifikant auf dem 10 %-Niveau

[350] Das niedrige Signifikanzniveau in t= -1 kann u.U. auf die niedrige Anzahl von Fällen zurückgeführt werden.

Im Jahr des Börsengangs erzielt die Mehrzahl der Unternehmen keine Eigenkapitalrendite über der Gesamtkapitalrendite. Gründe hierfür sind zum einen der Zufluss von Eigenkapital, das nicht sofort im Geschäftsprozess Erträge erwirtschaftet, zum anderen die Kosten des Börsengangs. Jedoch auch in den fünf folgenden Geschäftsjahren ist ca. die Hälfte der Unternehmen nicht in der Lage, eine Eigenkapitalrendite über der Gesamtkapitalrendite zu erwirtschaften.

Als Fazit lässt sich festhalten, dass der klassische Leverageeffekt bei einer Querschnittsanalyse nur Gültigkeit hat, wenn die Eigenkapitalrendite unterhalb der Gesamtkapitalrendite liegt. Im Zeitablauf weisen die Unternehmen nach der Börseneinführung relativ niedrigere Rentabilitätskennziffern bei deutlich erhöhten Eigenkapitalquoten auf.

3.5.4 Fremdkapitalfinanzierung

Die Schuldentilgungskraft der Unternehmen, gemessen mit der Kennzahl Entschuldungsgrad, steigt von t= -2 bis t= 0 auf dem 1 %-Niveau signifikant an (vgl. Tabellen 3-13, 3-14 und Abbildungen3-7, 3-8). Im Jahr der Börseneinführung reicht der Cash- flow aus, um ca. ein Drittel der Nettoverschuldung zu tilgen. Von t= +1 bis t= +4 ist der Entschuldungsgrad rückläufig mit einer leichten Stabilisierung in t= +5. Damit zeigt der Entschuldungsgrad einen fast identischen Verlauf zu den Rentabilitätskennziffern Eigenkapital-, Gesamtkapital- und Cash-flow-Rendite. Ein Unterschied besteht darin, dass der Entschuldungsgrad in t= 0 noch ansteigt, vergleichbar der Umsatzrentabilität, die anders als die zuerst genannten Rentabilitätskennziffern nicht direkt durch die Eigenkapitalaufnahme beeinflusst wird. Weiterhin liegt der Entschuldungsgrad in t= +1 noch über dem von t= -1. Der Rückgang ist erst ab t= +2 signifikant. Ein möglicher Grund ist, dass ein Teil des Emissionserlöses in t= 0 und t= +1 zum Abbau von Fremdkapital benutzt wird und der Rückgang der Cash-flow Rentabilität dadurch kompensiert wird.

Die zur Kontrolle der Ergebnisse berechnete Kennzahl Zinsdeckungskoeffizient zeigt ein identisches Verlaufsmuster, obwohl von den Bezugsgrößen Zinsaufwendungen und Jahresüberschuss eine höhere Variabilität zu erwarten ist (vgl. Abbildung 3-8).[351]

Tabelle 3-13: Deskriptive Statistik Fremdkapitalfinanzierung

Kenn-zahl		t=-2 N=80	t=-1 n=115	t=0 n=115	t=1 n=115	t=2 n=104	t=3 n=94	t=4 n=81	t=5 n=70
CF-NV[a] (%)	Median	22,86	26,11	33,56	29,66	23,85	19,44	17,91	18,62
	Mean	29,34	34,83	38,23	37,01	34,69	28,99	26,79	25,59
	(Std.)	(27,32)	(27,60)	(27,15)	(32,64)	(46,68)	(34,46)	(29,00)	(30,52)
ZID-KO[b]	Median	4,35	5,66	6,44	5,89	4,85	3,47	3,06	3,58
	Mean	144,88	66,45	25,49	43,85	15,51	10,67	8,00	11,92
	(Std.)	(1005)	(458,9)	(148,3)	(279,9)	(46,71)	(31,32)	(19,76	(30,42)
KRZ-FK[c] (%)	Median	67,42	70,37	71,09	71,00	72,01	76,30	79,06	77,54
	Mean	55,46	66,03	66,99	71,06	70,45	73,21	75,44	76,10
	(Std.)	(46,34)	(29,21)	(25,00)	(21,97)	(20,68)	(19,01)	(17,99)	(19,45)
ZI-KO[d] (%)	Median	10,27	9,67	10,55	9,64	8,89	8,44	8,71	8,88
	Mean	12,75	18,18	19,06	16,69	14,14	10,50	11,58	16,31
	(Std.)	(9,57)	(43,99)	(24,69)	(29,66)	(18,57)	(8,21)	(10,95)	(49,03)

[a]Entschuldungsgrad
[b]Zinsdeckung
[c]Anteil des kurzfristigen Fremdkapitals
[d]Zinskosten

Abbildung 3-7: Fremdkapitalfinanzierung

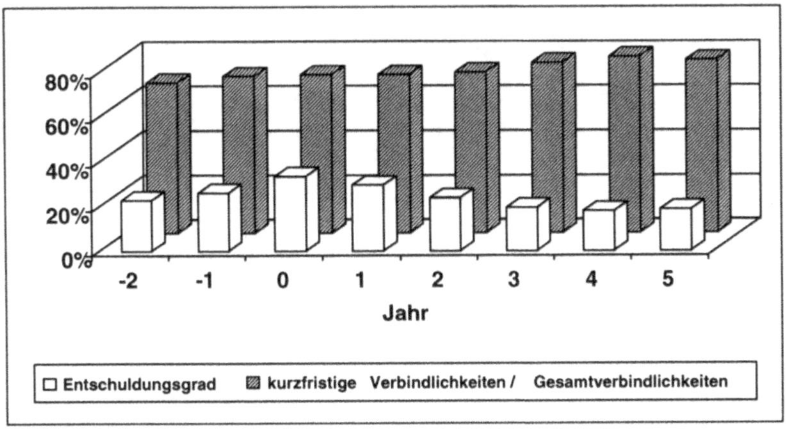

351 Vgl. die hohen Werte für die Standardabweichung und den Mittelwert, die auf Ausreißer zurückzuführen sind. Vgl. Abschnitt 3.4.1.

Die Kennzahlen Entschuldungsgrad und Zinsdeckungskoeffizient spielen in der Kreditwürdigkeitsprüfung und der Insolvenzprognose eine wichtige Rolle. Hierzu wurden in der Wissenschaft eine Reihe von Studien durchgeführt, deren sehr gute Testergebnisse darauf beruhen, dass in Krisenzeiten die Ertragskraft zurückgeht und die Verschuldung ansteigt.[352] Aus Sicht der Fremdkapitalgeber ergeben sich damit für Börsenneueinführungen zwei gegenläufige Effekte. Einerseits steigt mit dem IPO die Eigenkapitalquote nachhaltig an, in den Folgejahren nimmt andererseits die Fähigkeit zur Zinszahlung und Schuldentilgung gemessen am Entschuldungsgrad signifikant ab. Eine klare Aussage über die Veränderung des Risikoprofils von Börsenneueinführungen ist aus der Sicht von Fremdkapitalgebern damit nicht möglich.[353]

Der Anteil des kurzfristigen Fremdkapitals am gesamten Fremdkapital steigt während des gesamten Betrachtungszeitraums an. Dies lässt sich u.U. mit einer zunehmend kurzfristig orientierten Finanzierungspraxis deutscher Unternehmen und Kreditinstitute erklären. Signifikant ist der Anstieg jedoch nur von t= -2 auf t= -1 und ab t= +3.

Abbildung 3-8: Zinsdeckungskoeffizient

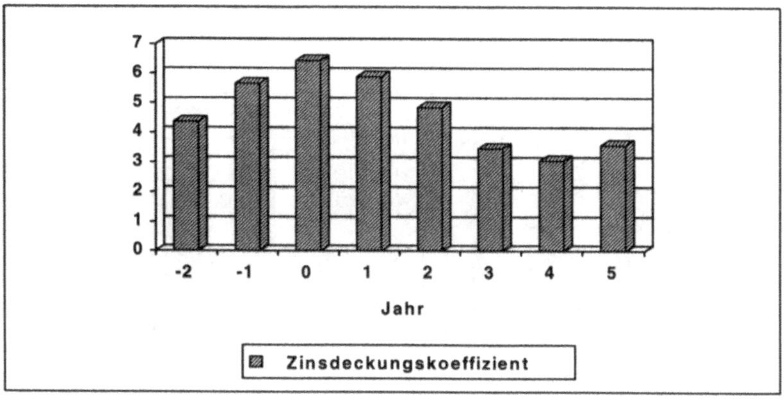

Unternehmen wählen u.U. in Hinblick auf die geplante Börseneinführung und einen damit verbundenen Zufluss von Kapital tendenziell kurzfristige Finanzierungen, die sich rasch wieder zurückführen lassen. Nach dem Börsengang verfügen sie über

352 Vgl. z.B. Feidicker (1992) und Hüls (1995).

353 Eine signifikante Veränderung der Fremdkapitalzinsen nach dem Börsengang, die sich auch mit einer Veränderung des Kreditrisikos erklären ließe, ist nicht feststellbar. Vgl. Abschnitt 3.5.4.

verhältnismäßig hohe liquide Mittel, so dass sich erst ab t= +3 wieder ein signifikanter Anstieg des Anteils an kurzfristigem Fremdkapital beobachten lässt.

Für eine stärker kurzfristig orientierte Fremdfinanzierungspolitik nach einem IPO lassen sich eine Reihe ökonomischer Gründe anführen. So erhöht sich mit der Eigenkapitalquote die Duration der gesamten Kapitalstruktur. Sofern Unternehmen eine aktive Durationspolitik z.B. im Sinne eines Durationsmatching zwischen Investition und Finanzierung betreiben, kann die durch die Börseneinführung gestiegene Duration der Passivseite durch eine verstärkte Nutzung von kurzfristigem Fremdkapital wieder reduziert werden.[354] Weiterhin war die Zinsstrukturkurve während des Betrachtungszeitraums, abgesehen von einer kurzen Phase im Zusammenhang mit der deutsch-deutschen Wiedervereinigung 1990, normal.[355] Das bedeutet, dass die Zinskosten durch eine verstärkte Nutzung von kurzfristigem Fremdkapital gesenkt werden konnten.

Tabelle 3-14: Teststatistik Fremdkapitalfinanzierung

Kennzahl		t= -2 zu t= -1 n=80	t= -1 zu t= 0 n=115	t= -1 zu t= +1 n=115	t= -1 zu t= +2 n=104	t= -1 zu t= +3 n=94	t= -1 zu t= +4 n=81	t= -1 zu t= +5 n=70
CFNV[a]	Δ Median	+2,64***	+7,45***	+3,55	-2,20	-7,27***	-8,20***	-7,76***
(%)	(Z-Wert)	(-4,037)	(-3,301)	(-1,161)	(-0,865)	(-2,800)	(-3,100)	(-3,333)
ZID-	Δ Median	+1,19***	+0,72	+0,23	-1,38**	-2,53***	-2,66***	-2,36***
KO[b]	(Z-Wert)	(-2,766)	(-0,823)	(-0,185)	(-2,058)	(-4,506)	(-4,348)	(-3,839)
KRZ-	Δ Median	+4,69***	+0,72	+0,63	+3,02	+7,25**	+6,70***	+5,94**
FK[c] (%)	(Z-Wert)	(-3,860)	(-0,676)	(-1,089)	(-1,193)	(-2,355)	(-2,766)	(-2,269)
ZIKO[d]	Δ Median	-0,85	+0,88**	-0,03	-0,58	-0,57	-0,78	-0,21
(%)	(Z-Wert)	(-0,063)	(-2,369)	(-0,538)	(-0,206)	(-1,421)	(-0,772)	(-0,886)

[a]Entschuldungsgrad
[b]Zinsdeckungskoeffizient
[c]Anteil des kurzfristigen Fremdkapitals
[d]Zinskosten

*** signifikant auf dem 1 %-Niveau
** signifikant auf dem 5 %-Niveau
* signifikant auf dem 10 %-Niveau

In der Kapitalstrukturtheorie wird das Verhältnis von kurzfristigem zu langfristigem Fremdkapital auch unter der Berücksichtigung asymmetrische verteilter Informationen über den Wert des Unternehmens diskutiert.

354 Vgl. Brealy/Myers (1996), S. 724-725 und Baetge (1998), S. 238-247.

355 Vgl. Deutsche Bundesbank (1999), S. 39.

Grundlage der Argumentation ist, dass kurzfristiges Fremdkapital ein höheres Prolongationsrisiko als langfristiges Fremdkapital aufweist. Da nur Unternehmen mit guten Zukunftsaussichten ein erhöhtes Prolongationsrisiko in Kauf nehmen können, lässt sich der Anteil des kurzfristigen Fremdkapitals als Signal für den Unternehmenswert nutzten.[356] Diese Argumentation kann jedoch bei vorliegender Stichprobe abgelehnt werden, da der steigende Anteil kurzfristigen Fremdkapitals einhergeht mit einer signifikanten Rentabilitätsverschlechterung.

Eine Berechnung und Interpretation der Veränderung der Fremdkapitalzinsen auf Grundlage der verfügbaren Daten ist nur mit großen Einschränkungen möglich.[357] Daher ist es erstaunlich, dass die absoluten Werte plausibel erscheinen.[358] Der Median der errechneten Fremdkapitalzinsen liegt über den gesamten Betrachtungszeitraum in einer Bandbreite von 8,4 % bis 10,3 %.[359] Lediglich im Jahr der Börseneinführung kommt es zu einem signifikanten, kurzfristigen Anstieg. Dieser kann mit einer Aufnahme kurzfristigen Fremdkapitals zur Finanzierung von Ausgaben, die mit der Börseneinführung im Zusammenhang stehen, z.B. Werbeaufwendungen, erklärt werden. Zum Bilanzierungsstichtag (t= 0) ist das Fremdkapital mit Kapital aus der Emission bereits getilgt, lediglich die Zinsen erscheinen noch in der Gewinn- und Verlustrechnung.

3.5.5 Investitionseffekt

Im Jahr des Börsengangs steigen Investitionsquote und Investitionsintensität signifikant an. Im ersten Geschäftsjahr nach dem IPO bleiben sie auf diesem Niveau. Ab t= +2 sinkt die Investitionsquote bis auf einen Wert in t= +5, der in etwa nur noch halb so hoch ist wie im Jahr der Börseneinführung. Der Rückgang ist in t= +4 und t= +5 signifikant auf dem 1 %-Niveau (vgl. Tabellen 3-15, 3-16 und Abbildungen 3-9, 3-10).[360]

---

[356] Vgl. Wu (1993) nutzt den Anteil kurzfristigen Fremdkapitals als Separationsgleichgewicht für unterschiedliche Unternehmensqualitäten.

[357] Vgl. Abschnitt 3.3.3.

[358] Vgl. Tabelle 3-13.

[359] Vgl. Deutsche Bundesbank (1999), S. 39.

[360] Eine Berechnung der Kennzahlen für t= -2 scheitert daran, dass der Anfangsbestand des Sachanlagevermögens, der dem Schlußbestand aus t= -3 entspricht, nicht verfügbar ist.

Die Kennzahl Investitionsintensität zeigt ebenfalls einen signifikanten Anstieg im Jahr des Börsengangs. Das erhöhte Niveau wird auch in t= +1 aufrechterhalten, der anschließende Rückgang der Investitionen im Verhältnis zu den Umsatzerlösen ist jedoch erheblich geringer als bei der Investitionsintensität und nicht signifikant.

Die Abschreibungsfinanzierung zeigt einen zur Investitionsquote inversen Verlauf. Nach einem Rückgang von t= -2 bis t= 0 steigt sie bis auf ca. 95 % in t= +5 an. Die Steigerung ist ab t= +3 signifikant auf dem 5 % bzw. 1 %-Niveau.

Tabelle 3-15: Deskriptive Statistik Investition

Kennzahl		t=-1 n=80	t=0 n=115	t=1 n=115	t=2 n=104	t=3 n=94	t=4 n=81	t=5 n=70
INVQ (%)[a]	Median	15,56	18,11	18,75	15,71	14,34	10,62	9,77
	Mean	24,48	31,54	24,64	22,82	48,40	15,60	15,27
	(Std.)	(31,66)	(36,17)	(24,90)	(25,69)	(273,3)	(15,96)	(17,66)
AFIN (%)[b]	Median	72,21	64,84	72,84	77,10	80,32	91,85	94,70
	Mean	81,32	71,25	76,53	91,84	103,2	125,2	124,1
	(Std.)	(48,35)	(44,33)	(43,01)	(63,13)	(84,69)	(139,8)	(108,8)
INV-INT (%)[c]	Median	4,37	5,72	5,86	5,07	4,83	4,35	3,98
	Mean	6,88	8,59	7,99	8,43	7,84	6,98	6,65
	(Std.)	(11,66)	(10,05)	(8,83)	(12,07)	(8,32)	(10,37)	(9,25)

[b]Investitionsintensität [c]Abschreibungsfinanzierung

Abbildung 3-9: Investitionen

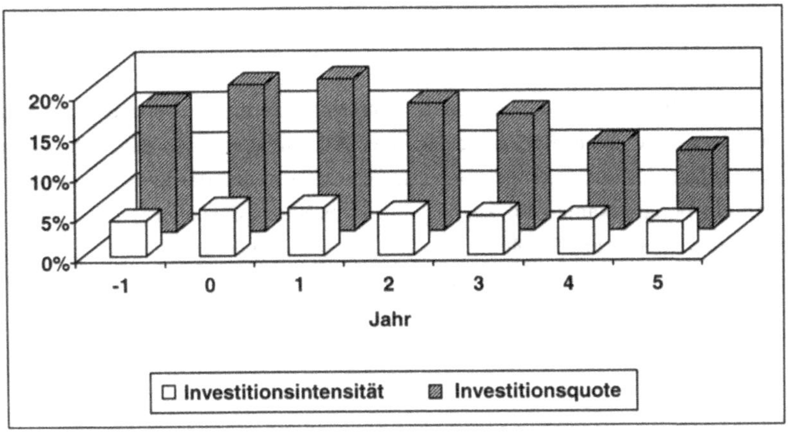

Die Börseneinführung löst über zwei Beobachtungsabschnitte einen Investitionsschub aus. Investitionsquote und Investitionsintensität steigen signifikant, gleichzeitig geht der Anteil der Investitionen, der aus Abschreibungen erfolgt, zurück. In den Folgeperioden ist zwar die Investitionsquote rückläufig, dies könnte jedoch auch mit verstärkten Abschreibungen erklärt werden, da die Bezugsbasis jeweils der Anfangsbestand an Sachanlagen zu Beginn des Jahres ist. Allerdings geht auch die Kennzahl Investitionsintensität, die nicht durch Abschreibungen beeinflusst wird zurück, wenngleich nicht im gleichen Ausmaß.

Interpretiert man den nach der Börseneinführung in jeder Periode steigenden Anteil der Abschreibungsfinanzierung als Schätzgröße für Ersatzinvestitionen, finden nach fünf Jahren kaum noch Neuinvestitionen statt.

Abbildung 3-10: Abschreibungsfinanzierung

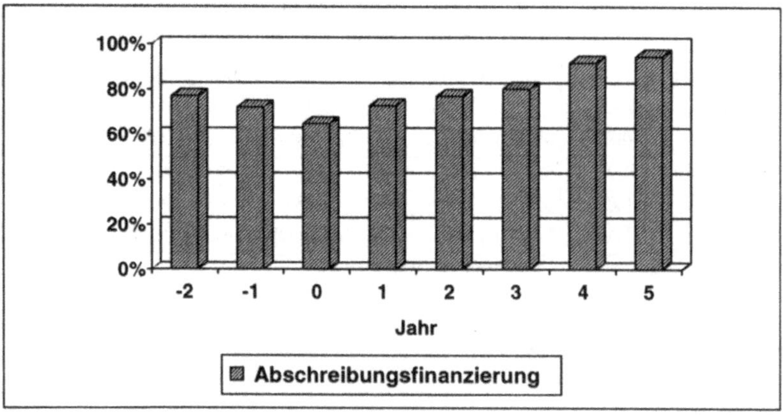

Insgesamt gesehen kommt es nach einem Investitionsschub im Zusammenhang mit dem Börsengang zu einem Rückgang der Investitionstätigkeit. Sapusek (1998) kann lediglich im Jahr des Börsengangs einen signifikanten Anstieg der Investitionsintensität und einen signifikanten Rückgang der Abschreibungsfinanzierung feststellen. Insgesamt kommt sie zum Ergebnis, dass das Investitionsverhalten nur geringfügig durch die Börseneinführung beeinflusst wird.[361]

[361] Vgl. Sapusek (1998), S. 20-23.

Die Ergebnisse der vorliegenden Untersuchung sind hingegen konsistent mit der Studie von Pagano/ Panetta/Zingales (1998), die einen Rückgang der Investitionstätigkeit bei italienischen Unternehmen nach der Börseneinführung beobachten.[362]

Tabelle 3-16: Teststatistik Investitionen

Kennzahl		t= -1 zu t= 0 n= 80	t= -1 zu t= +1 n=115	t= -1 zu t= +2 n=104	t= -1 zu t= +3 n=94	t= -1 zu t= +4 n=81	t= -1 zu t= +5 n=70
INVQ (%)[a]	Δ Median (Z-Wert)	+2,55** (2,517)	+3,19 (-0,997)	-0,22 (-0,589)	+0,39 (-1,620)	-6,47*** (-2,714)	-7,53*** (-3,503)
AFIN (%)[b]	Δ Median (Z-Wert)	-7,37 (-1,635)	-0,63 (-0,507)	+16,94 (-1,884)	+22,35** (-2,551)	42,28*** (-4,332)	35,10*** (-3,829)
INV-INT (%)[c]	Δ Median (Z-Wert)	+1,35*** (3,393)	+1,49*** (-2,604)	-0,47 (-1,566)	-0,14 (-1,003)	-0,05 (-0,252)	-0,05 (-0,992)

*** signifikant auf dem 1 %-Niveau
** signifikant auf dem 5 %-Niveau
* signifikant auf dem 10 %-Niveau

3.5.6 Effizienz

Der Vermögensumschlag, der angibt, wie oft aus dem Gesamtvermögen „Umsatz geworden" ist, steigt von t= -2 auf t= -1 signifikant an. Nach dem Börsengang fällt der Vermögensumschlag signifikant ab. Dies kann durch das neu aufgenommene Kapital erklärt werden, das nicht sofort zur Erzielung von Umsätzen verwendet werden kann. Der Vermögensumschlag bleibt jedoch auch in allen Folgeperioden der Untersuchung unter den Werten von t= -1 und t= -2.

Der Umsatz pro Mitarbeiter steigt im Jahr der Börseneinführung und im Jahr davor signifikant an. Nach dem Börsengang bleibt die Kennzahl ohne große Veränderungen auf diesem Niveau. Erklärungen für die Steigerung von t= -2 bis t= -1 könnten sein, dass durch Investitionen die Produktivität pro Arbeitsplatz erhöht werden konnte oder der Börsengang nach einem konjunkturellen Aufschwung mit steigender Kapazitätsauslastung in der jeweiligen Branche erfolgte (vgl. Tabellen 3-17, 3-18 und Abbildungen 3-12, 3-13).

362 Vgl. Pagano/Panetta/Zingales (1998), S. 51-52.

Die Liquidität steigt mit dem Zufluss der Emissionserlöse sprunghaft an. In den Folgeperioden wird sie zwar wieder reduziert, liegt jedoch auch in t= +5 noch auf dem 1 %-Niveau signifikant über den vor dem IPO.

Tabelle 3-17: Deskriptive Statistik Effizienz

Kenn-zahl		t=-2 n=80	t=-1 n=115	t=0 n=115	t=1 n=115	t=2 n=104	t=3 n=94	t=4 n=81	t=5 n=70
VUS (%)[a]	Median	169,7	171,1	143,5	147,0	153,4	141,2	142,8	144,9
	Mean	176,1	192,1	164,8	163,6	164,3	157,2	162,7	162,1
	(Std.)	(91,5)	(91,1)	(85,5)	(82,4)	(82,9)	(74,7)	(78,4)	(78,9)
UM-MA (Tsd. DM)[b]	Median	229,0	243,8	272,3	270,4	261,1	265,2	271,1	260,0
	Mean	345,1	369,6	391,3	403,3	370,4	337,5	354,2	367,6
	(Std.)	(488,2)	(497,4)	(588,1)	(579,7)	(470,6)	(334,0)	(336,9)	(330,7)
LIQUI (%)[c]	Median	126,2	118,1	157,2	151,4	139,6	133,1	134,5	141,2
	Mean	128,7	124,5	182,2	162,9	160,0	151,9	152,2	157,3
	(Std.)	(48,1)	(46,4)	(106,6)	(67,6)	(68,1)	(69,1)	(64,3)	(72,7)

[a] Vermögensumschlag [b] Umsatz pro Mitarbeiter [c] Liquidität

Abbildung 3-11: Effizienz

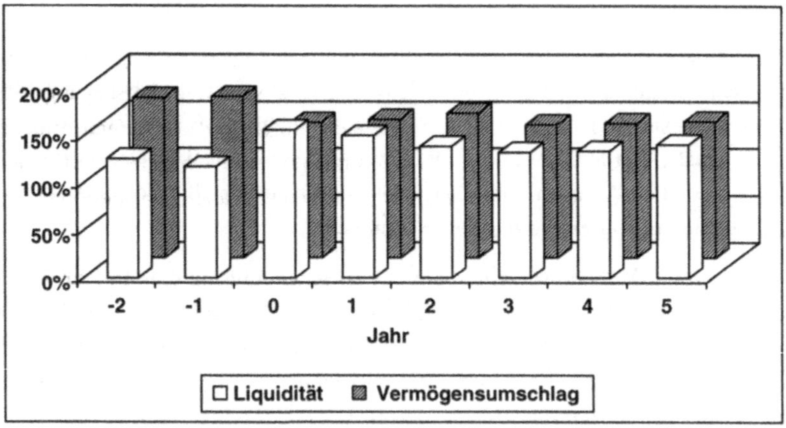

Der Rückgang des Vermögensumschlages und der Anstieg der Liquidität lassen darauf schließen, dass nach dem Börsengang betriebliche Ressourcen relativ weniger intensiv genutzt werden. Der signifikante Anstieg des Umsatzes pro Mitarbeiter und des Vermögensumschlags vor dem Börsengang können als Ausdruck eines betriebsspezifischen, brachenweiten oder konjunkturellen Aufschwungs gewertet werden.

Abbildung 3-12: Umsatz pro Mitarbeiter

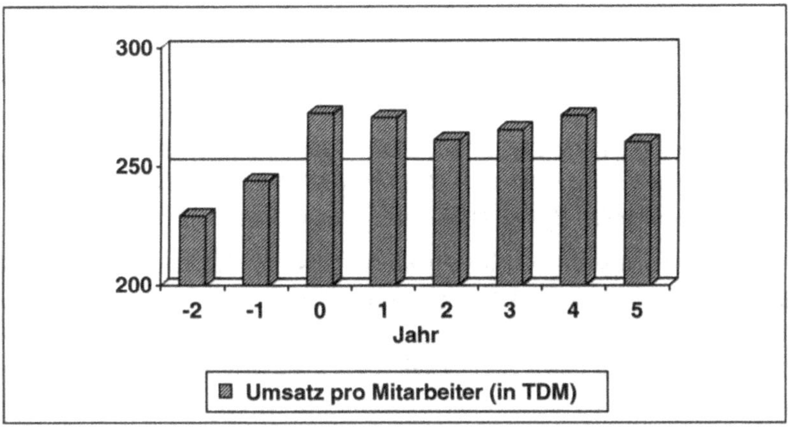

Tabelle 3-18: Teststatistik Effizienz

Kenn-zahl		t= -2 zu t= -1 n=80	t= -1 zu t= 0 n=115	t= -1 zu t= +1 n=115	t= -1 zu t= +2 n=104	t= -1 zu t= +3 n=94	t= -1 zu t= +4 n=81	t= -1 zu t= +5 n=70
VUS (%)[a]	Δ Median (Z-Wert)	-11,45*** (-6,642)	-27,62*** (-7,310)	-24,11*** (-7,076)	-15,20*** (-5,728)	-28,01*** (-6,756)	-29,10*** (-5,586)	-24,62*** (-4,731)
UM-MA[b]	Δ Median (Z-Wert)	+29,9*** (-5,195)	+28,5* (-1,706)	+26,5*** (-8,846)	+26,6*** -3,264)	+29,5*** (-2,781)	+40,7*** (-3,736)	+34,2*** (-2,882)
LIQUI (%)[c]	Δ Median (Z-Wert)	-4,35 (-1,237)	+39,12*** (-7,319)	+33,30*** (-6,372)	+20,63*** (-5,603)	+15,53*** (-4,216)	+16,31*** (-3,873)	+20,68*** (-3,830)

[a] Vermögensumschlag
[b] Umsatz pro Mitarbeiter
[c] Liquidität

*** signifikant auf dem 1 %-Niveau
** signifikant auf dem 5 %-Niveau
* signifikant auf dem 10 %-Niveau

Die Ergebnisse zum Umsatz pro Mitarbeiter und zur Liquiditätsentwicklung erweitern die Studie von Sapusek (1998), die auf einem Betrachtungszeitraum von t= -1 bis t= +2 basiert. Die Autorin berichtet ebenfalls einen signifikanten Anstieg der Umsätze pro Mitarbeiter von t= -1 auf t= +1 bei nur geringfügig abweichenden absoluten Werten. Die Liquidität ist auch in t= +1 und t= +2 noch höher als vor der Börseneinführung.[363]

3.5.7 Dividendenpolitik

Die Unternehmen der Stichprobe zeichnen sich durch eine stabile Dividendenpolitik aus. Die Dividende pro Aktie bewegt sich von t= 0 bis t= +5 im Median in einer Bandbreite von 0,99 DM bis 1,10 DM pro Aktie. Auch die Mittelwerte liegen in einer engen Bandbreite von 1,12 DM bis 1,50 DM. Signifikante Veränderungen können nicht festgestellt werden. (Vgl. Tabellen 3-19, 3-20 und Abbildungen 3-13, 1-14)

Der Anteil der Unternehmen die im Jahr der Börseneinführung eine Dividende zahlen, liegt bei ca. 94 %. Erst ab dem dritten Jahr nach dem Börsengang lässt sich ein deutlicher Rückgang auf ca. 68 % bzw 76 % beobachten. Die hohen Mittelwerte in t= -2 und t= -1 werden durch zwei Unternehmen verursacht, die im Rahmen eines Schütt-Aus-Hol-Zurückverfahrens ihr gezeichnetes Kapital erhöht haben. Die Dividendenrendite vor der Börseneinführung bezieht sich auf das gezeichnete Kapital.

Tabelle 3-19: Deskriptive Statistik Dividendenpolitik

Kennzahl		t=-2 n=34	t=-1 n=69	t=0 n=108	t=1 n=109	t=2 n=91	t=3 n=75	t=4 n=55	t=5 n=53
ANTDIV (%)[a]		42,5 %	60 %	93,9 %	94,8 %	96,8 %	92,6 %	67,9 %	75,7%
DIVA	Median	0,78	1,10	0,99	1,10	1,10	1,10	1,15	1,00
(DM)[b]	Mean	8,11	8,61	1,50	1,12	1,13	1,15	1,25	1,13
	(Std.)	(40,98)	(42,56)	(5,33)	(0,55)	(0,53)	(0,61)	(0,70)	(0,80)
DIVR	Median	5,66	10,11	2,52	2,64	2,75	3,08	3,16	2,77
(%)[c]	Mean	10,44	16,50	4,12	2,76	2,79	3,07	3,11	3,61
	(Std.)	(11,54)	(16,42)	(9,84)	(1,25)	(1,30)	(1,43)	(1,70)	(4,46)

[a]Anteil der Dividenden zahlenden Unternehmen [c]Dividende pro Aktie
[b]Dividendenrendite

[363] Vgl. Sapusek (1998), S. 15 und S. 24.

Die Ergebnisse können als Ausdruck eines Dividenden-Signallings interpretiert werden: Die Unternehmen demonstrieren durch die Beibehaltung der Dividenden, dass sie trotz der Verschlechterung der fundamentalen Performance von der nachhaltigen Ertragskraft ihrer Unternehmen überzeugt sind und die Aktien ein attraktives Investment darstellen.[364] Erst wenn es nicht mehr möglich ist, die Dividendenhöhe aufrechtzuerhalten, wird ganz auf eine Dividendenzahlung verzichtet. Dem könnte die Überlegung des Managements zugrunde liegen, dass der Kapitalmarkt eine Dividendenkürzung genauso negativ interpretiert wie einen Wegfall der Dividende.

Abbildung 3-13: Dividende pro Aktie

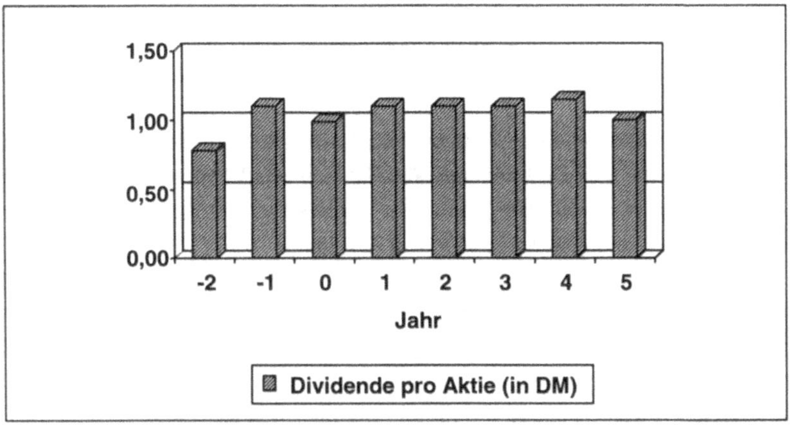

Die Dividendenrendite, die auch Marktpreisveränderungen der Aktien berücksichtigt, bewegt sich ebenfalls über den gesamten Betrachtungszeitraum in einer engen Bandbreite von 2,52 % bis 3,16 % im Median und 2,76 % bis 4,12 % im Mittelwert. Deskriptiv kommt es zu einem Anstieg der Dividendenrendite von t= 0 bis t= +4. Dies lässt sich bei stabiler Dividendenpolitik durch sinkende Aktienkurse erklären. Die Veränderungen sind jedoch nicht signifikant.

364 Für eine Zusammenfassung der wichtigsten Modellkonzeptionen vgl. Copeland/Weston (1992), S. 544-613. Ein verhaltensorientierter Ansatz stammt von Lintner (1956). Für Signalling-Modelle vgl. Ross (1977) und Miller/Rock (1986).

Abbildung 3-14: Dividendenrendite

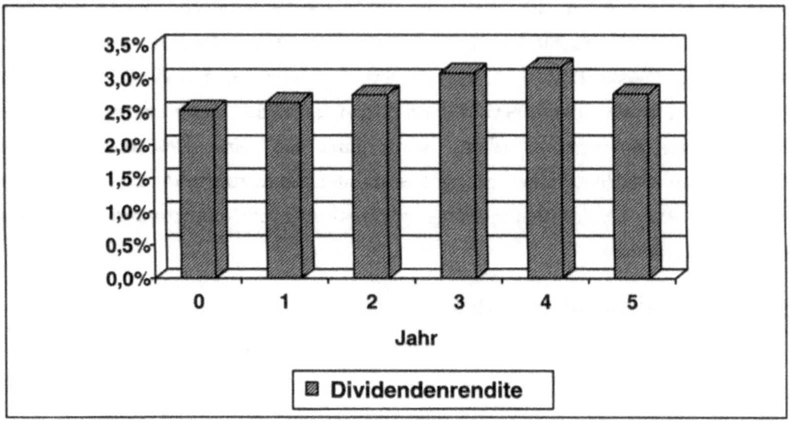

Im Gegensatz zu allen anderen Kennzahlen musste die Normalverteilung für die Dividende pro Aktie und die Dividendenrendite nicht abgelehnt werden. Da zudem t= -1 als Bezugsbasis ausscheidet, wurde der parametrische t-Test angewendet, um die Veränderungen im Zeitablauf gegen Null zu testen.

Tabelle 3-20: Teststatistik Dividendenpolitik

Kenn-zahl		t= 0 zu t= +1	t= +1 zu t= +2	t= +2 zu t= +3	t= +3 zu t= +4	t= +4 zu t= +5
DIVA (DM)[b]	Δ Mean	-1,36	+0,03	+0,28	+0,04	+0,50
	(t-Wert)	-1,416	-0,170	1,318	-0,124	0,768
DIVR (%)[a]	Δ Mean	0,38	0,01	0,02	0,10	0,12
	(t-Wert)	-0,715	-0,127	0,230	-0,800	0,143

[a]Dividendenrendite
[b]Dividende pro Aktie

*** signifikant auf dem 1 %-Niveau
** signifikant auf dem 5 %-Niveau
* signifikant auf dem 10 %-Niveau

3.5.8 Wachstum

Im Markt-/Buchwertverhältnis spiegelt sich die Erwartung des Kapitalmarktes hinsichtlich der zukünftigen Ertragsaussichten wider. Im Jahr der Börseneinführung weisen die Unternehmen der Stichprobe mit einem Wert im Median von 2,54 das höchste Markt-/Buchwertverhältnis des gesamten Betrachtungszeitraums auf (vgl. Tabelle 3-21).

Tabelle 3-21: Deskriptive Statistik Markt-/Buchwertverhältnis

Kenn-zahl		t=0 n=115	t=1 n=115	t=2 n=104	t=3 n=94	t=4 n=81	t=5 n=70
MBR[a]	Median	2,54	2,43	2,33	2,08	1,93	1,65
	Mean	3,52	3,18	2,94	2,58	2,74	2,58
	(Std.)	(5,19)	(3,83)	(3,13)	(2,81)	(3,38)	(4,85)

[a]Markt-/Buchwertverhältnis

Das Markt-/Buchwertverhältnis ist im Median von Periode zu Periode rückläufig. Der Mittelwert fällt ebenfalls bis t= +3. Die Veränderungen sind jedoch nicht signifikant (vgl. Abbildung 3-15).

Abbildung 3-15: Markt-/Buchwertverhältnis

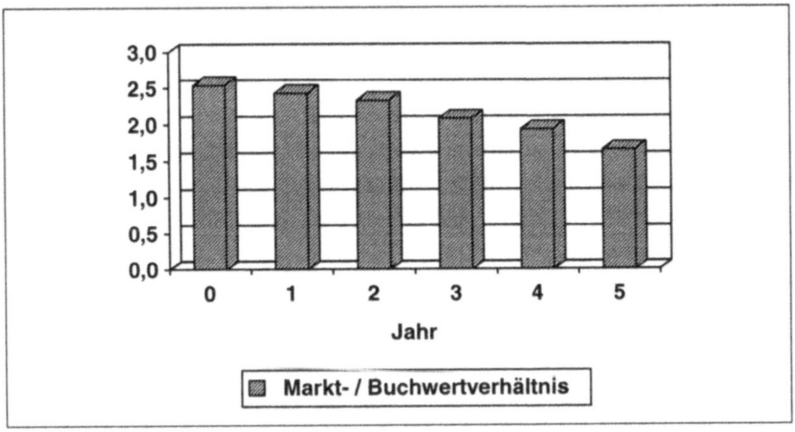

Da die Teststatistik keine Signifikanz anzeigt ist eine Interpretation problematisch.[365] Der Kapitalmarkt reduziert, deskriptiv betrachtet, seine Ertragserwartungen in den Jahren nach dem Börsengang.

Tabelle 3-22: Teststatistik Markt-/Buchwertverhältnis

Kennzahl		t= 0 zu t= +1 n=115	T= +1 zu T= +2 N=104	t= +2 zu t= +3 n=94	t= +3 zu t= +4 n=94	t= +4 zu t= +5 n=70
MBR[b]	Δ Mean	-0,34	-0,24	-0,36	+0,16	-0,16
	(t-Wert)	0,544	0,546	0,808	-0,333	0,370

[a]Markt-/Buchwertverhältnis

Das fundamentale Wachstum wird anhand der Veränderungen des Umsatzes, des Cash-flows, der Bilanzsumme, des Jahresüberschusses und des Anteils des Auslands-Umsatzes untersucht.

Tabelle 3-23: Statistik Wachstum

Kennzahl		t= -2 zu t= -1 n=80	t= -1 zu t= 0 n=115	t= -1 zu t= +1 n=115	t= -1 zu t= +2 n=104	t= -1 zu t= +3 n=94	t= -1 zu t= +4 n=81	t= -1 zu t= +5 n=70
Umsatz	Δ Median	+17,26***	+10,04***	+30,7***	+50,88***	+50,01***	+56,64***	+96,27***
	(Z-Wert)	(-7,305)	(-7,469)	(-8,846)	(-8,337)	(-7,928)	(-7,441)	(-6,944)
	Δ Mean	+9,04	+5,91	+18,85	+29,15	+74,19	+92,98	+106,6
Cash-flow	Δ Median	+28,03***	+30,20***	+36,46***	+41,35***	+14,97***	+19,32*	+18,87***
	(Z-Wert)	(-7,179)	(-5,291)	(-5,385)	(-3,954)	(-2,604)	(-1,872)	(-6,534)
	Δ Mean	+21,69	+10,99	+21,65	+27,05	+31,07	+33,12	+49,36
Bilanzsumme	Δ Median	+9,83***	+66,20***	+85,13***	+74,63***	+104,5***	+109,1***	+163,6**
	(Z-Wert)	(-6,317)	(-8,978)	(-9,021)	(-8,261)	(-8,211)	(-7,366)	(-2,519)
	Δ Mean	-1,36	+13,40	+11,80	+9,28	+99,33	+112,2	+130,3
Gewinn nach Steuern	Δ Median	+58,79***	+9,29**	+24,12***	-14,24	-9,03	-38,23	-8,47
	(Z-Wert)	(-6,029)	(-2,228)	(-2,803)	(-1,412)	(-0,515)	(-0,511	(-0,371)
	Δ Mean	+34,27	-29,18	-9,66	+3,59	-47,36	-76,40	+4,91

*** signifikant auf dem 1 %-Niveau ** signifikant auf dem 5 %-Niveau

[365] Da t= -1 als Bezugsbasis ausscheidet und eine Normalverteilung nicht abgelehnt werden kann, wurden die Veränderungen von Periode zu Periode mit einem t-Test überprüft. Vgl. Abschnitt 3.5.8.

Über alle Betrachtungsabschnitte können die Unternehmen ein auf dem 1 %-Niveau signifikantes Wachstum verzeichnen. So beträgt das Wachstum von t= -1 bis t= +1 ca. 31 %. Bis zum fünften Geschäftsjahr nach dem IPO kommt es zu einer Umsatzverdoppelung.

Abbildung 3-16: Umsatz- und Bilanzsummenwachstum

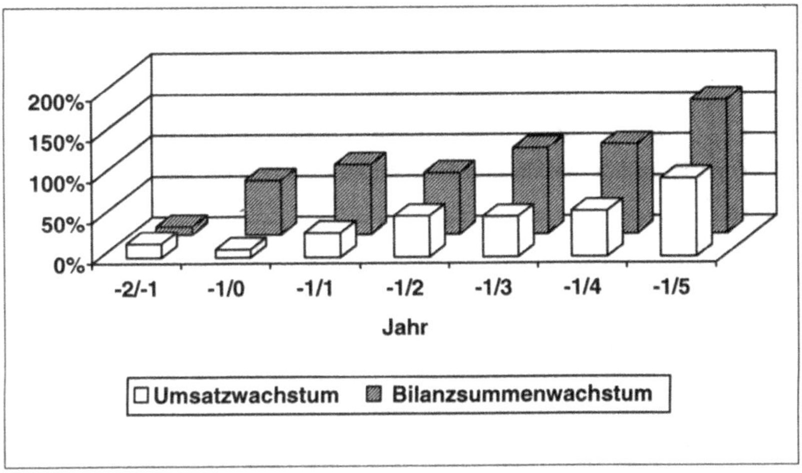

Der Cash-flow steigt von t= -1 bis t= +1 mit ca. 36 % im Verhältnis zum Umsatz überproportional an. Auch im letzten Geschäftsjahr vor der Börseneinführung steigt der Cash-flow stärker als die Umsätze. Von t= +3 bis t= +5 kommt es jedoch wieder zu einem Rückgang. Der Cash-flow liegt trotz der um ca. 50 % bis 100 % erhöhten Umsätze nur noch ca. 15 % bis 20 % über dem Wert vor der Börseneinführung. Diese Entwicklung zeigt sich noch deutlicher am Gewinn nach Steuern. Dabei ist das Verhältnis der Entwicklung von Cash-flow zu Jahresüberschuss in den Betrachtungszeitpunkten von t= -1 und t= 0 auffällig, da sich der Jahresabschluss wesentlich leichter durch bilanzpolitische Maßnahmen beeinflussen lässt. Im letzten Geschäftsjahr vor der Börseneinführung steigt der Jahresüberschuss um ca. 59 % an (Cash-flow +28 %), im Jahr der Börseneinführung nur noch um ca. 9 % (Cash-flow +30 %). Von t= +2 bis t= +5 weist das Unternehmen im Median ein Jahresergebnis aus, das im Gegensatz zum Cash-flow unterhalb dem vor dem IPO liegt.

Im Jahr der Börseneinführung steigt die Bilanzsumme im Median um ca. 66 % an. In allen Folgeperioden lässt sich ein weiteres signifikantes Bilanzsummenwachstum feststellen.

Abbildung 3-17: Veränderung des Gewinns und des Cash-flow

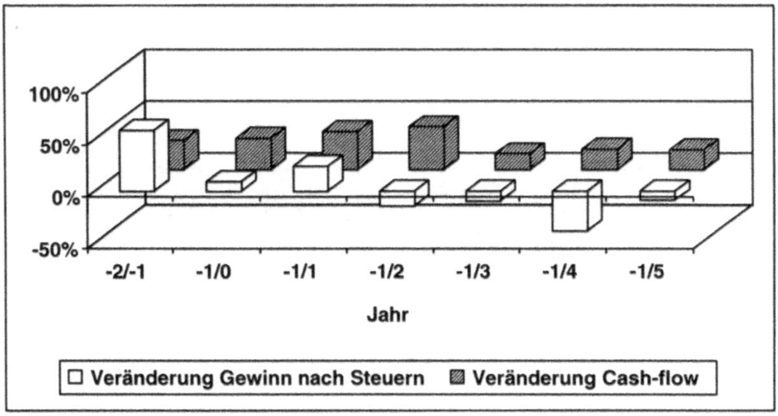

Die sich nach der Börseneinführung verschlechternde Ertragslage zeigt sich auch am Anteil der Unternehmen, die einen Jahresfehlbetrag ausweisen. Im Jahr der Börseneinführung verbuchen alle Unternehmen einen Jahresüberschuss. In den Folge-Perioden entsteht bei bis zu 27 % der Unternehmen einen Jahresfehlbetrag (vgl. Abbildung 3-24).

Tabelle 3-24: Anteil der Unternehmen mit Jahresfehlbetrag

Kennzahl	t=-2 n=80	t=-1 n=115	t=0 n=115	t=1 n=115	t=2 n=104	t=3 n=94	t=4 n=81	t=5 n=70
Unternehmen mit Jahresfehlbetrag (%)	3,75	1,74	0,00	6,09	11,54	20,21	27,16	18,57

Weiterhin wurde der Anteil des Umsatzes im Ausland am Gesamtumsatz berechnet. Die Unternehmen erhöhen ihr Auslandsgeschäft im ersten und zweiten Jahr nach der Börseneinführung signifikant auf dem 1 %-Niveau. Ein Teil des Umsatzwachstums und u.U. der Investitionstätigkeit können auf ein zunehmendes Auslandsgeschäft zurückgeführt werden. Von t= +2 bis t= +4 kommt es zu einer Stagnation des Wachstums des Umsatzbeitrages im Auslandsgeschäft.

Tabelle 3-25: Deskriptive Statistik Auslandsumsatz

Kenn-zahl		t=-2 N=80	t=-1 n=115	t=0 n=115	t=1 n=115	t=2 n=104	t=3 n=94	t=4 n=81	t=5 n=70
AU-	Median	9,56	17,74	18,00	21,64	24,51	24,22	24,46	29,78
UM	Mean	22,03	25,61	26,69	28,92	28,91	29,17	30,36	32,31
(%)[a]	(Std.)	(26,67)	(26,27)	(25,96)	(25,74)	(25,73)	(25,92)	(25,20)	(26,24)

[a]Anteil des Auslandsumsatzes

Der Ergebnisbeitrag der Auslandsumsätze kann auf Basis der verfügbaren Daten nicht ermittelt werden. Hier wäre von besonderem Interesse, ob sich ein Teil des Rentabilitätsrückgangs mit hohen Aufwendungen bei der Ausweitung des Auslandsgeschäfts erklären lässt.

Abbildung 3-18: Umsatzanteil des Auslandsgeschäfts

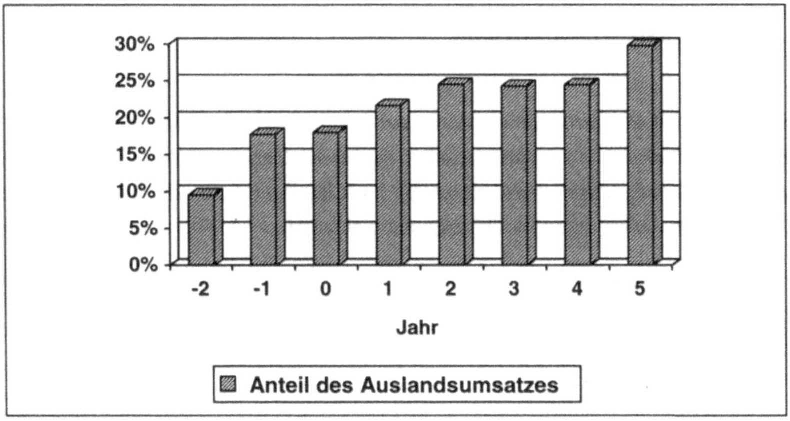

Der signifikante Anstieg des Anteils des Auslandsumsatzes von t= -2 bis t= -1 kann u.U. zum Teil auf eine systematische Veränderung in der Konsolidierungspraxis zurückgeführt werden. Bis 1.1.1990 war die Einbeziehung ausländischer Tochtergesellschaften freiwillig.[366] Eine Interpretation ist daher problematisch. Allerdings hatten die Unternehmen den Anreiz, einen möglichst weiten Konsolidierungskreis zu wählen, um ihre Größe in Hinblick auf die Bewertung beim Börsengang zu zeigen.

366 Vgl. Abschnitt 3.2.1.

Geht man davon aus, dass der Anteil des Auslandsumsatzes in t= -2 und t= -1 die tatsächlichen Verhältnisse widerspiegelt, gelingt es den Unternehmen bei gleichzeitig steigender Rentabilität ihre Auslandsumsätze signifikant zu erhöhen, was sich z.B. durch einen konjunkturellen Aufschwung in der jeweiligen Branche erklären lässt.[367]

Tabelle 3-26: Teststatistik Auslandsumsatz

Kenn-zahl		t= -2 zu t= -1	t= -1 zu t= 0	t= -1 zu t= +1	t= -1 zu t= +2	t= -1 zu t= +3	t= -1 zu t= +4	t= -1 zu t= +5
AUUM	Δ Median	+9,76***	+0,26	+3,64***	+8,30***	+8,05***	+8,37***	+13,63***
	(Z-Wert)	(-2,791)	(-1,530)	(-3,695)	(-3,755)	(-3,989)	(-4,210)	(-3,553)
	Δ Mean	+5,73	+1,08	+3,31	+4,69	+5,60	+7,08	+7,89

[a]Anteil des Auslandsumsatzes

3.5.9 Zusammenfassung

Die fundamentale Performance von Unternehmen vor und nach der Börseneinführung wird zunächst zusammenfassend dargestellt. Dabei steht typisierend das Unternehmen im Median im Vordergrund. Anschließend werden die Ergebnisse vor dem finanzierungstheoretischen Hintergrund diskutiert.

3.5.9.1 Synopsis

Die Entwicklung der Rentabilität vor und nach der Börseneinführung lässt sich in drei Phasen untergliedern.

1) Vor der Börseneinführung (t= -2 bis t= -1) zeigen die vier Rentabilitätskennzahlen Gesamtkapital-, Eigenkapital, Cash-flow- und Umsatzrentabilität einen signifikanten Anstieg.

367 Wechselkursveränderungen scheiden als Erklärung aufgrund der zeitlichen Durchschnittsbildung über 10 Jahre weitgehend aus.

2) Nach der Börseneinführung kommt es von t= 0 bis t= +3 zu einem signifikanten Rückgang der Rentabilität. Dieser kann bei den ersten drei Verhältniskennzahlen im Jahr der Börseneinführung damit erklärt werden, dass sich das zufließende Kapital nicht sofort zur Erzielung von Erträgen nutzen lässt und sich daher lediglich der Nenner der Kennzahlen erhöht. Jedoch sinkt die Rentabilität auch in den Folgeperioden weiter ab. Bei der Umsatzrentabilität kommt es erst ab t= +1 zu einem Rückgang. Trotz der Kosten des Börsengangs kann sie von t= -1 bis t= 0 sogar geringfügig signifikant gesteigert werden. Die vier Rentabilitätskennzahlen liegen in t= +3 auf einem Niveau von 35 % bis 65 % des letzten Geschäftsjahres vor der Börseneinführung.
   Die Rentabilitätsverschlechterung zeigt sich auch an einer Reihe weiterer Entwicklungen. Während in t= -1 noch ca. 90 % aller Unternehmen eine Eigenkapitalrentabilität über der Gesamtkapitalrendite aufweisen, sind es in t= +3 nur noch ca. 40 %. Weiterhin können alle Unternehmen im Jahr des Börsengangs einen Jahresüberschuss verzeichnen. In t= +3 hingegen verbuchen ca. 20 % einen Jahresfehlbetrag. Die Rentabilitätsverschlechterung spiegelt sich zeitverzögert auch im Anteil der Dividenden zahlenden Unternehmen wider.
3) In t= +4 und t= +5 kommt es zu einer Stabilisierung der Entwicklung. Die Gesamtkapital- , Cash-flow- und Umsatzrentabilität fallen nur noch relativ schwach, die Eigenkapitalrentabilität steigt hingegen leicht an. Das absolute Niveau der Kennzahlen liegt zwar weit unter den Werten von t= -2 und t= -1, jedoch entspricht es im Durchschnitt dem aller börsennotierten Unternehmen, selektiert nach vergleichbaren Ausschlusskriterien.

Mit der Börseneinführung erhöhen Unternehmen ihre Eigenkapitalquote zu Buchwerten um ca. 16 % auf ca. 42 % in t= 0. Diese sinkt in den Folgeperioden kontinuierlich auf ca. 37 % ab und entspricht damit fast exakt der Eigenkapitalquote aller börsennotierten Unternehmen während des Betrachtungszeitraums. Ein klassischer Leverageeffekt im Sinne einer negativen Korrelation zwischen der Eigenkapitalquote und der Eigenkapitalrentabilität kann im Rahmen von Querschnittsanalysen nicht festgestellt werden. Lediglich wenn die Eigenkapitalrendite unter der Gesamtkapitalrendite liegt, zeigt sich ein signifikant positiver Zusammenhang zwischen der Eigenkapitalquote und der Eigenkapitalrentabilität im Sinne des klassischen Leverageeffekts.

Im Jahr der Börseneinführung und im darauffolgenden Geschäftsjahr kommt es zu einem signifikanten Investitionsschub. Investitionsquote und Investitionsintensität steigen um ca. 20 % an, gleichzeitig geht der aus Abschreibungen finanzierte Anteil der gesamten Investitionen zurück. Ab t= +3 fällt die Investitionstätigkeit auf ein Niveau, das niedriger ist als vor dem Börsengang.

Die Entwicklung der Umsätze und der Cash-flows folgen bis t= +2, versetzt um ca. eine Betrachtungsperiode, der Investitionstätigkeit. Bis t= +2 können die Umsätze um ca. 50 %, die Cash-flows um ca. 40 % gegenüber dem letzten Jahr vor der Börseneinführung gesteigert werden. Während die Umsätze anschließend zunächst auf diesem erhöhten Niveau stagnieren, kommt es bei den Cash-flows zu einem deutlichen Rückgang. Der Gewinn nach Steuern steigt zwar nach der Börseneinführung noch signifikant um ca. 25 % an, fällt jedoch ab t= +2 bei der Mehrzahl der Unternehmen bis zum Ende des Betrachtungszeitraums unter den Wert vor dem Börsengang.

Bei der Entwicklung des Gewinns, des Umsatzes und der Investitionstätigkeit fallen zwei Aspekte besonders auf:

Im letzten Geschäftsjahr vor der Börseneinführung (t= -2 bis t= -1) kommt es zu einem Gewinnanstieg vor Steuern von ca. 60 %, während der Cash-flow nur um ca. 30 % zunimmt. Im Jahr der Börseneinführung dreht sich das Bild um: Der Cash-flow steigt ca. dreimal so stark wie der Gewinn nach Steuern. Die relativ hohe Bezugsbasis in t= -1 erklärt damit u.U. auch den im Vergleich zum Cash-flow stärkeren Rückgang des Gewinns nach Steuern in den Abschnitten von t= +3 bis t= +4.

Der Investitionsschub von t= 0 bis t= +1 und das starke Umsatzwachstum bis zum Zeitabschnitt t= +2 werden begleitet von einem überproportionalen Anstieg des Auslandsumsatzes. Mit dem Rückgang der Investitionstätigkeit stabilisiert sich der Anteil des Auslandsumsatzes bei ca. 25 %.

Die betriebliche Effizienz ist nach dem Börsengang rückläufig. Der Vermögensumschlag, der angibt, wie oft aus dem Gesamtvermögen „Umsätze geworden" sind, liegt in allen Geschäftsjahren nach der Börseneinführung signifikant unter den Werten vor der Börseneinführung. Mit dem Zufluss von neuem Eigenkapital steigt die Liquidität im Jahr des Börsengangs signifikant an. In den Folgeperioden wird die relativ hohe Liquidität zwar abgebaut. Sie ist jedoch auch in den fünf Geschäftsjahren nach der Börseneinführung signifikant höher als zuvor. Insgesamt weist der Kapitaleinsatz das höchste Wachstum auf. Bis t= +3 steigt die Bilanzsumme doppelt so stark wie die Umsätze und ca. siebenmal so stark wie die Cash-flows. Der von t= -2 bis t= 0 signifikant gestiegene Umsatz pro Mitarbeiter kann allerdings auch in den Folgeperioden beibehalten werden.

Die Kennzahlen Entschuldungsgrad und Zinsdeckungskoeffizient, die in der Kreditwürdigkeitsprüfung und der Insolvenzprognose eine wichtige Rolle spielen, zeigen einen fast identischen Verlauf zu den Rentabilitätskennziffern. Sie steigen vor dem Börsengang signifikant an. In den folgenden Betrachtungsperioden kommt es zu einem Rückgang auf ein Niveau, das deutlich unter dem vor der Börseneinführung liegt. Aus Sicht der Fremdkapitalgeber entstehen daher mit der Börseneinführung zwei gegenläufige Effekte: Einerseits steigt zwar die Eigenkapitalquote an, andererseits nimmt die Fähigkeit der Unternehmen ab, den Zinszahlungs- und Tilgungsverpflichtungen aus laufenden Einnahmen nachzukommen. Lediglich im Jahr der Börseneinführung ist eine signifikante Veränderung der Fremdkapitalzinsen feststellbar. Der kurzfristige Anstieg kann u.U. mit Aufnahme von Fremdkapital zur Finanzierung von Aufwendungen, die mit dem Börsengang in Verbindung stehen, z.B. Werbeaufwendungen, erklärt werden. Das Fremdkapital ist zum Bilanzierungsstichtag bereits mit dem Kapitalzufluss aus der Börseneinführung getilgt, lediglich die Zinsen erscheinen noch in der Gewinn- und Verlustrechnung. Über den gesamten Betrachtungszeitraum ist weiterhin eine Zunahme des Anteils von kurzfristigem Fremdkapital an der gesamten Fremdfinanzierung beobachtbar.

Die Eigenkapitalquote zu Marktwerten und das Markt-/Buchwertverhältnis sind im Zeitablauf rückläufig, was eine reduzierte Erwartung des Kapitalmarktes bezüglich der zukünftigen Ertragsentwicklung der Unternehmen reflektiert.

Die Dividende pro Aktie verändert sich im Zeitablauf kaum. Ab t= +3 geht jedoch der Anteil der Unternehmen, die eine Dividende zahlen, deutlich zurück. Die Unternehmen scheinen trotz einer Verschlechterungen der fundamentalen Performance die Dividendenzahlungen zunächst aufrechtzuerhalten. Ist dies nicht mehr möglich, wird ganz auf eine Dividendenzahlung verzichtet. Da die Unternehmen, die eine Dividende ausschütten, eine stabile Dividendenpolitik betreiben, kommt es tendenziell zu einer steigenden Dividendenrendite bezogen auf den Marktwert der Aktien.

3.5.9.2 Interpretation der Ergebnisse

Die empirischen Ergebnisse können weitgehend als Bestätigung der theoretischen Implikationen der Modelle zu adverser Selektion und Moral Hazard, die einen Rückgang der fundamentalen Performance nach der Börseneinführung prognostizieren, gewertet werden. Da die unterschiedlichen Modellklassen, auf der Grundlage verschiedener Annahmen und Überlegungen, zu Schlussfolgerungen kommen, die sich in den gleichen beobachtbaren Effekten zeigen, ist es problematisch, die empirischen Ergebnisse als Bestätigung spezieller, einzelner Modelle zu interpretieren. Jedoch lassen sich Hinweise für die Gültigkeit unterschiedlicher theoretischer Argumentationen aus dem Zusammenspiel der einzelnen Kennzahlengruppen im Zeitablauf gewinnen.

Grundsätzlich besteht bei einer Interpretation der empirischen Ergebnisse die Gefahr, dass sich aufgrund bilanzpolitischer Gestaltungsspielräume, die tatsächlichen wirtschaftlichen Verhältnisse von Unternehmen nur eingeschränkt erfassen lassen. Durch die Querschnittsbildung und die statistische Methodik treten jedoch nur dann Verzerrungen auf, wenn die Unternehmen systematisch einen Anreiz haben, mit dem Jahresabschluss eine bestimmte Wahrnehmung am Kapitalmarkt zu erreichen. Ereignisinduziertes Window Dressing ist in der vorliegenden Studie insbesondere im Vorfeld der Börseneinführung zu erwarten. Während sich der Gewinn nach Steuern im Zeitablauf weitgehend parallel zur Cash-flow-Rentabilität, die sich nur in deutlich geringerem Umfang durch bilanzpolitische Maßnahmen beeinflussen lässt, entwickelt, zeigen sich erhebliche Unterschiede im Jahr vor der Börseneinführung. So steigt der Gewinn nach Steuern im letzten Geschäftsjahr vor dem Börsengang doppelt so stark wie der Cash-flow. Im ersten Jahresabschluss nach der Börseneinführung beträgt das prozentuale Wachstum des Gewinns nach Steuern jedoch lediglich noch ein Drittel der Steigerung des Cash-flow. Erklärungen für das relativ niedrige Wachstum des Gewinns nach Steuern sind zum einen die durch das Vorjahresergebnis erhöhte Bezugsbasis und zum anderen bilanzielle Gestaltungen, die nicht aufrechterhalten werden können. Der systematische Ausweis eines im Vergleich zum Cash-flow stark gestiegenen Gewinns nach Steuern im Vorfeld der Börseneinführung kann als deutliches Indiz für ein ereignisinduziertes Window Dressing gewertet werden. In der weiteren Analyse konnten trotz der Gegenüberstellung von Kennzahlen, die leicht beeinflussbar sind, mit Kennzahlen, die sie sich nur schwer manipulieren lassen, keine weiteren Hinweise auf ein systematisches Ertragsmanagement gewonnen werden.

Der Rückgang der fundamentalen Performance kann sowohl mit adverser Selektion als auch mit Moral Hazard begründet werden. Die Modelle zur adversen Selektion basieren auf der Annahme, dass das Management bzw. die Alteigentümer einen Informationsvorsprung gegenüber dem Kapitalmarkt bezüglich des Wertes der bestehenden Unternehmensaktiva und bezüglich des Wertes der Investitionsmöglichkeiten haben und diesen zu ihrem Vorteil ausnutzen. Der Börsengang erfolgt dann, wenn die Unternehmensinsider aufgrund einer in der Zukunft rückläufigen

Rentabilität von einer Überbewertung des Unternehmens ausgehen. Eine Emission von Eigenkapitaltiteln kann für die Alteigentümer sogar vorteilhaft sein, wenn keine Investitionsmöglichkeiten mit positivem Kapitalwert zur Verfügung stehen. Fraglich ist, inwieweit sich der signifikante Rückgang der Rentabilität während der gesamten Betrachtungsperiode durch die Problematik der adversen Selektion erklären lässt.

Die Beobachtung, dass die Börsenneueinführungen trotz einer erheblich verschlechterten Performance nach ca. drei bis fünf Jahren dem Durchschnitt aller börsennotierten Unternehmen, selektiert nach vergleichbaren Kriterien, entsprechen, ist jedenfalls auch mit den Modellen zur adversen Selektion vereinbar: Unternehmen entscheiden sich nach einer Phase außergewöhnlich guter Entwicklung für einen Gang an die Börse.

Die empirischen Ergebnisse widersprechen insgesamt nicht den Überlegungen zur adversen Selektion. Für einen Beweis von adverser Selektion wäre es jedoch letztlich erforderlich, vergleichbare Unternehmen, die nicht an die Börse gegangen sind, in die Untersuchung mit einzubeziehen. Dies scheitert allerdings an der Verfügbarkeit von Daten.

Es lassen sich auch eine Reihe von Hinweisen für die Existenz von Moral Hazard Problemen nach der Börseneinführung finden. Mit Moral Hazard wird ein Verhalten der Unternehmensleitung beschrieben, das die eigenen Interessen vor die der Aktionäre stellt. Die Modellkonzeptionen thematisieren insbesondere die Gefahr eines sogenannten Free-cash-flow, der für Überinvestitionen genutzt wird. Mit dem Zufluss von Eigenkapital kommt es zu einem Investitionsschub, der auch zu steigenden Umsätzen führt. Der Cash-flow und der Gewinn nach Steuern steigen jedoch nur unterproportional. In den späteren Betrachtungsperioden liegt der Gewinn nach Steuern sogar unter dem Niveau vor der Börseneinführung. Unklar ist, ob der Rückgang der Rendite nicht nur mit der Realisierung neuer Investitionsprojekte, sondern auch durch reduzierte Erträge aus den alten Unternehmensaktiva begründet werden kann. Letzteres würde auf Timing-Entscheidungen bzw. adverse Selektion bei der Emission hinweisen. Drei Jahre nach dem Börsengang wird die Investitionstätigkeit bei bereits erheblich verschlechterten Rentabilitätskennziffern auf ein Niveau reduziert, das deutlich unter dem vor der Börseneinführung liegt. Fraglich ist, ob das Management wie in den Modellen zur Überinvestition dargestellt, bewusst entgegen den Interessen der Aktionäre agiert und Investitionen durchführt, die primär im eigenen Interesse liegen, oder ob es sich um ein

Investitionsverhalten handelt, das durch eine systematisch zu optimistische Einschätzung der Zukunftschancen der Unternehmen charakterisiert ist.[368]

Der Rückgang der betrieblichen Effizienz kann ebenfalls als Indiz für Moral Hazard interpretiert werden. Der Vermögensumschlag ist im gesamten Betrachtungszeitraum nach der Börseneinführung signifikant niedriger und die Liquidität signifikant höher. Zudem wächst die Bilanzsumme überproportional zum Umsatz. Das Gesamtkapital wird weniger effizient zur Erwirtschaftung von Gewinnen eingesetzt, gleichzeitig ist die Eigenkapitalquote durch den Börsengang erheblich erhöht. Ein klassischer Leverageeffekt jedoch kann für Unternehmen, deren Eigenkapital- über ihrer Gesamtkapitalrendite liegt nicht festgestellt werden. Eine mögliche Erklärung ist, dass direkte Agency Kosten, Überinvestitionen, z.B. in repräsentative Projekte, oder der Wunsch des Managements, die Volatilität der Cash-flows zu reduzieren, verhindern, dass die Eigenkapitalrendite über ein bestimmtes Niveau steigt. Die Aussagen des klassischen Leverageeffekts haben nur Gültigkeit, wenn die Rentabilität des Eigenkapitals unter der des Fremdkapitals liegt. In diesem Fall sind die Möglichkeiten des Managements zu opportunistischem Verhalten eingeschränkt.

Der nach der Börseneinführung steigende Anteil des Auslandsumsatzes, bei gleichzeitig absolut steigenden Umsätzen, lässt sich u.U. auf eine verstärkte Investitionstätigkeit im Ausland mit den Einnahmen aus dem Börsengang zurückführen. Ebenso ist ein Teil des Rückgangs der Rentabilität u.U. durch hohe Anfangsaufwendungen im Auslandsgeschäft begründet.[369] Allerdings kommt es ab dem dritten Geschäftsjahr nach der Börseneinführung nicht mehr zu einer relativen Zunahme des Auslandsumsatzes, wobei die Rentabilität jedoch weiter zurückgeht. Ein Teil des Rückgangs der fundamentalen Performance nach der Börseneinführung kann daher vielleicht auch mit einer systematisch zu optimistischen Einschätzung der Investitionsmöglichkeiten im Ausland durch die Unternehmensleitung erklärt werden.

Insgesamt betrachtet lässt sich nicht klären, welche der Modellkonzeptionen besser in der Lage ist, die empirischen Ergebnisse zu erklären. Es lassen sich aber Hinweise sowohl auf die Problematik der adversen Selektion als auch Moral Hazard Probleme finden. Im Vorfeld der Börseneinführung besteht zudem ein klares Indiz für Window Dressing.

---

[368] Eine umfassende Darstellung von verhaltensorientierten Modellen der Finanzierungstheorie findet sich bei Bank (2000).

[369] Eine differenzierte Analyse scheitert an der Verfügbarkeit von Daten.

Unabhängig von theoretischen Erklärungsansätzen stellt der Rückgang der fundamentalen Performance in den Jahren nach der Börseneinführung ein signifikantes Phänomen dar, das in Studien auch für andere Kapitalmärkte bestätigt wurde. Fraglich ist, ob der deutsche Kapitalmarkt in der Lage ist, Börsenneueinführungen effizient zu bewerten, d.h. die zukünftigen Entwicklungen im Durchschnitt richtig zu antizipieren. Im folgenden wird die empirische Untersuchung zur fundamentalen Performance durch eine Kursstudie ergänzt.

4 Die Kursperformance

Untersuchungen zur fundamentalen Performance von Unternehmensstichproben beschränken sich regelmäßig auf die Analyse von Jahresabschlussdaten.[370] Ereignisstudien zur Kursperformance analysieren meist nur Kursdaten, ohne eine Verbindung zur fundamentalen Unternehmensperformance aufzuzeigen. Im folgenden wird für die vorliegende Unternehmensstichprobe eine Verbindung zwischen der fundamentalen Performance und der Kursperformance hergestellt. Damit werden im wesentlichen zwei Ziele verfolgt:

1) Es wird der Frage nachgegangen, ob der Kapitalmarkt effizient ist, d.h. in der Lage ist, die durchschnittliche Verschlechterung der fundamentalen Performance der Unternehmensstichprobe nach dem Börsengang systematisch in der Kursbildung zu antizipieren.
2) Die Kursperformance soll in den Kontext nationaler und internationaler Kursstudien eingeordnet werden. Dabei wird insbesondere überprüft, ob die Kursperformance der Unternehmensstichprobe vergleichbar ist mit den in anderen Studien zur Börsenneueinführung festgestellten Kursentwicklungen. Dies kann Hinweise darauf geben, ob es sich bei der Unternehmensstichprobe um eine „schlechte Ziehung" handelt oder die Stichprobe als repräsentativ betrachtet werden kann.

4.1 Datengrundlage

Die in dieser Arbeit verwendeten Kursdaten stammen von der deutschen Finanzdatenbank (DFDB) Karlsruhe.[371] Diese umfassen Stamm-, Termin- und Kursdaten. Die Stammdaten dienen der Identifizierung des Wertpapiers. Zu den im Rahmen der Arbeit benötigten Daten gehört insbesondere die Wertpapierart (Stamm- oder Vorzugsaktie).

---

370 Vgl. Abschnitt 3.1.1.

371 Eine Dokumentation der Datenbank findet man bei Göppl/Lüdecke/Sauer (1993).

Die Termindaten enthalten Informationen zu verschiedenen Bereinigungsereignissen wie z.B. Kapitalerhöhungen, Nennwertumstellungen, Dividenden etc. Von besonderer Bedeutung für Langfriststudien ist die Dividendenbereinigung nach der sogenannten „Operation blanche". Diese unterstellt bei der Renditeberechnung, dass die Dividendenzahlungen und Erlöse aus Bezugsrechtsverkäufen sofort wieder in Aktien des Unternehmens reinvestiert werden, um langfristige Renditevergleiche zwischen Unternehmen ohne Verzerrungen zu ermöglichen.[372] Zur Berechnung des historischen Marktwertes auf Grundlage der Bilanzposition gezeichnetes Kapital wurden unbereinigte Kursdaten verwendet. Vollständig bereinigte Kursdaten wurden zur Berechnung der kumulativ abnormalen Renditen im Verhältnis zur Marktentwicklung genutzt.

Zur Approximation der Marktentwicklung wurde der breitangelegte und speziell für Forschungszwecke entwickelte Deutsche Aktien Forschungsindex (DAFOX) als Vergleichsindex in seiner gleichgewichteten Berechnung gewählt. Als Performance-Index berücksichtigt die Wertentwicklung des DAFOX sämtliche Kapitalerhöhungen, Dividendenzahlungen, Nennwertumstellungen etc. Der DAFOX wurde ebenfalls von der Karlsruher Kapitalmarktdatenbank zur Verfügung gestellt. Da der DAFOX stets alle an der Frankfurter Wertpapierbörse gehandelten Aktien umfasst, unterliegt er keinem „survivorship bias" vergleichbar den DAX-Indices, weist allerdings eine schwankende Anzahl von Aktien auf.[373]

Da die Finanzmarktdatenbank den deutschen Aktienmarkt nicht vollständig abdeckt und ein alternativer Anbieter dividendenbereinigter deutscher Kursdaten nicht verfügbar ist, konnten nicht alle Unternehmen der Stichprobe in die Untersuchung zur langfristigen Kursperformance einbezogen werden. Die Kursstudie deckt insgesamt ca. 74 % der Unternehmensstichprobe zum Zeitpunkt der Börseneinführung ab. Ein weiteres Problem besteht darin, dass zum Zeitpunkt der Erstellung der Studie der DAFOX in seiner gleichgewichteten Berechnung nur bis Ende 1996 zur Verfügung stand und damit eine Berechnung kumulativ abnormaler für die beiden letzten Jahre der Stichprobe nicht möglich gewesen wäre. Daher wurde alternativ der DAX 100, der von der Deutschen Börse AG zur veröffentlicht wird, als Vergleichsindex gewählt. Dessen Verwendung ist ebenfalls mit Problemen verbunden. So handelt es sich um einen marktgewichteten Index, der zudem einem „survivorship bias" unterliegen kann. Weiterhin beinhaltet der DAX 100 im Durchschnitt größere

372 Typischerweise liegen die langfristigen Dividendenrenditen in Deutschland bei 2-3 % p.a. Vgl. Ljungqvist (1997), S. 1311 und vgl. Abschnitt 3.5.7.

373 Vgl. Göppl et al. (1995), S. 13-14.

Unternehmen als die Unternehmensstichprobe.[374] Aus Sicht der Kapitalmarktteilnehmer weist der DAX 100 jedoch den Vorteil auf, dass er als alternative Anlage zu einem Portfolio aus Börsenneueinführungen in der Realität leichter nachgebildet werden kann als der für Forschungszwecke sehr breitangelegte DAFOX. Der DAX 100 konnte erst ab 1988 genutzt werden.[375]

Die Berechnung der Emissionsrenditen erfolgte auf Grundlage der Informationen, die vom Deutschen Aktieninstitut (DAI) jährlich in einem Factbook aufgearbeitet werden. Die Analyse des Underpricing bezieht sich auf die vollständige Unternehmensstichprobe.

4.2 Underpricing

In der Literatur existiert keine einheitliche Definition des Begriffs Underpricing.[376] Ein zentraler Diskussionspunkt ist die Frage, ob die im Durchschnitt beobachteten Überrenditen sich aus zu niedrig angesetzten Emissionskursen oder einer zu hohen Bewertung am Sekundärmarkt ergeben.[377] Der Begriff Underpricing selbst resultiert aus der Theorie effizienter Märkte, die davon ausgeht, dass die Bewertung am Sekundärmarkt korrekt ist und daher die empirisch festgestellten positiven Emissionsrenditen aus zu niedrig angesetzten Emissionspreisen entstehen.

4.2.1 Methodik

Im Rahmen der vorliegenden Studie wird das Underpricing bzw. die Zeichnungsrendite definiert als die Differenz zwischen dem Eröffnungskurs K_1 am ersten Handelstag und dem Emissionskurs K_0, dividiert durch den Emissionskurs.

---

374 Vgl. Stehle/Erhardt (1999), S. 1405

375 In den internationalen Studien zur langfristigen Performance werden oft unterschiedliche Indices verwendet, da jeder Index Vor- und Nachteile aufweist. Ritter nutzt z.B. den wertgewichteten Nasdaq Index und CRSP Amex/NYSE Index zur Marktadjustierung einer gleichgewichteten Unternehmensstichprobe. Vgl. Ritter (1991), S. 11.

376 Baron definiert z.B. drei unterschiedliche Arten von Underpricing. Vgl. Baron (1982), S. 955-976.

377 Vgl. Kaserer/Kempf (1995), S. 46 und Döhrmann (1990), S. 298.

Das Underpricing Z ergibt sich damit aus:

$$Z = \frac{K_1 - K_0}{K_0}.$$

In der Literatur wird weiter diskutiert, ob es notwendig ist, Emissionsrenditen um allgemeine Markteinflüsse am ersten Handelstag zu bereinigen.[378] In einem Teil der empirischen Studien werden die Emissionsrenditen um die Wertentwicklung eines Vergleichsindex am ersten Handelstag korrigiert, ein anderer Teil der Studien verzichtet darauf (vgl. Tabelle 4-3). Ehrhardt (1997) kommt in seiner Untersuchung zum Ergebnis, dass die Korrelation der bereinigten zu den unbereinigten Renditen bei 0,995 % liegt und durch die Bereinigung kein zusätzlicher Erkenntnisgewinn entsteht.[379] Im Rahmen er vorliegenden Studie findet die Berechnung der Emissionsrenditen auf Basis der Eröffnungskurse statt. Da eine Bereinigung um die Marktentwicklung des ganzen Handelstages oder der Preisfeststellungen zu Kassakursen bei der Verwendung von Eröffnungskursen als problematisch zu beurteilen ist, werden unbereinigte Zeichnungsrenditen berechnet.

Mit der Teststatistik wird überprüft, ob die durchschnittliche Emissionsrendite signifikant von Null verschieden ist.[380] In der Literatur hat sich als Standardtestverfahren der t-Test etabliert, der voraussetzt, dass die Emissionsrenditen normalverteilt sind. Der t-Wert errechnet sich aus:[381]

$$t = \frac{\bar{z} - \mu}{s}\sqrt{n}$$

mit z als arithmetischem Mittel der Emissionsrenditen, μ gleich Null und mit s als empirischer Streuung, die definiert ist mit

$$s = \sqrt{\frac{1}{n-1}\sum_{i=1}^{n}(z_i - \bar{z})^2}.$$

---

[378] Vgl. Barry/Jennings (1993), S. 60.

[379] Vgl. Erhardt (1997), S. 88.

[380] Alternativ kann auch mit einseitigen Tests überprüft werden, ob die Rendite positiv oder negativ ist.

[381] Vgl. Bamberg/Bauer (1989), S. 165-172.

Übersteigt der t-Wert die vorgegebenen Testschranken der t-Verteilung mit (n-1) Freiheitsgraden, kann die Nullhypothese, dass die Emissionsrendite gleich Null ist, mit gegebener Irrtumswahrscheinlichkeit abgelehnt werden.[382]

Da die Annahme der Normalverteilung aufgrund der empirisch feststellbaren Verteilungen der Emissionsrenditen sehr problematisch ist, wird zusätzlich ein Binomialtest als nicht parametrisches Testverfahren verwendet. Dieser prüft bei der vorliegender Fragestellung, ob in der Grundgesamtheit Unternehmen mit positiver Zeichnungsrendite und Unternehmen mit negativer Zeichnungsrendite zu gleichen Anteilen vorhanden sind (p=0,5). Kann dies nicht abgelehnt werden, so würde dies zur Annahme der Nullhypothese einer Zeichnungsrendite von Null führen. Auf Basis der Binomialverteilung ergibt sich die Teststatistik aus:[383]

$$P(z \geq 0) = \sum_{i=0}^{z} \binom{n}{i} p^{i} (p)^{n-1}.$$

4.2.2 Ergebnisse

Das Underpricing beträgt in der Unternehmensstichprobe im Mittelwert 8,72 %. Der Anteil der positiven Zeichnungsrenditen liegt bei ca. 84 %. Bei 18 Unternehmen fand die erste Kursnotiz unter dem Emissionspreis statt. Dabei beträgt der maximale Kursabschlag jedoch nur bei 5 %, während hingegen der höchste Zeichnungsgewinn bei ca. 103 % liegt (vgl. Tabelle 4-1).

Die Verteilung der Emissionsrenditen ist linkssteil, d.h. der Median ist niedriger als der Mittelwert. Als Ursache für die in der Literatur vielfach dokumentierte linkssteile Verteilung von Zeichnungsrenditen werden mitunter Kursstützungsaktivitäten der Emissionsbanken diskutiert (vgl. Abbildung 4-1).[384]

---

382 Für n > 30 unterscheidet sich die t-Verteilung kaum noch von der Normalverteilung.

383 Vgl. Büning/Trenkler (1994), S. 86. Der Binomialtest wird auch in anderen Studien zum Underpricing als Ergänzung zum t-Test verwendet. Vgl. Erhardt (1997), S. 83.

384 Vgl. Kaserer/Kempf (1996), S. 59.

Tabelle 4-1: Deskriptive Statistik Underpricing

Kennzahl:	n= 115
Mittelwert	8,72 %
Median	4,21 %
Standardabweichung	14,73 %
Minimum	- 5,0 %
Anteil negativer Renditen	15,65 %
Maximum	+ 103 %
Schiefe	3,64
Exzess	18,22
K-S-Test[385]	0,193***

*** signifikant auf dem 1 %-Niveau

Abbildung 4-1: Verteilung der Zeichnungsrenditen

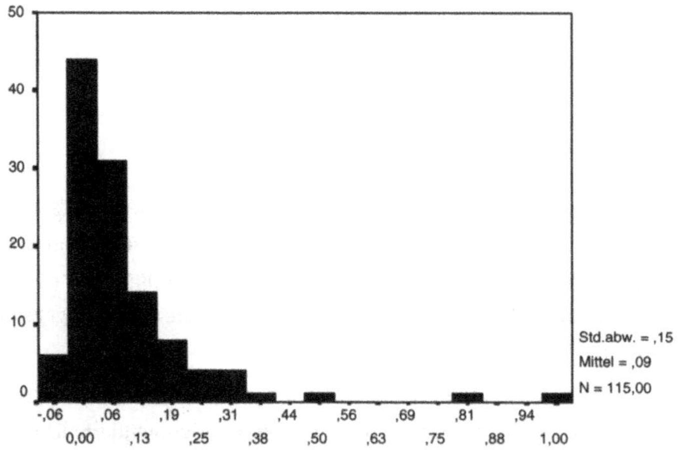

Sowohl die parametrische als auch nichtparametrische Teststatistik verwerfen die Nullhypothese, dass die Emissionsrendite im Durchschnitt gleich Null ist, auf dem 1 %-Niveau.[386] Dies widerspricht der Theorie effizienter Kapitalmärkte und kann daher als Marktanomalie gewertet werden (vgl. Tabelle 4.2).

---

385 Vgl. Abschnitt 3.4.3.

386 Da ein zweiseitiger t-Test durchgeführt wurde, können die Ergebnisse als untere Schranke für die These, dass eine positive Zeichnungsrendite vorliegt, interpretiert werden.

Tabelle 4-2: Teststatistik Underpricing

t-Statistik	6,350***
Binomialtest p-Wert	0,000***

*** signifikant auf dem 1 %-Niveau

Für den deutschen Kapitalmarkt wurden eine Reihe von Untersuchungen zum Underpricing durchgeführt (vgl. Tabelle 4-3). Dabei wurden Emissionsrenditen von 6,8 % bis zu 28,5 % (ohne den Neuen Markt) ermittelt. Die stark schwankenden Ergebnisse sind primär durch unterschiedliche Untersuchungszeiträume bzw. nicht stationäre Zeichnungsrenditen und Unterschiede in der Stichprobenbildung begründet. So führt insbesondere die Einbeziehung des Marktsegments Freiverkehr zu durchschnittlich höheren Emissionsrenditen. Insgesamt besteht die Tendenz, dass das Underpricing im Zeitablauf abnimmt. Ljungqvist (1994) vermutet, dass ein zunehmender Wettbewerb der Emissionsbanken Ursache für den rückläufigen Trend der Emissionsrenditen sein könnte.[387]

Tabelle 4-3: Untersuchungen zu Emissionsrenditen am deutschen Kapitalmarkt

Untersuchung	Zeitraum	n	Bereinigungs-index	Mittelwert Under-pricing in %
Löffler (2000)[388]	1997-1999	109	NEMAX	65,5
Stehle/Erhardt (1999)	1960-1995	222	unbereinigt	15,79
Steib/Mohan (1997)	1988-1994	103	unbereinigt	6,81
Ehrhardt (1997)	1960-1993	207	unbereinigt DAFOX	17,94 17,55
Kaserer/Kempf (1995)	1983-1992	171	DAX	13,99
Wasserfallen/Wittleder (1994)	1961-1987	92	FAZ	17,58
Ljungquist (1994)	1970-1993	180	bereinigt	9,22
Göppl/Sauer (1990)	1977-1988	80	unbereinigt	15,20
Uhlir (1989)	1977-1987	97	StBA	21,46
Mella (1988)	1986-1987	31	unbereinigt	10,60
Dawson/Reiner (1988)	1977-1985	51	unbereinigt	28,50
Schmidt et al. (1989)	1984-1985	32	FAZ	20,62

387 Vgl. Ljungqvist (1994), S. 19.

388 Löffler (2000) untersucht ausschließlich den Neuen Markt.

Die größte Übereinstimmung hinsichtlich des Untersuchungszeitraums zeigt die Studie von Steib/Mohan (1997). Sie analysieren 103 Börsenneueinführungen aus dem Zeitabschnitt von 1988 bis 1994. Die vorliegende Untersuchung basiert auf 115 Börsenneueinführungen aus dem Zeitraum von 1987 bis 1997. Die Emissionsrenditen liegen mit 8,72 % bzw. 6,81 % im Mittelwert nur geringfügig auseinander. Ein vergleichbares Bild ergibt sich für die Mediane mit 4,21 % bzw. 3,45 %.[389] Dies kann als Hinweis darauf interpretiert werden, dass sich die vorliegende Unternehmensstichprobe nicht systematisch von der Grundgesamtheit unterscheidet.

Positive Emissionsrenditen zeigen sich auch in anderen Kapitalmärkten, wobei diese sich zwischen den einzelnen Ländern deutlich in ihrer Höhe unterscheiden.[390]

4.3 Die langfristige Performance

Die zentrale Frage bei der Analyse der langfristigen Kursperformance von Börsenneueinführungen ist, ob die Kapitalmärkte in der Lage sind, IPOs im Durchschnitt richtig zu bewerten. Weisen Börsenneueinführungen eine im Vergleich zum Marktportfolio systematisch abweichende Kursentwicklung auf, stellt dies die Effizienz des Kapitalmarktes in Frage.[391] Zudem ergeben sich aus der Sicht von Investoren Möglichkeiten durch aktive Handelsstrategien davon zu profitieren. Weiterhin hängen die Kosten einer Eigenkapitalbeschaffung über die Börse nicht nur von den direkten Kosten des Börsengangs, sondern auch von der Kursentwicklung nach dem Börsengang ab. Eine unterdurchschnittliche Performance im Sekundärmarkt senkt die Kosten der Eigenkapitalbeschaffung in dem Sinne, dass die Eigenkapitaltitel „zu teuer" verkauft werden konnten.[392]

---

389 Vgl. Steib/Mohan (1997), S. 125.

390 Eine Zusammenfassung internationaler Studien befindet sich z.B. bei Jenkinson/Ljungqvist (1996), S. 26 und Erhardt (1998), S. 61

391 Vgl. Stehle/Erhardt (1999), S. 1414.

392 Vgl. Ritter (1991), S. 23.

4.3.1 Methodik

Die Grundlage der Untersuchung bildet die von Fama/Fisher/Jensen/Roll (1969) etablierte Vorgehensweise, die in einer Reihe von Ereignisstudien auch zur Analyse der langfristigen Performance von Börsenneueinführungen verwendet wird. Ihre Anwendung ermöglicht einen direkten Vergleich mit internationalen Studien.[393]

Ziel der langfristigen Performancestudie ist, festzustellen, ob die Renditeentwicklung von Börsenneueinführungen systematisch vom Marktportfolio abweicht.[394] Hierzu ist es notwendig die Renditeentwicklung der untersuchten Unternehmen (normale Rendite) um die Renditeentwicklung des Marktportfolios zu bereinigen.[395] Die vorliegender Studie verwendet in Anlehnung an Ritter (1991) die Marktadjustierung als Verfahren zur Ermittlung der um Markteinflüsse bereinigten, sogenannte abnormalen Renditen.[396]

Als Schätzgröße für die Rendite des Marktportfolios wird der Marktindex des Deutschen Forschungsinstituts für Kapitalmarktforschung, DAFOX, gewählt.[397] Um zu vermeiden, dass die Renditeentwicklung einzelner Großunternehmen die Ergebnisse der Untersuchung maßgeblich bestimmt, wird der Index in gleichgewichteter Berechnung herangezogen. Zur Ergänzung werden die abnormalen Renditen auf Basis des marktwertgewichteten DAX 100 Index berechnet. Die abnormale Rendite für Aktie i im Zeitpunkt t ergibt sich aus

$$ar_{it} = r_{it} - r_{mt}$$

mit

r_{it}: Rendite der Aktie i zum Zeitpunkt t

r_{mt}: Rendite des DAFOX-Marktindex zum Zeitpunkt t.

---

393 Vgl. z.B. Ritter (1991), Levis (1993), Keloharju (1993) und Kim/Krinski/Lee (1995).

394 Für eine detaillierte Diskussion der Kapitalmarkteffizienz vgl. Fama (1970, 1991, 1998).

395 Eine Diskussion der unterschiedlichen Bereinigungsverfahren findet sich bei Oerke (1999), S. 72-76.

396 Vgl. z.B. Ritter (1992), S. 6-7, Aussenegg (1997), S. 421 und Stehle/Ehrhardt (1999), S. 1405-1409.

397 Zur Konzeption und Zusammensetzung des DAFOX-Marktindex vgl. Göppl/Schütz (1993), S. 2-40.

Die kumulierte, marktadjustierte Rendite eines Portfolios aus n Aktien für den Zeitpunkt t, AR_t, entspricht dem gleichgewichteten arithmetischen Durchschnitt der marktadjustierten Renditen:

$$AR_t = \frac{1}{n}\sum_{i=1}^{n} ar_{it}.$$

Die kumulierte, abnormale Rendite, CAR, von der Börseneinführung bis zum Betrachtungszeitpunkt s, ist die Summe der durchschnittlichen marktadjustierten Renditen:

$$CAR_{1,s} = \sum_{t=1}^{s} AR_t.$$

Die Signifikanz von $CAR_{1,s}$ wird mit einer angepassten t-Statistik getestet:[398]

$$t(CAR) = CAR_t \frac{\sqrt{n}}{\sqrt{t\,\text{var} + 2(t-1)\,\text{cov}}}$$

mit

var: durchschnittliche Varianz der Stichprobe im Querschnitt während des Untersuchungszeitraums und

cov: durchschnittliche Autokovarianz der AR_t-Zeitreihen.

Wenn der Untersuchungszeitraum für eine Aktie endet, errechnet sich die weitere Rendite des Portfolios aus dem gleichgewichteten Durchschnitt der verbleibenden Werte. Der fiktive Veräußerungserlös der nicht mehr einbezogenen Aktien wird gleichgewichtig in die übrigen Werte investiert.[399]

---

398 Die t-Statistik wird angepasst, um einen verzerrenden Effekt nicht unabhängiger AR_t-Zeitreihen zu kompensieren. Vgl. Ritter (1991), S. 10, Keloharju (1993), S. 267 und Levis (1993), S. 32.

399 Vgl. Ritter (1991), S. 8 und Levis (1993), S. 32.

Zur alternativen Messung der Sekundärmarktperformance werden „Buy-and-hold--Returns"(BHRs) berechnet.[400] Diese haben im Gegensatz zur kumulierten, abnormalen Rendite den Vorteil, dass nicht implizit die Annahme einer periodischen Portfolioumschichtung getroffen wird.[401] Diese Annahme ist aus Sicht eines Investors sehr problematisch, da bei realen Börsengeschäften Transaktionskosten entstehen. Weiterhin unterstellt die Berechnungsmethodik der kumulierten, abnormalen Rendite aus der Sicht eines Kapitalanlegers, dass die Anzahl der Unternehmen, die an die Börse gehen, im voraus bekannt ist, so dass in jede Aktie bzw. in das Marktportfolio der gleiche Geldbetrag investiert werden kann. Damit ist die kumulierte abnormale Rendite insgesamt eine Renditekennzahl, die sich im Analysezeitraum der Studie nicht mit einer ex ante festgelegten Handelsstrategie erzielen lässt.[402] Bei einer „Buy-and-hold"-Strategie fallen hingegen nur beim erstmaligen Kauf der Aktien und u.U. bei der Auflösung des Portfolios am Ende des Analysezeitraums in realen Märkten Transaktionskosten an. Als Hauptvorteil wird die Gegenüberstellung mit alternativen Anlagestrategien gesehen.[403]

Der BHR der Börsenneueinführungen (IPO) ist definiert als[404]

$$BHR_s^{IPO\,i} = \prod_{t=1}^{s} (1 + r_{it}) - 1.$$

Der BHR des der Börsenneueinführung über das gleiche Zeitfenster zugeordneten Marktportfolios ist analog definiert als

$$BHR_s^{rm,\,i} = \prod_{t=1}^{s} (1 + r_{rm}) - 1.$$

mit: r_{rm} = Rendite des Marktportfolios bzw. Vergleichsindex.

---

400 Vgl. Ritter (1991), S. 8-9.

401 In vorliegender Studie werden die Renditen auf monatlicher Basis berechnet. Die Berechnung der CAR impliziert damit eine tägliche Anpassung der Portfoliozusammensetzung.

402 Zur Problematik der Messung von langfristigen Überrenditen und einer Diskussion der Vor- und Nachteile der Verwendung von CAR und BHR vgl. Erhardt (1997), S. 161-164, Fama (1998), S. 291-296 und Mitchel/Stafford (2000).

403 Vgl. Stehle/Erhardt (1999), S. 1407.

404 Vgl. Ritter (1991), S. 8.

Mit dem Ende des Analysezeitraums für eine einzelne Aktie endet auch die Berechnung der Rendite des Marktportfolios. Die durchschnittlichen Renditen der Portfolios ergeben sich aus dem arithmetischen Mittel:

$$BHR_s^{IPO} = \frac{1}{n}\sqrt{BHR_s^{IPO,t}} \quad \text{bzw.}$$

$$BHR_s^{rm} = \frac{1}{n}\sqrt{BHR_s^{rm,t}}.$$

Zur Interpretation der „Buy-and-hold"-Rendite wird die Kennzahl „wealth relative" (wr_t) berechnet:[405]

$$wr = \frac{1 + BHR_s^{IPO}}{1 + BHR_s^{rm}}$$

Ein „wealth relative" von größer 1,00 bedeutet, dass die Börsenneueinführungen im Durchschnitt eine bessere Renditeentwicklung als der Marktindex aufweisen, ein Wert von kleiner 1,00 bedeutet entsprechend, dass ihre Renditeentwicklung schlechter ist.[406]

405 Vgl. Levis (1993), S. 32.

406 Für eine weiter gehende Diskussion der Vor- und Nachteile der einzelnen Verfahren vgl. Stehle/Ehrhardt (1999), S. 1404-1409.

4.3.2 Ergebnisse

Die Unternehmen der Stichprobe weisen im Zeitraum von der Börseneinführung bis ca. 18 Monate nach dem IPO kaum eine vom DAFOX oder DAX 100 abweichende Entwicklung auf. Lediglich bei einer Bereinigung um den DAX 100 entsteht eine negative kumulierte abnormale Rendite von – 3,55 % (vgl. Abbildung 4-2 und Tabelle 4-4).

Abbildung 4-2: Langfristige Renditen

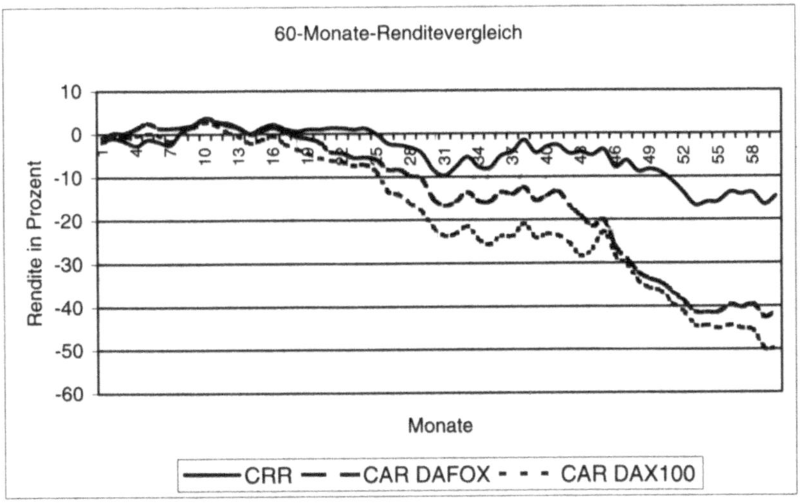

CRR: Kumulierte, unbereinigte Rendite der Stichprobe
CAR DAFOX: Kumulierte, mit dem DAFOX bereinigte Rendite
CAR DAX100: Kumulierte, mit dem DAX100 Index bereinigte Rendite

Im Zeitabschnitt von 18 bis 24 Monaten weist die Stichprobe der IPOs keine rückläufige kumulierte Rendite auf, jedoch zeigen die kumulierten abnormalen Renditen einen deutlichen Rückgang, der sich zunächst bis Monat 30 fortsetzt. Von Monat 30 bis Monat 40 stabilisiert sich der Renditeverlauf. Die mit dem DAFOX bereinigte, kumulierte Rendite schwankt zwischen ca. –12 % bis –18 %, die mit dem DAX100 Index bereinigte, kumulierte Rendite zwischen ca. –20 % bis –30 %.

Tabelle 4-4: Renditeentwicklung und Teststatistik

Monat	n_{DAFOX}	CR_t[a] %	CAR_t DAFOX[b] %	t-Wert	$n_{DAX\,100}$	CAR_t DAX 100[c] %	t-Wert
1	85	-1,55	-0,95	-0,63	79	-1,95	-1,32
2	84	-1,00	0,21	0,10	78	-0,7	-0,35
3	83	-1,77	0,17	0,06	77	-0,8	-0,32
4	82	-2,69	1,30	0,41	75	-0,40	-0,14
5	82	-1,31	2,53	0,71	75	0,08	0,24
6	81	-1,83	1,41	0,36	73	-0,25	-0,07
7	79	-2,53	1,29	0,30	72	-1,8	-0,47
8	76	0,72	1,56	0,33	71	0,25	-0,06
9	74	1,62	2,07	0,41	70	1,59	0,35
10	73	3,70	3,72	0,69	69	2,68	0,56
11	73	2,72	2,99	0,53	69	2,03	0,40
12	73	2,53	1,99	0,34	69	0,37	0,07
13	73	1,48	1,34	0,22	69	-0,55	-0,10
14	72	0,10	-0,15	-0,02	68	-2,21	-0,39
15	71	1,41	0,66	0,10	67	-1,34	-0,23
16	71	2,18	1,45	0,21	67	-0,50	-0,08
17	71	1,20	0,51	0,07	67	-2,34	-0,37
18	69	0,59	-0,65	-0,09	65	-3,55	-0,54
19	68	1,00	-1,11	-0,14	63	-4,56	-0,67
20	67	1,02	-1,93	-0,24	62	-5,61	-0,79
21	67	1,32	-4,22	-0,52	60	-6,18	-0,85
22	67	1,29	-4,48	-0,54	60	-6,48	-0,86
23	67	0,98	-5,55	-0,65	60	-7,37	-0,97
24	67	1,24	-5,45	-0,63	60	-7,10	-0,92
25	66	-0,10	-6,08	-0,68	60	-8,89	-1,11
26	66	-2,31	-8,30	-0,91	60	-13,32	-1,64
27	65	-2,65	-8,25	-0,88	60	-14,05	-1,69*
28	65	-3,25	-9,70	-1,02	59	-16,22	-1,91*
29	64	-4,46	-10,43	-1,07	57	-18,15	-2,09**
30	63	-8,39	-15,11	-1,51	56	-21,74	-2,44**
31	61	-9,66	-16,73	-1,61	54	-23,68	-2,57**
32	61	-7,62	-15,76	-1,50	53	-23,15	-2,47**
33	61	-5,41	-13,55	-1,27	53	-21,51	-2,26**
34	61	-7,72	-15,62	-1,44	53	-24,50	-2,54**
35	61	-7,89	-15,73	-1,43	53	-25,71	-2,62***
36	60	-5,16	-13,51	-1,20	52	-23,71	-2,37**
37	58	-4,21	-13,97	-1,20	50	-23,71	-2,30**
38	55	-1,53	-12,40	-1,03	47	-20,95	-1,95**
39	55	-4,46	-15,47	-1,26	47	-24,09	-2,22**
40	54	-3,00	-14,27	-1,14	46	-23,28	-2,09**
41	54	-2,77	-13,36	-1,05	46	-23,66	-2,10**
42	52	-4,67	-16,72	-1,28	45	-25,50	-2,20**
43	51	-4,33	-19,23	-1,44	44	-28,38	-2,39**
44	48	-5,04	-21,58	-1,55	41	-26,68	-1,55
45	45	-3,74	-20,12	-1,38	40	-22,80	-1,38
46	44	-7,82	-26,26	-1,77*	39	-28,43	-1,77*
47	43	-6,31	-29,12	-1,91*	39	-30,44	-1,91*
48	43	-8,76	-32,18	-2,09**	39	-34,23	-2,09**
49	43	-8,27	-33,63	-2,17**	39	-35,83	-2,17**
50	42	-8,94	-34,58	-2,18**	38	-36,57	-2,18**
51	42	-10,97	-36,64	-2,29**	38	-39,33	-2,29**
52	41	-13,66	-38,90	-2,37**	38	-41,44	-2,37**
53	41	-16,64	-41,31	-2,50**	38	-44,51	-2,50**
54	40	-15,91	-41,40	-2,45**	37	-44,45	-2,45**
55	40	-15,72	-41,39	-2,43**	37	-45,15	-2,43**
56	39	-13,56	-39,60	-2,27**	37	-44,44	-2,27**
57	39	-14,01	-40,32	-2,29**	37	-45,13	-2,29**
58	39	-13,69	-39,54	-2,23**	37	-45,64	-2,23**
59	39	-16,46	-42,64	-2,38**	37	-49,83	-2,38**
60	39	-14,54	-41,25	-2,29**	37	-49,71	-2,59***

[a] kumulierte, unbereinigte Rendite

[b] kumulierte, abnormale Rendite zum DAFOX

[c] kumulierte, abnormale Rendite zum DAX 100

Var ($AR_{t/DAFOX}$) = 0,01908 für 60 Monate

Var ($AR_{t/Dax\,100}$) = 0,01872 für 60 Monate

*** signifikant auf dem 1 %-Niveau

** signifikant auf dem 5 %-Niveau

* signifikant auf dem 10 %-Niveau

Cov ($AR_{t/DAFOX}$) = 0,001068 für 60 Monate

Cov ($AR_{t/DAFOX}$) = 0,001048 für 60 Monate

Bis Monat 60 entstehen kumulierte, abnormale Renditen von ca. –40% bzw. –50 %. Üblicherweise wird in Untersuchungen zur langfristigen Kursentwicklung von Börsenneueinführungen ein Zeitraum von maximal drei Jahren zugrunde gelegt.[407] Für die zeitliche Beschränkung des Analysezeitraums werden im wesentlichen zwei Gründe angeführt. Zum einen verkleinert sich meist die Stichprobengröße bei einer Verlängerung des Analysezeitraums, was die Aussagefähigkeit reduziert.[408] Zum anderen kann in Frage gestellt werden, ob nach fünf Jahren noch ein sachlicher Bezug zwischen der Kursperformance und der Börseneinführung besteht. Beide Probleme treffen auch bei der vorliegenden Untersuchung zu. Dennoch wurde die Kursperformance für bis zu fünf Jahre berechnet, da sich auch die Untersuchung zur fundamentalen Performance auf bis zu fünf Jahre nach dem IPO stützt.[409]

Die durchschnittlich schlechtere Performance des IPO-Portfolios gegenüber den Indices DAFOX und DAX 100 wird erst ab Monat 46 bzw. 27 signifikant. Ein Verzicht auf die von Ritter (1991) vorgeschlagene Integration der Autokovarianz in die Berechnung des t-Wertes würde bereits früher zu signifikanten Werten führen. Da zudem ein zweiseitiger Test durchgeführt wird, obwohl auch die Aufstellung von Hypothesen für einen einseitigen Test möglich wäre (H_0: $CAR_t \geq 0$ und H_1: $CAR_t < 0$), können die Signifikanzwerte als Untergrenzen der wahren Signifikanz interpretiert werden.[410]

Ein vergleichbares Bild hinsichtlich der kumuliert abnormalen Renditen ergibt sich für die „Buy-and-hold-Returns". Ein Investor, der jeweils am ersten Handelstag gleichgewichtig in Börsenneueinführungen investierte, hatte nach zwölf Monaten ein Vermögen von ca. 0,97 bzw. 0,92 der alternativen Anlagestrategie einer Investition in ein DAFOX Portfolio bzw. DAX 100 Portfolio. Nach 36 Monaten liegt der „wealth relative" bei 0,75 bzw. 0,62 (vgl. Tabelle 4-5).

Tabelle 4-5: Buy-and-hold-Returns

Monate	3	6	9	12	18	24	30	36	48	60
wr_{DAFOX}[a]	0,97	0,97	0,96	0,97	0,90	0,93	0,73	0,75	0,46	0,37
$wr_{DAX\ 100}$[b]	0,96	0,96	0,92	0,92	0,84	0,84	0,64	0,62	0,35	0,27

„wealth relative" auf Basis des DAFOX „wealth relative" auf Basis des DAX 100

407 Vgl. Tabelle 4-7.

408 Vgl. z.B. Steib/Mohan (1997), S. 123.

409 Vgl. auch Sapusek (2000), S. 383-390.

410 Die Mehrzahl der nationalen und internationalen Studien weisen signifikant negative Werte für den CAR_t auf. Insbesondere die US-amerikanischen Studien basieren dabei allerdings auf wesentlich höheren Stichprobenumfängen.

4.3.3 Diskussion

Da bei der Verwendung eines jeden Index in Frage gestellt werden kann, ob es sich um die korrekte Bezugsbasis handelt und die vorliegende Stichprobe nur Unternehmen beinhaltet, die die Datenanforderungen für die Untersuchung zur fundamentalen Performance erfüllen, erscheint es notwendig die Ergebnisse in den Kontext nationaler und internationaler Studien zu stellen.

Insgesamt existieren im Vergleich zu der umfangreichen Anzahl der Studien zum Underpricing allerdings nur wenige Untersuchungen zur langfristigen Kursentwicklung von Börsenneueinführungen (Vgl. Tabelle 4-6).[411]

Tabelle 4-6: Studien zum deutschen Kapitalmarkt

Studie	n	Periode der IPOs	Kumulations-zeitraum	Verfahren	Vergleichs-portfolio	CAR_t in %
Sapusek (2000)	104	1988-1993	60 Monate	BHR	Dafox[412]	-30,49
Stehle/Erhardt (1999)	187	1969-1992	36 Monate	BHR	gw-VP mw-VP	-5,04 1,54
Steib/Mohan (1997)	96	1988-1995	24 Monate	BHR	StBA	-9,46
Ljungqvist (1997)	145	1970-1990	36 Monate	BHR	DAFOX	-12,11
Wittleder (1989)	67	1961-1987	53 Wochen	FFJR	FAZ	-3,95
Uhlir (1989)	70	1977-1986	15 Monate	DM	StBA	-11,88

Verfahren: BHR= Buy-and-hold-Returns, FFJR= Verfahren nach Fama/Fisher/Jensen/Roll (1969), DM Verfahren nach Dimson/March (1986), zu einer Diskussion der Verfahren vgl. Stehle/Erhardt (1999). Vergleichsportfolio: gw-VP= gleichgewichtetes Vergleichsportfolio, mw-VP= marktwertgewichtetes Vergleichsportfolio, StBA= Index des Statistischen Bundesamtes, FAZ= Index der Frankfurter Allgemeinen Zeitung

[411] Ein Grund dafür könnte sein, dass um Dividendenzahlungen bereinigte Kurszeitreihen erforderlich sind, die u.U. in vielen Ländern nicht verfügbar sind. Vgl. Aussenegg (1997), S. 415. Neben der akademischen Forschung wird die langfristige Kursperformance von Börsenneueinführungen in Wirtschaftsmagazinen aus Sicht des Anlegers diskutiert. Ein Beispiel ist das US-amerikanische Forbes Magazin, das seit dem Leitartikel vom Dezember „Why New Issues Are Lousy Investments", Stern/Bornstein (1985), regelmäßig die Kursperformance darstellt, diese allerdings nicht näher mit einer wissenschaftlichen Studie analysiert.

[412] Neben dem gleichgewichteten DAFOX nutzt Sapusek (2000) eine Reihe weiterer Indizes.

Hinsichtlich des Untersuchungszeitraums besteht die größte Übereinstimmung mit der Studie von Steib/Mohan (1997). Diese ermitteln eine kumulierte, abnormale Rendite von – 9,46 % nach der BHR-Methode nach 24 Monaten bei einer Bereinigung um den Index des Statistischen Bundesamtes. Dieser Wert liegt zwischen den in dieser Studie errechneten Werten für den BHR auf Basis des DAFOX und DAX 100. Bei einer größeren Stichprobe können Steib/Mohan eine Signifikanz auf dem 1 %-Niveau feststellen.

Mit Ausnahme einer Berechnung von Stehle/Erhardt (1999), in der die Autoren keine signifikanten Werte erhalten, weisen alle Studien zum deutschen Kapitalmarkt signifikant negative kumulierte, abnormale Renditen für Börsenneueinführungen in der langfristigen Betrachtung auf. Die Unterschiede in den kumulierten, abnormalen Renditen der Studien resultieren insbesondere aus unterschiedlichen Berechnungszeiträumen, unterschiedlichen Vergleichsportfolios und unterschiedlichen Stichprobenabgrenzungen.[413] Lediglich Sapusek (2000) untersucht einen Zeitraum von 60 Monaten. Bei Verwendung des gleichgewichteten DAFOX ermittelt sie einen „Buy-and-hold-Return" von –30,49 % nach 60 Monaten.[414] Aussenegg (1997) gibt für den österreichischen Kapitalmarkt für einen 60 Monate umfassenden Zeitraum den „wealth relativ" mit 0,64 an. Beide Berechnungen sind methodisch nicht direkt mit der vorliegenden Untersuchung vergleichbar, weisen jedoch auf eine tendenziell geringere Underperformance hin.

In internationalen Studien zur langfristigen Performance von Börsenneueinführungen werden in der Mehrzahl signifikant negative kumulierte, abnormale Renditen festgestellt.[415] Die einzige Studie, die eine deutlich bessere Performance der Börsenneueinführungen ausweist, bezieht sich auf den südkoreanischen Kapitalmarkt. Die Autoren führen als mögliche Erklärung an, dass die südkoreanischen Börsenneueinführungen über eine relativ lange Unternehmenshistorie und damit geringere Konkurswahrscheinlichkeit verfügen. Weiterhin findet der weitaus größte Anteil des Kursanstiegs im ersten Monat nach dem IPO statt und kann somit u.U. in einer sehr weiten Definition noch als Underpricing bezeichnet werden.[416]

[413] Vgl. Stehle/Erhardt (1999), S. 1411.

[414] Vgl. Sapusek (2000), S. 386.

[415] Loughran/Ritter (1995) fassen die Ergebnisse ihrer Untersuchung in prägnanten Aussagen zusammen: "Investing in firms issuing stocks is hazardous to your wealth. ... In other words, investors seem to be systematically misestimating the probability of finding a big winner. It is the triumph of hope over exoerience." Vgl. Loughran/Ritter (1995), S. 46-47.

[416] Vgl. Kim/Krinsky/Lee (1995), S. 437-439. Eine weitere Erklärung könnten spezielle Anlageregeln für ausländische Investoren sein.

Tabelle 4-7: Studien für internationale Kapitalmärkte

Untersuchung	n	Land	Zeitabschnitt	Zeitraum	CAR[b] in %
Aussenegg (1997)	67	Österreich	1984-1996	36 Monate	0,64[c]
Levis (1993)	712	Großbritannien	1980-1988	36 Monate	-11,38
Keloharju (1993)	80	Finnland	1984-1989	36 Monate	-26,4[b]
Loughran/Ritter/Rydquist (1994)	162	Schweden	1980-1990	36 Monate	-1,2[a]
Ritter (1991)	1526	USA	1975-1984	36 Monate	-29,13[b]
Loughran/Ritter (1995)	4753	USA	1970-1990	36 Monate	-20,0[c]
Kim/Krinski/Lee (1995)	169	Südkorea	1960-1992	36 Monate	+1, 56[c]
Lee/Taylor/Walter (1996)	132	Singapur	1973-1992	36 Monate	+1,00[c]
Aggarwal/Leal/Hernandez (1993)	28	Chile	1982-1990	36 Monate	-23,7[a]
Aggarwal/Leal/Hernandez (1993)	62	Brasilien	1980-190	36 Monate	-47,0[a]

[a]Buy-and-hold-Returns [c] wealth relative
[b]Verfahren nach Fama/French/Jensen/Roll (1969)

Die Ergebnisse der vorliegenden Studie stimmen trotz der vergleichsweise kleinen Stichproben weitgehend mit nationalen und internationalen Untersuchungen zur langfristigen Kursperformance von Börsenneueinführungen überein. Insbesondere für die ersten 24 Monate nach dem IPO liegen die kumulierten, abnormalen Renditen auch in ihrer absoluten Höhe nahe an den Werten der Studie von Steib/Mohan (1997). Aufgrund der kleinen Stichprobe für den Zeitraum von 36 bis 60 Monaten sind die Werte zwar kritisch zu bewerten, dennoch stimmen sie trotz unterschiedlicher Untersuchungszeiträume in der Größenordnung mit Sapusek (2000) überein.

Vergleicht man isoliert, d.h. ohne Berücksichtigung des Gesamtmarktzusammenhangs, die fundamentale Performance der Stichprobe mit der Bewertung am Kapitalmarkt, so stellt sich heraus, dass der Rückgang der Rentabilität von t= -1 bis t= +3 um ca. –35 % bis –65 %, je nach Kennzahl, sich nur in einer kumulierten, negativen Rendite von ca. –5 % widerspiegelt.

Berücksichtigt man zusätzlich das Underpricing von ca. +9 %, erfährt ein Anleger, der bei allen Emissionen zum Emissionskurs kaufen konnte, eine Vermögenssteigerung von ca. +4 %. Dies könnte als Hinweis darauf interpretiert werden, dass der Emissionspreis nicht deutlich vom fundamentalen Wert des Unternehmens abweicht und der Kapitalmarkt zumindest teilweise in der Lage ist, die zukünftige Entwicklung von Börsenneueinführungen in der Preisbildung zu antizipieren.[417]

Unter der Annahme effizienter Kapitalmärkte ist jedoch zu erwarten, dass die Stichprobe der Börsenneueinführungen im Zeitablauf keine systematische Abweichung in der Wertentwicklung von einem Portfolio vergleichbaren Risikos aufweist.[418] Tatsächlich beträgt die um den DAFOX bereinigte kumulierte, abnormale Rendite ca. –14 %, die um den DAX 100 bereinigte ca. – 26 % über einen Zeitraum von 36 Monaten. Der „wealth relative" als alternative Kennzahl liegt bei 0,75 bzw. 0,62. In Frage gestellt werden könnte allerdings, ob die Vergleichsindizes hinsichtlich ihrer Zusammensetzung der geeignete Bezugsmaßstab sind. Dies kann nach Meinung des Verfassers aufgrund der Gleichgewichtung und der Breite der vertretenen Unternehmen für den DAFOX nicht abgelehnt werden.[419] Für den DAFOX spricht weiterhin, dass auch die Fundamentaldaten der Unternehmen der Stichprobe in ihrem Niveau drei Jahre nach der Börseneinführung in etwa dem aller am Amtlichen Handel und Geregelten Markt notierten Unternehmen, bei vergleichbarem Ausschluss einzelner Branchen, entsprechen.[420]

Der DAX 100 wurde als alternative Benchmark gewählt. Trotz seiner marktwertgewichteten Zusammensetzung, die seine Wertentwicklung in weiten Teilen von der einiger Großunternehmen abhängig machen, und der um ca. ein Jahr zeitversetzten Berechnung zeigt sich ein paralleler Verlauf zum DAFOX. Die absolut höheren Werte der kumulierten, abnormalen Rendite lassen darauf schließen, dass während des Untersuchungszeitraums Großunternehmen eine im Durchschnitt bessere Kursperformance als kleinere Unternehmen aufweisen.

Zieht man zur Beurteilung der Markteffizienz zusätzlich nationale und internationale Studien heran, die trotz unterschiedlicher Analysezeiträume, unterschiedlicher Vergleichsportfolios und unterschiedlicher Berechnungsmethoden in deutlicher Mehrheit die Effizienz der Märkte bei der Bewertung von Börsenneueinführungen ablehnen, kann auch für die vorliegende Untersuchung von einer Marktanomalie ausgegangen werden, wenngleich der Kapitalmarkt in eingeschränktem Umfang in der Lage ist, die Verschlechterung der fundamentalen Performance zu antizipieren.

---

417 Bei einer isolierten Betrachtung spricht die Bestimmung eines Emissionspreises letztlich für die Qualität der Unternehmensbewertung durch die Emissionsbanken.

418 Vgl. Fama (1998).

419 Sapusek (2000) vergleicht die Auswirkungen der Verwendung unterschiedlicher Indizes. Sie kommt ebenfalls zur Schlußfolgerung, dass breitangelegte, gleichgewichtete Performance-Indices am geeignetsten zur Messung der langfristigen Performance sind. Vgl. Sapusek (2000), S. 397.

420 Vgl. Wohlschieß (1996), S. 200-201 und Abschnitt 3.3.2

In der Literatur werden im wesentlichen verhaltensorientierte Ansätze zur Erklärung der langfristigen Underperformance von Börsenneueinführungen diskutiert.

Miller (1977) erklärt die Bewertung von Börsenneueinführungen mit heterogenen Erwartungen der Investoren bezüglich der zukünftigen Cash-flows und des Wachstumspotentials. Eine zentrale Eigenschaft seines Modellansatzes ist, dass das Volumen von Neuemissionen typischerweise bereits von einer verhältnismäßig kleinen Anzahl von Anlegern aufgenommen werden kann. Bei heterogenen Erwartungen wird der markträumende Preis, anders als es die Theorie effizienter Märkte annimmt, von marginalen Anlegern bestimmt, die gerade optimistisch genug sind, den Emissionspreis zu akzeptieren. Im Zeitablauf gelangen mehr Informationen über das Unternehmen in den Markt, was zur Folge hat, dass sich die Differenz der Einschätzungen zwischen den optimistischen und pessimistischen Kapitalmarktteilnehmern verringert und der Marktpreis zurückgeht. Im Modell von Miller (1977) ist das Bekannt werden schlechter Informationen über das Unternehmen nicht notwendig. Informationen müssen lediglich die Bandbreite der Einschätzungen reduzieren. Es kann daher zu rückläufigen Kursen kommen, ohne dass sich die durchschnittliche Einschätzung des Kapitalmarktes im Zeitablauf verändert.[421]

Shiller (1990) stellt eine „Impresario"-Hypothese vor, in der er argumentiert, dass der Markt für Börsenneueinführungen periodisch irrational ist und Investmentbanken, vergleichbar dem Promotor eines Rock-Konzerts, durch Underpricing aus einem Börsengang ein „event" machen. Im Laufe der Zeit geht die optimistische Einschätzung vieler Kapitalmarktteilnehmer zurück, was wie bei Miller (1977) zu rückläufigen Kursen führt.[422]

In der verhaltensorientierten Finanzierungstheorie werden unter den Begriffen „overreaction" bzw. „underreaction" und „overconfidence"[423] in einer Reihe von Modellen Erklärungsansätze für das Verhalten von Kapitalmarktteilnehmern bzw. für die Preisbildung an Kapitalmärkten diskutiert, die temporäre Über- bzw. Unterbewertungen der Kapitalmärkte begründen und damit den Aussagen der

---

421 Ein theoretischer Einwand gegen das Modell von Miller (1997) ist, dass zu erwarten ist, dass pessimistische Kapitalmarktteilnehmer durch Leerverkäufe Druck auf den zu hohen Marktpreis ausüben. Tatsächlich ist es jedoch selbst an weit entwickelten Kapitalmärkten, wie z.B. in den USA, kaum möglich, Börsenneueinführungen sofort leer zu verkaufen. Vgl. Jenkinson/ Ljungqvist (1996), S. 103.

422 Vgl. Shiller (1990), S. 61-63.

423 Vgl. z.B. DeBondt/Thaler (1985, 1987), Shiller (1990), Aggarwal/Rivoli (1990), Griffin/Tversky (1992), Cornett/Mehran/Tehranian (1998), Barberis/Shleifer/Vishny (1998) und Daniel/Hirshleifer/Subrahmanyan (1998).

Neoklassik widersprechen.[424] Die Folgen für das Finanzierungsverhalten von Unternehmen sind konsistent mit den in Abschnitt 2.2.1 dargestellten Modellansätzen zur adversen Selektion. Die empirischen Ergebnisse zur langfristigen Kursperformance können insgesamt auch als Bestätigung der Implikationen der finanzierungstheoretischen Modelle gewertet werden.

4.4 Zusammenfassung

Die Unternehmen der Stichprobe weisen ein Underpricing von 8,72 % im Mittelwert auf. Von den untersuchten 115 Unternehmen vermittelten ca. 84 % den Erstzeichnern eine positive Emissionsrendite. Die Bandbreite der Emissionsrendite liegt zwischen -5 % und +103 %. Dabei zeigt sich auch in der vorliegenden Studie, wie in allen anderen Studien zum deutschen Kapitalmarkt, ein positives Underpricing. Die durchschnittliche Höhe der Emissionsrendite stimmt in etwa mit der von Steib/Mohan (1997) überein, die bei einer Stichprobe von 103 Börsenneueinführungen aus dem Zeitabschnitt von 1988 bis 1994 eine unbereinigte Emissionsrendite von 6,81 % feststellen.

Zur Messung der langfristigen Performance wurde das von Fama/Fisher/Jensen/Roll (1969) etablierte Verfahren zur Ermittlung kumulierter, abnormaler Renditen und das von Ritter (1991) vorgeschlagene Verfahren zur Bestimmung der Kennzahl „wealth relative“ auf der Basis einer „Buy-and-hold“-Strategie verwendet.

Es kommt die Teststatistik von Ritter (1991) zur Anwendung, die mögliche Autokorrelationen der Kurszeitreihen berücksichtigt. Als Vergleichsportfolio wurde der speziell für Forschungszwecke entwickelte gleichgewichtete DAFOX gewählt, der hinsichtlich der Größenverteilung der Unternehmen und der Branchen die Unternehmensstichprobe gut approximiert. Zur Ergänzung wurde der DAX 100 herangezogen.

Die Unternehmen der Stichprobe weichen in ihrer Kursentwicklung in den ersten 18 Monaten nach der Börseneinführung kaum von den Vergleichsindizes ab. Nach 36 Monaten beträgt die kumulierte Rendite ca. –5,16 %, die kumulierte, abnormale Rendite auf Basis des DAFOX –13,51 % und auf Basis des DAX 100 –23,71 %.

---

[424] Eine umfassende Diskussion der verhaltensorientierten Finanzierungstheorie findet sich bei Bank (2000).

Signifikante Werte entstehen ab Monat 46 bzw. 27.[425] Der „wealth relative" liegt nach 36 Monaten bei 0,75 bzw. 0,62. Trotz unterschiedlicher Berechnungsmethoden, Analysezeiträume und Stichprobenabgrenzungen weisen die (wenigen) Studien zur langfristigen Kursperformance von deutschen Börsenneueinführungen auf der Grundlage größerer Stichproben vergleichbare Ergebnisse auf, die meist signifikant sind.[426] Die Ergebnisse entsprechen auch den internationalen Studien, die mit Ausnahme der Untersuchungen für die Kapitalmärkte von Südkorea und Singapur eine signifikante Underperformance von Börsenneueinführungen ausweisen.

Die Kursstudie wurde weiterhin in Analogiebildung zur Untersuchung der fundamentalen Performance auf einen Zeitraum von 60 Monaten ausgedehnt. Aufgrund der geringen Fallzahl und der fehlenden Vergleichsmöglichkeiten sind die Ergebnisse einer kumulierte, abnormalen Rendite von –41,25 % bzw. –49,71 % zwar kritisch zu bewerten, jedoch weisen auch andere Untersuchungen für einen Zeitraum von fünf Jahren vergleichbare Größenordnungen aus.

Bei einer isolierten Betrachtung der Entwicklung der Börsenneueinführungen zeigt sich, dass sich der Rückgang der fundamentalen Performance über einen Zeitraum von drei Jahren, z.B. gemessen in einer Verschlechterung der vier Rentabilitätskennzahlen von ca. –33 % bis –45 %, nur in einer kumulierten, abnormalen Rendite von ca. –5 % widerspiegelt. Bei Berücksichtigung des durchschnittliche Underpricing von ca. +9, haben Erstzeichner keinen direkten Verlust erlitten. Dies könnte als Hinweis darauf interpretiert werden, dass der Kapitalmarkt in der Lage ist, die Verschlechterung der fundamentalen Performance zu antizipieren und die Festlegung des Emissionspreises, gewöhnlich durch die Emissionsbanken, in etwa dem Wert der Unternehmen entspricht.

Unter der Annahme effizienter Kapitalmärkte ist jedoch zu erwarten, dass die Stichprobe im Zeitablauf keine systematische Abweichung in der Wertentwicklung zu einem Portfolio vergleichbaren Risikos aufzeigt. Tatsächlich beträgt die um den DAFOX bereinigte kumuliert abnormale Rendite ca. –14%, die um den DAX 100 bereinigte ca. –26 % über einen Zeitraum von 36 Monaten.

---

[425] Auf Grundlage des Verfahrens von Fama/Fisher/Jensen/Roll (1969) und Ritter (1991).

[426] Die Stichprobe in der vorliegenden Untersuchung ist dadurch eingegrenzt, dass nur Unternehmen aufgenommen wurden, deren fundamentale Performance in Abschnitt 3.5 analysiert wurde. Nicht enthalten sind daher Banken, Versicherungen und reine Holdinggesellschaften. Vgl. Abschnitt 3.2.1.

Aufgrund der Gleichgewichtung und der Breite der vertretenen Unternehmen kann der DAFOX als geeigneter Bezugsmaßstab kaum abgelehnt werden.[427] Für den DAFOX spricht weiterhin, dass auch die Fundamentaldaten der Unternehmen der Stichprobe in ihrem Niveau drei Jahre nach der Börseneinführung in etwa dem aller am Amtlichen Handel und Geregelten Markt notierten Unternehmen entsprechen. Zieht man zur Beurteilung der Ergebnisse zusätzlich nationale und internationale Studien heran, dann kann auch für die vorliegende Untersuchung eine Marktanomalie angenommen werden, wenngleich der Kapitalmarkt zumindest teilweise in der Lage ist, die Verschlechterung der fundamentalen Performance von Börsenneueinführungen zu antizipieren.

Die Ergebnisse können weitgehend als Bestätigung der Modellklassen zur asymmetrischen Informationsverteilung, die sich mit Finanzierungshierarchien und Emissions-Timing beschäftigen, und als Bestätigung verhaltensorientierter finanzwirtschaftlicher Überlegungen interpretiert werden.

---

427 Der DAFOX umfaßt alle an der Frankfurter Wertpapierbörse gehandelten Unternehmen des Amtlichen Handels und des Geregelten Marktes.

5 Eine erste Untersuchung zum Neuen Markt

Zur Ergänzung der Untersuchung zur fundamentalen Performance der Börsenneueinführungen am Amtlichen Handel und am Geregelten Markt wird die Studienmethodik noch auf Unternehmen des Neuen Marktes angewandt. Eine Analyse des Neuen Marktes ist allerdings zum Zeitpunkt der Erstellung der Studie nur mit Einschränkungen möglich. Im wesentlichen treten drei Probleme auf, die durch das vergleichsweise junge Alter des Marktsegments bedingt sind:

1) Aufgrund der Verfügbarkeit von Daten können nur Unternehmen, die 1997 und 1998 an die Börse gegangen sind, in die Untersuchung einbezogen werden. Für t= -1 und t= 0 beträgt die Größe der Stichprobe daher 37 Unternehmen, für t= +1 lediglich noch 17 Unternehmen. Insbesondere für t= +1 sind daher kaum signifikante statistische Aussagen zu erwarten.
2) Der Untersuchungszeitraum beschränkt sich für den Neuen Markt auf den relativen Zeitraum von t= -2 bis t= +1. Aussagen zur Entwicklung über einen längeren Betrachtungszeitraum wie für den Amtlichen Handel und Geregelten Markt sind damit nicht möglich.
3) Bei den Unternehmen der Stichprobe handelt es sich um die ersten Unternehmen, die an den Neuen Markt gegangen sind. Fraglich ist, ob diese als repräsentative Stichprobe für den Neuen Markt als Ganzes betrachtet werden können.

Im Folgenden kann daher nur im Rahmen eines Exkurses versucht werden, mittels eines Vergleiches mit den Ergebnissen zu den Unternehmen des Amtlichen Handels und Geregelten Marktes (AHGM), erste Hinweise auf systematische Entwicklungen der fundamentalen Performance vor und nach der Börseneinführung zu gewinnen. Die Fragestellung, die Berechnung der Kennzahlen und die statistische Methodik sind identisch zur vorhergehenden Untersuchung, so dass allein auf die Ergebnisse abgestellt wird.

Für eine aussagekräftige Kursstudie ist ein geeigneter Vergleichsindex zentrale Voraussetzung. Da Indices für den Neuen Markt erst zum Ende des Untersuchungszeitraums entwickelt wurden und die Berechnung eines eigenen Index auf Basis der geringen Unternehmenszahl zum Start des Neuen Marktes sehr zweifelhaft bzw. unmöglich ist, wird auf eine Kursstudie verzichtet. Aufgrund der Kürze des Untersuchungszeitraums und der damit verbundenen geringen Querschnittsbildung wird auf eine Analyse stichtagsbezogener Marktwerte, mit Ausnahme der Eigenkapitalquote zu Marktpreisen und des Markt-/Buchwertverhältnisses auf Basis der Erstnotiz, ebenfalls verzichtet.

5.1 Ergebnisse

5.1.1 Rentabilitätseffekt

Bei der Betrachtung der Rentabilitätskennziffern Gesamtkapital-, Eigenkapital- und Cash-flow-Rendite fällt im Vergleich zu den Unternehmen des Amtlichen Handels und Geregelten Marktes (AHGM) zunächst auf, dass diese nicht im Vorfeld der Börseneinführung ansteigen, sondern rückläufig sind. Die Interpretation kann weiterhin nur rein deskriptiv sein, da die Teststatistik lediglich für den Rückgang der Eigenkapitalrendite im Jahr der Börseneinführung einen signifikanten Wert aufweist (vgl. Tabellen 5-1, 5-2 und Abbildungen 5-1, 5-2).

Tabelle 5-1: Deskriptive Statistik Rentabilität

Kenn-zahl		t=-2 n=32	t=-1 n=37	t=0 n=37	t=1 n=17
GKR[a] (%)	Median	9,61	8,29	6,11	7,40
	Mean	9,78	7,42	6,46	6,07
	(Std.)	(17,11)	(12,59)	(10,79)	(15,03)
EKR[b] (%)	Median	24,52	19,70	4,45	5,52
	Mean	-5,27	9,32	5,76	4,99
	(Std.)	(392,0)	(52,88)	(22,33)	(25,12)
CFR[c] (%)	Median	15,42	14,22	11,58	8,98
	Mean	14,81	14,09	12,08	10,04
	(Std.)	(18,73)	(14,67)	(11,60)	(14,38)
UR[d] (%)	Median	3,54	5,15	7,08	6,82
	Mean	-15,95	3,49	-63,83	-99,69
	(Std.)	(69,12)	(11,75)	(328,3)	(429,7)

[a]Eigenkapitalrendite [b]Gesamtkapitalrendite
[c]Cash-flow-Rendite [d]Umsatzrendite

Im Jahr des Börsengangs fallen die Gesamt-, Eigenkapital- und Cash-flow-Rendite in einem vergleichbaren Verhältnis ab wie bei den Unternehmen des AHGM.

Der Rückgang kann wiederum mit dem Anstieg des Eigenkapitals und mit den Kosten des Börsengangs erklärt werden. Mit Ausnahme der Eigenkapitalrendite in t= -2 sind die absoluten Werte niedriger als bei den Unternehmen des AHGM. Die ausgewiesenen Standardabweichungen und die Abweichungen der Mittelwerte vom Median sind jedoch deutlich höher, was auf mehr Extremwerte und eine größere Verteilungsschiefe schließen lässt.[428]

Abbildung 5-1: Eigenkapital- und Umsatzrentabilität

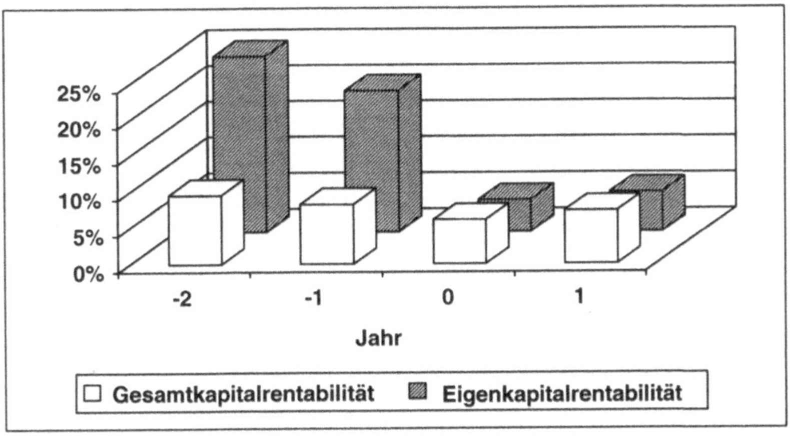

Die Unternehmen des Neuen Marktes weisen zwar im Gegensatz zu den Unternehmen des AHGM keine gestiegenen Renditen im letzten Geschäftsjahr vor der Börseneinführung auf, jedoch geht der prozentuale Anteil der Unternehmen, die einen Jahresfehlbetrag ausweisen, zurück. Nach der Börseneinführung steigt der Anteil wieder an. Dies kann u.U. als Versuch interpretiert werden, durch kurzfristiges Ertragsmanagement beim Börsengang eine günstigere Bewertung zu erzielen.

428 Der Mittelwert der Umsatzrendite liegt z.B. bei –99,69 % in t= +1, was sich durch Unternehmen erklären läßt, die bei nur sehr geringen Umsätzen eine negative Gesamtkapitalrendite erwirtschaften. Das Beispiel demonstriert den Vorzug des Medians gegenüber dem Mittelwert bei der statistischen Kennzahlenanalyse. Zur Ausreißerproblematik vgl. Abschnitt 3.1.2.

Tabelle 5-2: Anteil der Unternehmen mit Jahresfehlbetrag

Unternehmen mit ausgewiesenem Jahresfehlbetrag in %	t=-2	t=-1	t=0	t=1
	34,38	21,62	29,73	23,53

Im Vergleich zu den Unternehmen des AHGM, bei denen in t= -2 bzw. t= -1 der Anteil bei ca. 4% bzw. 0,00 % liegt, ist bei den Unternehmen des Neuen Marktes der Anteil von stets über 20 % relativ hoch.

Abbildung 5-2: Umsatz- und Cash-flow-Rentabilität

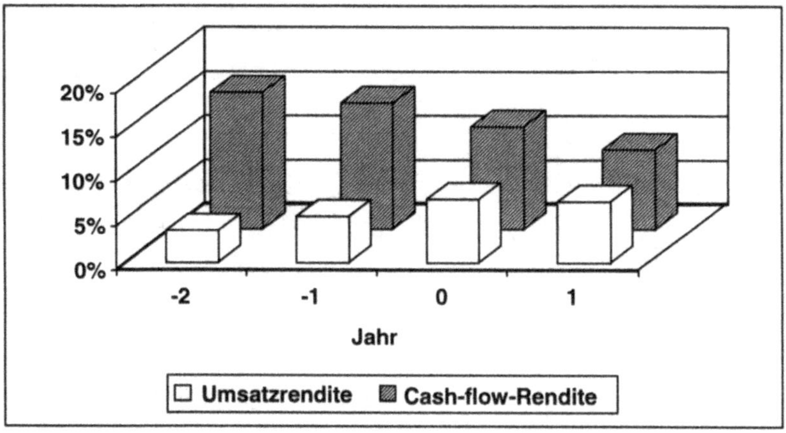

Eine Aussage über die Veränderungsrichtung der Rentabilität von t= 0 auf t= +1 ist problematisch, da nur 17 Beobachtungen gegenüber 37 Beobachtungen in t= -1 und t= -2 vorliegen und die Teststatistik keine Signifikanz ausweist.

Die Kennzahl Umsatzrentabilität hat den Vorteil, dass sie von Veränderungen der Kapitalstruktur nur indirekt beeinflusst wird. Die Umsatzrentabilität verdoppelt sich von t= -2 bis t= +1 und zeigt damit eine umgekehrte Veränderungsrichtung als die drei Rentabilitätskennzahlen an, bei denen das Eigenkapital oder das Fremdkapital im Nenner steht. Dies kann insbesondere von t= -2 bis t= -1 nur mit Kapitalmaßnahmen oder mit sinkenden Umsätzen erklärt werden. Für eine endgültige Beurteilung der Entwicklung der Rentabilität sind daher weitere Kennzahlen notwendig.

Tabelle 5-3: Teststatistik Rentabilität

Kenn-zahl		t= -2 zu t= -1 n=32	t= -1 zu t= 0 n=37	t= -1 zu t= +1 n=17
GKR[a] (%)	Δ Median (Z-Wert)	-0,78 (-1,141)	-2,18 (-1,350)	-0,47 (-4,50)
EKR[b] (%)	Δ Median (Z-Wert)	-9,97 (-1,345)	-15,25* (-1,671)	-6,48 (-0,738)
CFR[c] (%)	Δ Median (Z-Wert)	-1,62 (-0,860)	-2,64 (-1,592)	-2,61 (-0,781)
UR[d] (%)	Δ Median (Z-Wert)	+1,32 (-0,681)	+1,93 (-0,009)	+2,10 (-0,259)

[a]Eigenkapitalrendite
[b]Gesamtkapitalrendite
[c]Cash-flow-Rendite
[d]Umsatzrendite

*** signifikant auf dem 1 %-Niveau
** signifikant auf dem 5 %-Niveau
* signifikant auf dem 10 %-Niveau

5.1.2 Kapitalstruktureffekt

Die Eigenkapitalquote gemessen in Buchwerten steigt von 22,7 % auf 67,0 % im Jahr des Börsengangs. Damit nehmen die Unternehmen des Neuen Marktes im Vergleich zu den Unternehmen des AHGM, die ihre Eigenkapitalquote von ca. 26 % auf ca. 42 % erhöhen, relativ mehr Eigenkapital auf (vgl. Tabellen 5-4, 5-5 und Abbildung 5-3).

Tabelle 5-4: Deskriptive Statistik Kapitalstruktur

Kenn-zahl		t=-2 n=32	t=-1 n=37	t=0 n=37	t=1 n=17
EKQ (BW)[a] **(%)**	Median Mean (Std.)	16,31 16,11 (16,89)	22,72 24,98 (18,61)	67,01 65,82 (20,38)	64,96 59,35 (22,08)

[a]Eigenkapitalquote zu Buchwerten

Besonders auffallend ist jedoch, dass es auch von t= -2 auf t= -1 im Gegensatz zu den Unternehmen des AHGM zu einer Erhöhung der Eigenkapitalquote kommt, die auf dem 1 %-Niveau signifikant ist. Zudem steigt das Gesamtvermögen an.[429]

Hinsichtlich der Höhe der Veränderungen scheidet eine Thesaurierung von Gewinnen als alleinige Erklärung aus. Denkbar ist, dass sich in der Steigerung der Eigenkapitalquote im Geschäftsjahr vor der Börseneinführung Eigenkapitalfinanzierungen von Beteiligungsgesellschaften oder Venture Capital Gesellschaften z.B. in Form eines sogenannten „bridge financing" widerspiegeln. Unklar ist weiterhin, ob und welcher Anteil des Fremdkapitals in Eigenkapital umgewandelt werden kann.[430]

Abbildung 5-3: Eigenkapitalquote

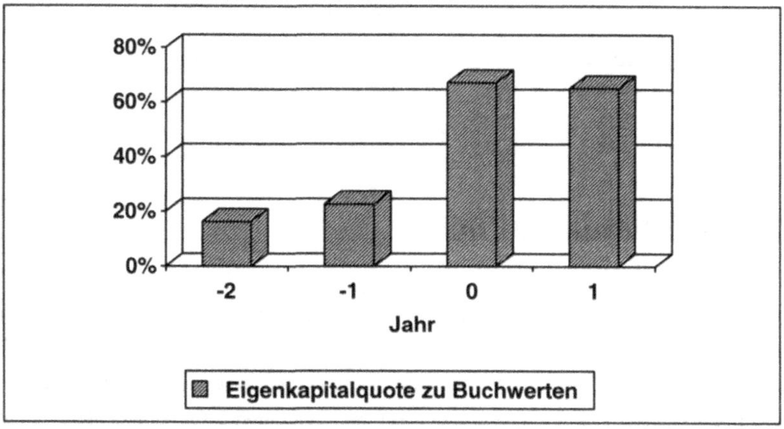

Auf einen stichtagsbezogenen Vergleich der Eigenkapitalquote zu Marktwerten von t= 0 und t= +1 wird aufgrund der geringen zeitlichen Querschnittsbildung und der Stichprobengröße in t= +1 verzichtet.

Am Tag der Börseneinführung weisen die Unternehmen des Neuen Marktes eine Eigenkapitalquote zu Marktwerten im Median von 94,2 % und im Mittelwert von 90,0 % auf. Die Unternehmen des AHGM haben zum Vergleich in t= 0 eine Eigenkapitalquote zu Marktwerten von 65,2 % im Median und 63,3 % im Mittelwert.

429 Vgl. Abschnitt 3.3.3.

430 Die Vergabe von Darlehen, die in Eigenkapital umgewandelt werden können, ist eine häufig anzutreffende Finanzierungsvariante im vorbörslichen Beteiligungsgeschäft.

Tabelle 5-5: Teststatistik Kapitalstruktur

Kennzahl		t= -2 zu t= -1 n= 32	t= -1 zu t= 0 n= 37	t= -1 zu t= +1 n= 17
EKQ (BW)[a] (%)	Δ Median (Z-Wert)	+7,55*** (-2,783)	+44,29*** (-3,736)	+45,61*** (-3,479)

[a]Eigenkapitalquote zu Buchwerten
*** signifikant auf dem 1 %-Niveau

5.1.3 Fremdkapitalfinanzierung

Die Schuldentilgungskraft der Unternehmen des Neuen Marktes, gemessen mit der Kennzahl Entschuldungsgrad, steigt zwar von t= -2 auf t= 0 leicht an, die Veränderungen sind jedoch nicht signifikant. Auffallend ist vielmehr, dass die absoluten Kennzahlenwerte lediglich ca. ein Viertel so hoch sind wie bei den Unternehmen des AHGM. Die Unternehmen des Neuen Marktes können vor der Börseneinführung nur ca. 5 % bzw. ca. 8 % ihrer Nettoverschuldung durch ihren Cash-flow abdecken. (vgl. Tabellen 5-6, 5-7 und Abbildungen 5-4, 5-5). Da die Fremdkapitalquoten vor dem Börsengang ein vergleichbares Niveau wie bei den Unternehmen des AHGM haben, kann daraus geschlossen werden, dass die Unternehmen des Neuen Marktes relativ geringe Cash-flows erwirtschaften.

Der Anstieg der Zinsdeckung von t= -1 auf t= 0 ist auf dem 5 %-Niveau signifikant. Hier spiegelt sich der im Vergleich zum Cash-flow überproportionale Anstieg des Gewinns nach Steuern im Vergleich zum Cash-flow im Jahr der Börseneinführung wider. Ein Teil des Rückgangs kann u.U. auch damit begründet werden, dass ein Teil des Zuflusses von Eigenkapital zur Tilgung von Fremdkapital verwendet wird und daher weniger Fremdkapitalzinsen anfallen. Der Entschuldungsgrad, der das Verhältnis des Cash-flow zu den Nettoverbindlichkeiten misst steigt allerdings nicht signifikant an.

Tabelle 5-6: Deskriptive Statistik Fremdkapitalfinanzierung

Kenn zahl		t=-2 n=32	t=-1 n=37	t=0 n=37	t=1 n=17
CFNV[a] (%)	Median	5,35	8,47	9,53	6,32
	Mean	7,68	9,39	9,20	6,94
	(Std.)	(11,54)	(10,73)	(7,93)	(9,35)
ZIDKO[b] (%)	Median	3,54	6,09	11,19	10,87
	Mean	86,64	49,15	71,10	37,83
	(Std.)	(387,4)	(177,3)	(236,5)	(47,40)
KRZFK[c] (%)	Median	48,22	78,26	92,32	94,27
	Mean	50,54	61,33	80,68	88,20
	(Std.)	(45,51)	(38,15)	(25,41)	(13,04)

[a] Entschuldungsgrad
[b] Zinsdeckung
[c] Anteil des kurzfristigen Fremdkapitals

Abbildung 5-4: Fremdfinanzierung

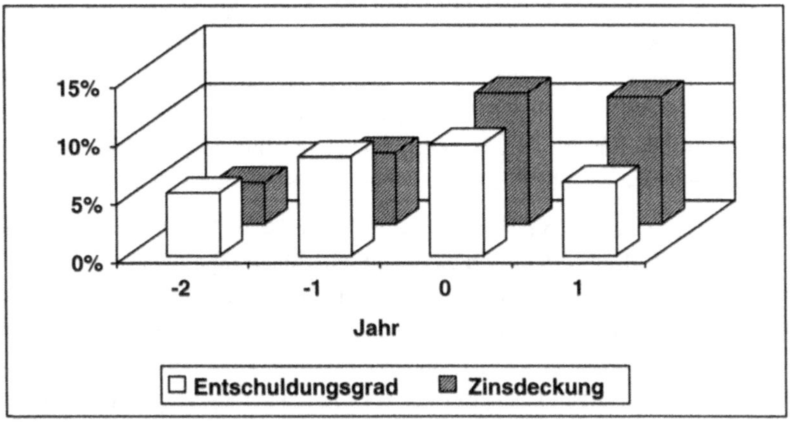

Der Anteil des kurzfristigen Fremdkapitals am gesamten Fremdkapital steigt während des gesamten Untersuchungszeitraums an. Die relative Zunahme des kurzfristigen Fremdkapitals ist von t= -2 bis t= 0 auf dem 5 %-Niveau signifikant. Wie bei den Unternehmen des AHGM wählen u.U. auch die Unternehmen des Neuen Marktes im Vorfeld des Börsengangs verstärkt kurzfristige Finanzierungen, die sie mit dem Zufluss von Eigenkapital wieder zurückführen können. Anders als bei den Unternehmen des AHGM kommt es jedoch im Jahr der Börseneinführung zu einem weiteren Anstieg des Anteils kurzfristiger Fremdkapitalfinanzierung.

Abbildung 5-5: Kurz- und mittelfristige Verbindlichkeiten

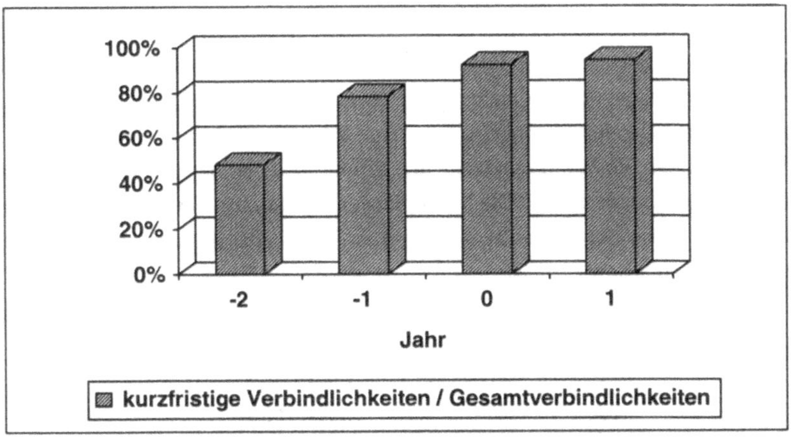

Für den hohen Anteil kurzfristigen Fremdkapitals nach der Börseneinführung lassen sich die gleichen ökonomischen Gründe wie bei den Unternehmen des AHGM anführen.[431] Auffallend ist, dass im Vergleich zu den Unternehmen des AHGM die Eigenkapitalquote nach der Börseneinführung und der Anteil der kurzfristigen Finanzierung deutlich höher ist. Dies kann als Hinweis auf eine aktive Durationspolitik der Unternehmen interpretiert werden: Durch die höhere Eigenkapitalquote steigt die Duration der Passivseite an. Durch eine verstärkte Nutzung von Fremdkapital kann die Duration zumindest zum Teil wieder reduziert werden.

Tabelle 5-7: Teststatistik Fremdkapitalfinanzierung

Kennzahl		t= -2 zu t= -1 n=32	t= -1 zu t= 0 n=37	t= -1 zu t= +1 n=17
CFNV (%)[a]	Δ Median (Z-Wert)	+1,68 (-1,010)	+1,06 (-0,173)	-0,50 (-0,213)
ZIDKO (%)[b]	Δ Median (Z-Wert)	+1,96 (-0,443)	+5,10** (-2,129)	+5,30** (-2,482)
KRZFK (%)[c]	Δ Median (Z-Wert)	+37,86** (-2,476)	+14,06** (-2,653)	+9,09 (-1,551)

[a] Entschuldungsgrad
[b] Zinsdeckung
[c] Anteil des kurzfristigen Fremdkapitals
** signifikant auf dem 5 %-Niveau

[431] Vgl. Abschnitt 3.3.4.

5.1.4 Investitionseffekt

Im Jahr des Börsengangs steigen Investitionsquote und Investitionsintensität an und bleiben im ersten Geschäftsjahr nach dem IPO auf diesem Niveau. Die Veränderungen sind jedoch nicht signifikant (Vgl. Tabellen 5-8, 5-9 und Abbildungen 5-6, 5-7).[432] Die Verteilung der Verhältniskennzahl Investitionsquote ist in hohem Maß durch Extremwerte gekennzeichnet.[433] Die Investitionsquote nimmt dann einen sehr hohen Mittelwert an, wenn der Sachanlagenbestand am Geschäftsjahresanfang bei einzelnen Unternehmen sehr niedrig ist.

Tabelle 5-8: Deskriptive Statistik Investition

Kenn-zahl		t=-1 n=37	t=0 n=37	t=1 n=17
INVQ[a] (%)	Median	25,80	37,41	39,14
	Mean	7171,0	350,5	88,61
	(Std.)	(40920)	(1669)	(133,7)
AFIN[b] (%)	Median	64,72	51,09	38,94
	Mean	112,63	50,86	47,83
	(Std.)	(275,3)	(39,04)	(35,19)
INV-INT[c] (%)	Median	2,34	3,80	3,96
	Mean	6,82	4,63	5,39
	(Std.)	(19,45)	(5,07)	(4,21)

[a]Investitionsquote
[b]Abschreibungsfinanzierung
[c]Investitionsintensität

Die Kennzahl Investitionsintensität, die als Bezugsbasis de Umsatz des Geschäftsjahres enthält, in dem die Investitionen erfolgen, ist in geringerem Umfang durch Extremwerte geprägt. Eine mögliche Erklärung für die unterschiedliche Variabilität der Kennzahlen der Investitionsquote und Investitionsintensität besteht darin, dass ein Teil der Unternehmen die operative Geschäftstätigkeit erst in t= -1 aufnimmt und nur über einen geringen Sachanlagenbestand zu Geschäftsjahresanfang verfügt, jedoch bereits erste Umsätze erzielt.

---

432 Zur Problematik der Berechnung der Kennzahlen für t= -2 vgl. Abschnitt 3.3.5.

433 Vgl. z.B. Mittelwert und Standardabweichung der Investitionsquote in t= -1.

Eine Erklärung für den niedrigen Sachanlagenbestand kann in den Branchen der Unternehmen des Neuen Marktes liegen. So sind über 40 % Unternehmen in der Softwareprogrammierung tätig, die nur relativ geringe Sachanlagen erfordert. Die Veränderung der Kennzahlen zur Investitionstätigkeit kann daher nur als Schätzgröße für die tatsächlichen Investitionen interpretiert werden, da selbsterstellte, immaterielle Güter und Forschungs- und Entwicklungsaufwendungen auf Basis des HGB nicht aktiviert werden.[434]

Abbildung 5-6: Investitionen

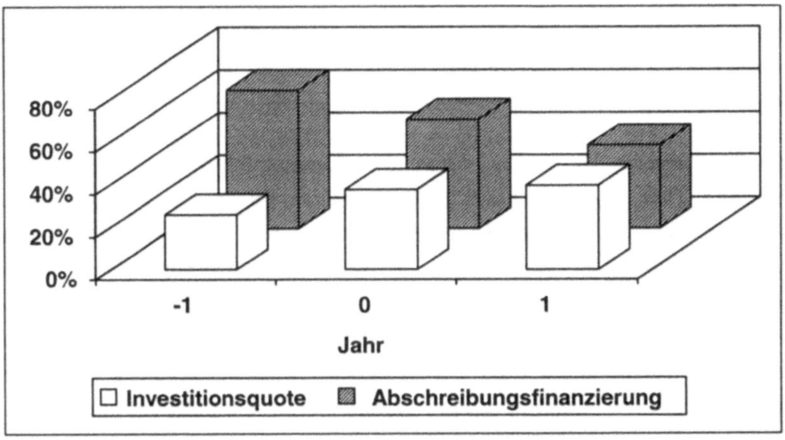

Das absolute Niveau der Investitionsquote der Unternehmen des Neuen Marktes liegt deutlich über dem der Unternehmen des AHGM, die Investitionsintensität deutlich darunter. Zwar kann die relativ hohe Investitionsquote durch eine zu Beginn des Untersuchungszeitraums niedrige Bezugsbasis erklärt werden, doch steigt die Investitionsintensität von t= -1 bis t= +1 bei steigenden Umsätzen.[435]

---

[434] Die Interpretation der Sachanlagen als Schätzgröße ist dann gerechtfertigt, wenn eine positive Korrelation zwischen der Höhe der Sachanlageinvestitionen und dem Umfang der selbsterstellten, immateriellen Güter bzw. Forschungs- und Entwicklungaufwendungen besteht. Zur Problematik des immateriellen Vermögens, das bei den Unternehmen des Neuen Marktes einen Großteil des Marktwertes bestimmen kann, vgl. Küting (2000), S. 674-875.

[435] Zu den Umsätzen vgl. Abschnitt 5.1.6.

Abbildung 5-7: Investitionsintensität

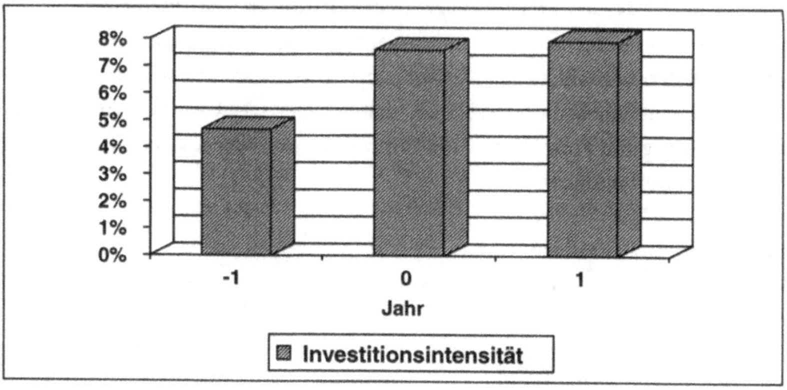

Insgesamt betrachtet kommt es durch die Börseneinführung zu verstärkten Investitionen. Dies zeigt sich auch im signifikanten Rückgang des Anteils der Investitionen, die aus Abschreibungen finanziert werden. Im Gegensatz zu den Unternehmen des AHGM, bei denen die Abschreibungsfinanzierung in t= +1 bereits wieder ansteigt, nimmt die Bedeutung der Abschreibungsfinanzierung bei den Unternehmen des Neuen Marktes in t= +1 nicht wieder zu. Interpretiert man Investitionen aus Abschreibungen als Ersatzinvestitionen, zeichnen sich die Unternehmen des Neuen Marktes durch vergleichsweise hohe Neuinvestitionen aus.

Tabelle 5-9: Teststatistik Investition

Kenn-zahl		t= -1 zu t= 0 n=37	t= -1 zu t= +1 n=17
INVQ[a] (%)	Δ Median (Z-Wert)	+11,61 (-0,949)	+11,25 (-0,465)
AFIN[b] (%)	Δ Median (Z-Wert)	-13,63* (-1,718)	-13,56 (-1,491)
INV-INT[c] (%)	Δ Median (Z-Wert)	+1,46 (-0,654)	+0,96 (-0,118)

[a]Investitionsquote
[b]Abschreibungsfinanzierung
[c]Investitionsintensität
* signifikant auf dem 10 %-Niveau

5.1.5 Effizienz

Der Vermögensumschlag, der anzeigt, wie oft aus dem Gesamtvermögen „Umsatz geworden" ist, fällt im Jahr des Börsengangs signifikant ab. Der Rückgang kann durch das neu aufgenommene Kapital erklärt werden, das sich nicht sofort zur Erzielung von Umsätzen einsetzen lässt. Inwieweit dies in den Folgeperioden gelingt, kann, aufgrund der kurzen Betrachtungsperiode nicht untersucht werden. Eine Aussage über die Veränderung in t= +1 ist problematisch, da sie sich lediglich auf 17 Beobachtungen stützt. Tendenziell bleibt der Vermögensumschlag auf dem Niveau von t= 0. Der deskriptiv rückläufige Vermögensumschlag von t= -2 auf t= -1 ist ebenfalls schwierig zu interpretieren, da die Teststatistik für die konstante Stichprobe einen leichten, allerdings nicht signifikanten Anstieg ausweist. Anders als bei den Unternehmen des AHGM kommt es jedoch im Jahr vor der Börseneinführung nicht zu einem signifikanten Anstieg auf Kennzahlenwerte, die in der vorliegenden Untersuchung in sämtlichen Folgeperioden nicht mehr erreicht werden (vgl. Tabellen 5-10, 1-11 und Abbildungen 5-8, 5-9, 5-10).

Tabelle 5-10: Deskriptive Statistik Effizienz

Kennzahl		t=-2 n=32	t=-1 n=37	t=0 n=37	t=1 n=17
VUS[a]	Median	1,81	1,27	0,88	0,95
(%)	Mean	1,85	1,59	0,87	0,99
	(Std.)	(1,38)	(1,10)	(0,72)	(0,77)
UMMA[b]	Median	140,1	150,7	157,9	193,7
(Tsd. DM)	Mean	230,4	271,9	341,4	360,9
	(Std.)	(372,3)	(316,8)	(569,9)	(333,4)
LIQUI[c]	Median	105,0	126,2	261,7	149,0
(%)	Mean	126,2	139,5	381,5	180,5
	(Std.)	(108,6)	(77,17)	(371,5)	(125,1)

[a]Vermögensumschlag
[b]Umsatz pro Mitarbeiter
[c]Liquidität

Abbildung 5-8: Vermögensumschlag

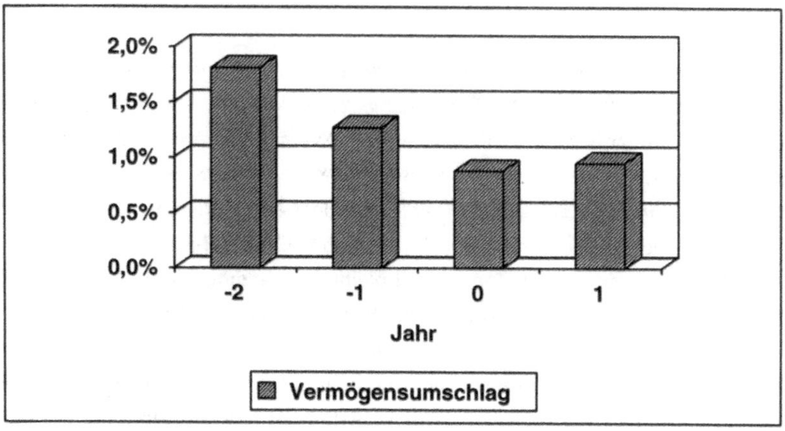

Der Umsatz pro Mitarbeiter steigt während des gesamten Untersuchungszeitraums an. Die Veränderungen von t= -2 bis t= 0 sind auf dem 5 %-Niveau signifikant. Die ausgewiesene Steigerung des Umsatzes pro Mitarbeiter in t= +1 ist für die konstante Stichprobe deutlich niedriger als in der deskriptiven Statistik und nicht signifikant. Bei den Unternehmen des AHGM zeigt sich ebenfalls ein signifikanter Anstieg des Umsatzes pro Mitarbeiter vor der Börseneinführung, nach der Börseneinführung lässt sich ab t= 0 keine eindeutige Veränderungsrichtung mehr feststellen. Für die Unternehmen des Neuen Marktes kann aufgrund des kurzen Analysezeitraums keine vergleichende Aussage zu den Unternehmen des AHGM getroffen werden. Vor dem IPO liegt der Umsatz pro Mitarbeiter im Median und Mittelwert bei ca. 60 % bis 70% der Unternehmen des AHGM.

Mit dem Zufluss des Emissionserlöses steigt die Liquidität wie bei den Unternehmen des AHGM sprunghaft an. Dabei ist der relative Anstieg jedoch ca. dreimal höher bei den Unternehmen des Neuen Marktes. Ebenso kommt es zu einem schnelleren Abbau der Liquidität. Ob die Liquidität auch in den Folgejahren nach dem Börsengang wie bei den Unternehmen des AHGM signifikant erhöht bleibt, kann im Rahmen der vorliegenden Studie nicht geklärt werden. Für eine umfassende Beurteilung der betrieblichen Effizienz vor und nach dem Börsengang sind weitere Betrachtungsperioden erforderlich.

Abbildung 5-9: Umsatz pro Mitarbeiter

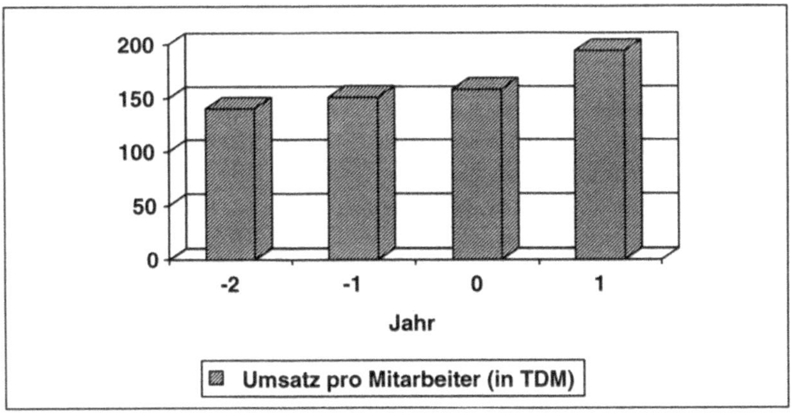

Auffallend ist, dass die Liquidität, anders als bei den Unternehmen des AHGM, auch von t= –2 auf t= -1 signifikant ansteigt. Dies kann in Verbindung mit der ebenfalls vor dem Börsengang steigenden Eigenkapitalquote bei steigendem Gesamtvermögen als Hinweis auf vorbörsliche Eigenkapitalfinanzierungen z.B. durch Venture Capital Gesellschaften oder Beteiligungsgesellschaften interpretiert werden.[436]

Abbildung 5-10: Liquidität

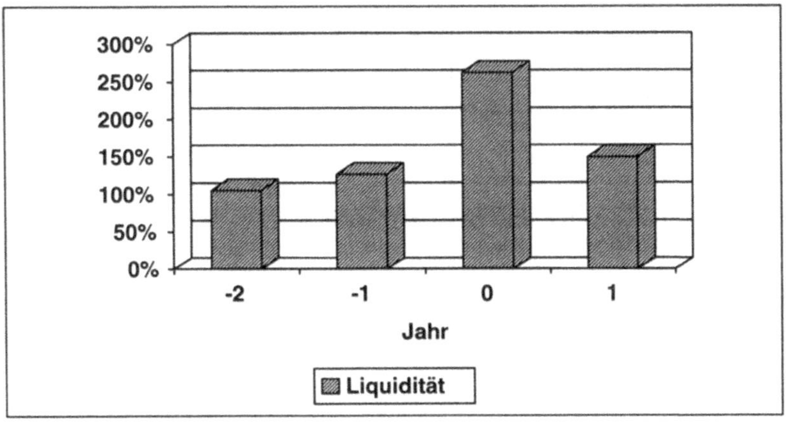

436 Vgl. Abschnitt 5.1.2.

Tabelle 5-11: Teststatistik Effizienz

		t= -2 zu t= -1 n=32	t= -1 zu t= 0 n=37	t= -1 zu t= +1 =17
VUS[a] **(%)**	Δ Median (Z-Wert)	+0,05 (-0,422)	-0,39*** (-4,214)	-0,98*** (-2,769)
UMMA[b] **(Tsd. DM)**	Δ Median (Z-Wert)	+49,8** (-1,994)	+7,2** (-2,197)	+9,7 (-1,065)
LIQUI[c] **(%)**	Δ Median (Z-Wert)	+27,21*** (-3,235)	+135,5*** (-5,031)	+57,4** (-2,201)

[a]Vermögensumschlag *** signifikant auf dem 1 %-Niveau
[b]Umsatz pro Mitarbeiter ** signifikant auf dem 5 %-Niveau
[c]Liquidität

5.1.6 Dividendenpolitik

Im Jahr der Börseneinführung zahlen ca. 34 % der Unternehmen der Stichprobe eine Dividende im Vergleich zu ca. 94 % der Unternehmen des AHGM. Im ersten Geschäftsjahr nach dem IPO steigt der Anteil auf 50 %. Aufgrund der geringen Stichprobengröße ist eine Interpretation allerdings sehr problematisch.

Tabelle 5-12: Deskriptive Statistik Dividendenpolitik

Kennzahl		t=-2 n=0	t=-1 n=9	t=0 n=13	t=1 n=8
ANTDIV (%)[a]		0,00	24,32	35,14	47,06
DIVA[b] **(€)**	Median		0,12	0,31	0,67
	Mean		0,45	0,42	1,02
	(Std.)		63,23	28,02	77,76

[a]Anteil der Dividende zahlenden Unternehmen
[b]Dividende pro Aktie

Auffallend ist, dass fast ein Viertel der Unternehmen des Neuen Marktes in vorliegender Stichprobe auch schon vor der Börseneinführung eine Ausschüttung an ihre Anteilseigner vorgenommen haben.[437]

[437] Der Neue Markt wurde als Marktsegment für junge, wachstumsstarke Unternehmen geschaffen um auch in frühen Stadien der Unternehmensentwicklung die Aufnahme von Eigenkapital zu erleichtern. Daher ist es erstaunlich, dass ca. 24 % der Unternehmen im Jahr vor der Börseneinführung eine Dividende zahlen. Dabei könnte es sich um eine Beobachtung handeln, die primär die ersten Unternehmen, die an den Neuen Markt gegangen sind, betrifft. Dies müßte als Indiz

Abbildung 5-11: Dividende pro Aktie

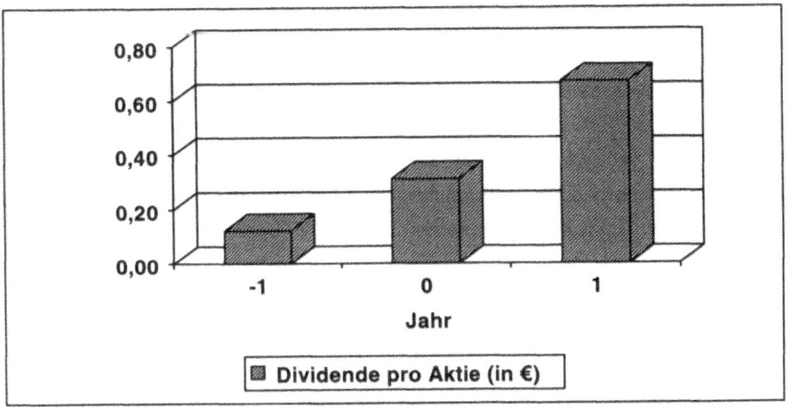

Mit der Anzahl der Unternehmen, die eine Dividende zahlen steigt auch die Höhe der Dividenden an. Bei den Unternehmen des AHGM bleibt die Höhe der Dividende im Zeitablauf stabil. Eine vergleichende Interpretation ist jedoch kaum möglich, da die Stichprobe insbesondere in t= +1 zu klein ist. Daher wird auch auf eine Teststatistik verzichtet.[438]

5.1.7 Wachstum

Die Unternehmen des Neuen Marktes zeichnen sich durch ein hohes Wachstum aus. Im Jahr der Börseneinführung steigt der Umsatz um ca. 23 %, bis zum Ende des Folgejahres um ca. 42 %. Wesentlich stärker als der Umsatz wächst der Cash-flow. Dieser erhöht sich im letzten Jahr vor dem IPO um ca. 51 %, im Jahr der Börseneinführung um ca. 73 %. Alle Werte sind signifikant auf dem 5 % oder 1 %-Niveau (vgl. Tabelle 5-13, und Abbildungen 5-12, 5-13).

---

dafür interpretiert werden, dass die vorliegende Stichprobe nicht als repräsentativ für den Neuen Markt betrachtet werden kann.

438 Ein zusätzliches Problem, das die Stichprobe weiter verkleinert, ist, dass die Unternehmen, die in t= +1 eine Dividende zahlen, keine Teilmenge der Unternehmen sind, die in t= 0 eine Dividende zahlen. Aufgrund der Größe der Stichprobe und der geringen zeitlichen Querschnittsbildung wird auf die Berechnung einer stichtagsbezogenen Dividendenrendite auf Marktwertbasis ebenfalls verzichtet.

Die Wachstumsraten der Unternehmen des Neuen Marktes liegen damit deutlich über denen der Unternehmen des AHGM. Dies zeigt sich auch an der Bilanzsumme, die im Jahr der Börseneinführung um über 200 % steigt.

Der Jahresüberschuss kann im Jahr der Börseneinführung trotz der Kosten des Börsengangs um ca. 35 % gesteigert werden. Im Zeitraum von t= -1 bis t= +1 steigt der Gewinn nach Steuern um mehr als 500 % an. Bei einer Interpretation der Wachstumsraten muss jedoch berücksichtigt werden, dass die absolute Bezugsbasis wesentlich geringer ist als bei den Unternehmen des AHGM.[439]

Tabelle 5-13: Teststatistik Wachstum

Kennzahl		t= -2 zu t= -1 n=32	t= -1 zu t= 0 n=37	t= -1 zu t= +1 n=17
Umsatz	Median	+19,09***	+23,29***	+41,91***
	Mean	+23,30	+50,67	200,3
	(Z-Wert)	(-4,432)	(-4,676)	(-3,621)
Cashflow	Median	+51,60**	+73,65***	+167,7***
	Mean	+18,41	+115,0	+426,4
	(Z-Wert)	(-2,524)	(-3,824)	(-2,722)
Bilanzsumme	Median	+18,77***	+210,9***	+353,0***
	Mean	+29,49	+133,7	+273,5
	(Z-Wert)	(-4,301)	(-5,227)	(-3,574)
Gewinn nach Steuern	Median	+45,61	+35,00	+528,5*
	Mean	+46,70	+44,78	+416,7
	(Z-Wert)	(-0,972)	(-0,158)	(-1,728)

*** signifikant auf dem 1 %-Niveau
** signifikant auf dem 5 %-Niveau
* signifikant auf dem 10 %-Niveau

Das Verlaufsmuster der Wachstumskennzahlen stimmt mit dem der Unternehmen des AHGM überein, wenngleich die relativen Ausprägungen jeweils höher sind. Untersucht werden kann jedoch nur der Zeitraum von t= -2 bis t= 0.

Die Werte für t= +1 beruhen auf einer sehr kleinen Stichprobe. Bei den Unternehmen des AHGM kommt es ab t= +1 im Durchschnitt zu einem erheblichen Rückgang der gesamten fundamentalen Performance. Aufgrund des kurzen Analysezeitraums kann nicht geklärt werden, ob dies systematisch auch für die Unternehmen des Neuen Marktes zu erwarten ist.

---

439 Zur unterschiedlichen Charakteristik vgl. Abschnitt 3.2.2.

Abbildung 5-12: Veränderung Bilanzsumme und Gewinn

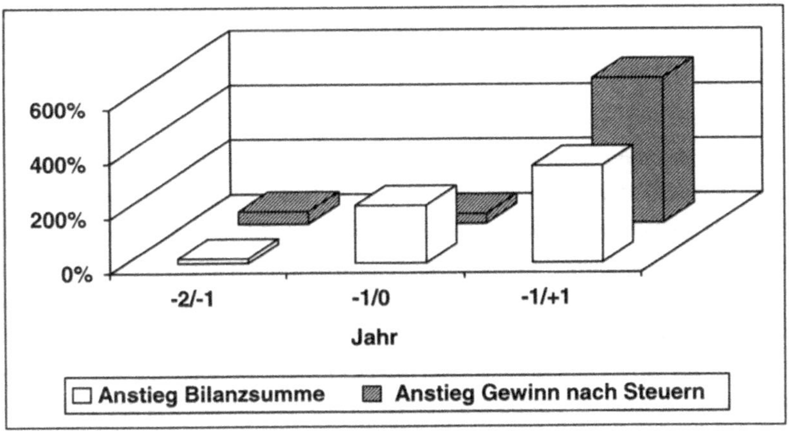

Das im Vergleich zu den Unternehmen des AHGM hohe Markt-/Buchwert-Verhältnis von 8,5 (AHGM: 2,6) im Median und 34,5 (AHGM: 3,5) im Mittelwert demonstriert, dass der Kapitalmarkt auch in Zukunft ein hohes Ertragswachstum erwartet.[440]

Abbildung 5-13: Umsatz- und Cash-flow-Wachstum

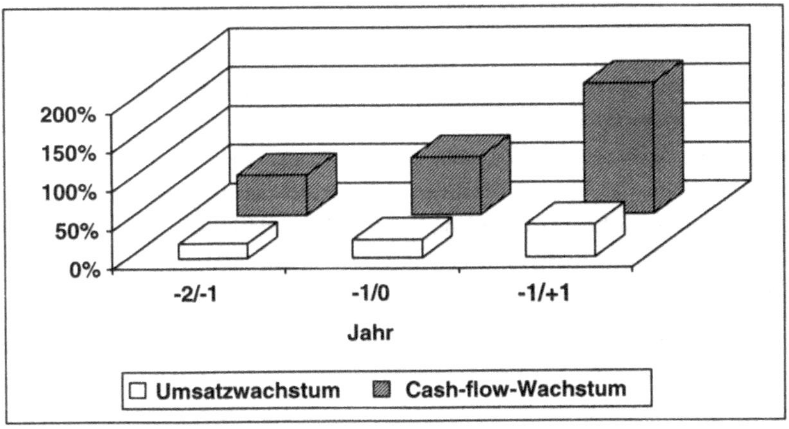

[440] Vgl. Abschnitt 3.2.2.

5.2 Zusammenfassung

5.2.1 Synopsis

Die Analyse der fundamentalen Performance der Unternehmen des Neuen Marktes ist zum Zeitpunkt der Erstellung der Studie nur mit Einschränkungen möglich. Insbesondere die Größe der Stichprobe, der relativ kurze Beobachtungszeitraum und die geringe zeitliche Querschnittsbildung reduzieren die Aussagekraft im Vergleich zur Untersuchung der Unternehmen des Amtlichen Handels und Geregelten Marktes (AHGM). Jedoch lassen sich aus einer Gegenüberstellung der Ergebnisse aus beiden Stichproben Hinweise auf vergleichbare Verlaufsmuster und auf systematische Unterschiede gewinnen. Dabei wird wie bei den Unternehmen des AHGM typisierend auf die Veränderungen der Unternehmen im Median abgestellt.

Die Rentabilität der Unternehmen des Neuen Marktes steigt vor der Börseneinführung nicht an. Hierin unterscheiden sie sich deutlich von den Unternehmen des AHGM, die eine signifikante Zunahme ausweisen. Die Diskussion der Ergebnisse ergab, dass die Entwicklung des Jahresüberschusses im Vergleich zu den Cash-flows als Window Dressing interpretiert werden kann. Dies ist bei den Unternehmen des Neuen Marktes nicht erkennbar. Allerdings sinkt der Anteil der Unternehmen, die im Vorfeld der Börseneinführung einen Jahresfehlbetrag ausweisen. Nach dem IPO steigt dieser wieder.

Vergleichbar den Unternehmen des AHGM sinken die Rentabilitätskennziffern, deren Bezugsgröße das Eigen- oder Gesamtkapital ist, nach der Börseneinführung aufgrund des Zuflusses von Kapital ab. Die Frage, ob es den Unternehmen langfristig gelingt, das Kapital profitabel zu nutzen, kann aufgrund des kurzen Analysezeitraums nicht geklärt werden. Auffallend ist jedoch, dass trotz der Kosten des Börsengangs die Umsatzrentabilität in jeder Periode ansteigt, was bei relativ jungen Unternehmen auf erfolgreiche Geschäftsmodelle schließen lässt.

Die Unternehmen erhöhen durch den Börsengang ihre Eigenkapitalquote zu Buchwerten von ca. 23 % auf 67 %. Die Eigenkapitalquote zu Marktwerten liegt am Tag des Börsengangs bei ca. 94 %. Damit verfügen die Unternehmen des Neuen Marktes im Vergleich zu den Unternehmen des AHGM über eine wesentlich bessere Eigenkapitalausstattung. Besonders auffällig ist, dass es auch von t= -2 auf t= -1 zu einer signifikanten Erhöhung der Eigenkapitalquote bei gleichzeitig steigendem Gesamtkapital kommt, deren Umfang nicht durch eine Thesaurierung von Gewinnen begründet werden kann.

Eine mögliche Erklärung ist, dass sich in der Erhöhung des Eigenkapitals im Geschäftsjahr vor dem Börsengang ein sogenanntes „bridge financing" in Hinblick auf die Börseneinführung durch Venture Capital Gesellschaften oder Beteiligungsgesellschaften widerspiegelt.

Da die Unternehmen des Neuen Marktes vergleichsweise niedrige Cash-flows erwirtschaften, ist die Schuldentilgungskraft gering, obwohl der Fremdkapitalanteil nach dem Börsengang reduziert wird. Wie auch bei den Unternehmen des AHGM nimmt über den gesamten Beobachtungszeitraum der Anteil der kurzfristigen Verbindlichkeiten am gesamten Fremdkapital zu. Hierfür lassen sich die gleichen ökonomischen Gründe anführen.[441] Der Anteil von Darlehen mit einer Restlaufzeit von über fünf Jahren beträgt im ersten Geschäftsjahr nach dem IPO weniger als 6 %.

Die Investitionstätigkeit der Unternehmen des Neuen Marktes liegt deutlich über der der Unternehmen des AHGM. Nach dem Börsengang kommt es zu einem Investitionsschub, der anders als bei den Unternehmen des AHGM auch in t= +1 noch anhält. Der Anteil der Abschreibungsfinanzierung ist erheblich niedriger, was auf einen höheren Anteil von Neuinvestitionen schließen lässt.

Der Vermögensumschlag als Kennzahl für die betriebliche Effizienz geht im Jahr der Börseneinführung aufgrund des Kapitalzuflusses zurück. Ob es im Gegensatz zu den Unternehmen des AHGM gelingt, die Kennzahlenwerte von vor dem IPO wieder zu erreichen, kann nicht geklärt werden. Vergleichbar den Unternehmen des AHGM steigt der Umsatz pro Mitarbeiter signifikant vor der Börseneinführung an. Das absolute Niveau bleibt jedoch niedriger.

Circa ein Drittel der Unternehmen der Unternehmensstichprobe für den Neuen Markt zahlen für das Jahr, in dem der Börsengang stattfand, eine Dividende. Bei den Unternehmen des AHGM sind es über 90 %.

Zentrales Merkmal der Unternehmen des Neuen Marktes sind hohe Wachstumsraten. Der Cash-flow steigt im Jahr der Börsengangs trotz der Emissionskosten um ca. 74 % an, der Gewinn nach Steuern um ca. 35 %. Der niedrigere Zuwachs des Umsatzes von ca. 23 % demonstriert nochmals eine zunehmende Umsatzrentabilität. Das Markt-/Buchwertverhältnis von 8,5 im Median und 34,5 im Mittelwert am Tag der Börseneinführung spiegelt die hohen Erwartungen des Kapitalmarktes an das zukünftige Ertragswachstum wider.

[441] Vgl. Abschnitt 3.3.4.

5.2.2 Interpretation der Ergebnisse

Die theoretischen Modelle zu adverser Selektion und Moral Hazard prognostizieren, dass sich die fundamentale Performance von Unternehmen nach der Börseneinführung im Durchschnitt verschlechtert. Hierfür können keine Hinweise in der Untersuchungsstichprobe zum Neuen Markt gefunden werden. Vielmehr steigt die Umsatzrendite über den gesamten Betrachtungszeitraum an. Gleichzeitig zeichnen sich die Unternehmen durch ein hohes Wachstum des Umsatzes, der Cash-flows und des Jahresüberschusses aus. Ein weiteres Merkmal sind die vergleichsweise hohen Investitionen. Ob jedoch das durch den Börsengang zufließende Kapital letztlich rentabel eingesetzt wird, lässt sich aufgrund des kurzen Beobachtungszeitraums nicht klären. Allerdings kommt es bei den Unternehmen des AHGM auch erst ab dem zweiten Geschäftsjahr nach der Börseneinführung zu einer rückläufigen Gesamtperformance, die sich nicht mehr durch die Kosten des Börsengangs und den hohen, einmaligen Kapitalzufluss erklären lässt. Für eine Beurteilung sind daher weitere Untersuchungsperioden notwendig.

Der Anreiz für Alteigentümer und Manager, Informationsasymmetrien vor und nach der Börseneinführung zum eigenen Vorteil auszunutzen, ist bei den Unternehmen des Neuen Marktes genauso vorhanden wie bei den Unternehmen des AHGM. Eine isolierte Betrachtung des Zeitraums von t= -2 bis t= +1 würde für die Unternehmen des AHGM zu einer ähnlichen Beurteilung wie für die des Neuen Marktes führen. Lediglich die Ausprägungen der Entwicklungen sind am Neuen Markt höher, was durch eine niedrige Ausgangsbasis begründet werden kann. Dass es nicht zu einem vergleichbaren, statistisch erfassbaren Window Dressing im Vorfeld des Börsengangs kommt, liegt u.U. an einem Mangel von Möglichkeiten, der Verpflichtung, Jahresabschlüsse auch nach US-GAAP bzw. IAS vorzulegen oder einer ungeeigneten Untersuchungsmethodik.

Fraglich bleibt, ob die Stichprobe, bestehend aus den ersten Unternehmen des Neuen Marktes, repräsentativ für den gesamten Neuen Markt ist. So könnte z.B. der Aufbau von Reputation in den ersten Jahren des Neuen Marktes dazu geführt haben, dass die aus Anlegersicht wahrgenommenen Informationsasymmetrien über die Qualität von Börsenneueinführungen zurückgegangen sind. Dies wiederum kann zur Folge haben, dass zumindest temporär auch Unternehmen vergleichsweise schlechter Qualität erfolgreich Eigenkapitaltitel platzieren. Derartige zyklische Effekte lassen sich nur über lange Beobachtungszeiträume statistisch eliminieren bzw. bei einer ausreichend großen Stichprobe auch statistisch erfassen.

Im Vergleich zu den Unternehmen des AHGM ist besonders auffallend, dass im Vorfeld der Börseneinführung ein signifikanter Zufluss von Eigenkapital stattfindet, der u.U. durch „bridge financing" von Venture Capital Gesellschaften oder Beteiligungsgesellschaften erklärt werden kann. Hier wäre aus theoretischer Sicht die Frage von Interesse, ob sich Unternehmen, die aufgrund einer vorbörslichen Finanzierung durch Venture Capital oder Beteiligungskapital einer zusätzlichen Kontrolle unterliegen, systematisch in ihrer Performance von den anderen Unternehmen unterscheiden. Aufgrund fehlender Daten und der Stichprobengröße kann dies jedoch nicht im Rahmen der vorliegenden Studie untersucht werden.

6 Zusammenfassung und Ausblick

Hauptziel der vorliegenden Arbeit ist die Untersuchung der fundamentalen Performance von Unternehmen vor und nach ihrer Börseneinführung. Erstmalig für den deutschen Kapitalmarkt wird der Zeitraum vor dem Börsengang mit in die Analyse einbezogen und die Untersuchung der fundamentalen Entwicklungen nach dem Börsengang mit einer langfristigen Kursstudie verknüpft. Systematische Entscheidungs- bzw. Verhaltensmuster von Alteigentümern und Managern werden aufgezeigt und die Fähigkeit des Kapitalmarktes, diese zu antizipieren, wird überprüft.

Ausgangspunkt der Arbeit ist die Darstellung und Diskussion modelltheoretischer Überlegungen zu Börsenneueinführungen. In der neoklassischen Modellwelt wird die Börseneinführung aufgrund der Annahme eines vollkommenen Kapitalmarktes nicht als Entscheidungsproblem thematisiert. Die neoinstitutionalistische Finanzierungstheorie setzt an den Prämissen der Neoklassik an und untersucht explizit das Verhalten von Entscheidungsträgern vor dem Hintergrund asymmetrisch verteilter Informationen. Kernpunkt der Argumentation ist, dass Alteigentümer und Manager ihre im Vergleich zum Kapitalmarkt bessere Informationslage zum eigenen Vorteil ausnutzen.

Ist der Kapitalmarkt nicht vollständig in der Lage, opportunistisches Verhalten bei der Emissionsentscheidung in der Preisbildung zu berücksichtigen, prognostizieren die Modelle zu kombinierten Emissions- und Investitionsentscheidungen aufgrund adverser Selektion eine im Durchschnitt rückläufige fundamentale Performance nach der Börseneinführung. Das Entscheidungsverhalten von Unternehmensinsidern nach der Börseneinführung wird mit dem Begriff Moral Hazard charakterisiert. Im Vordergrund steht hier die Überlegung, dass mit dem Zufluss des Emissionserlöses die Wahrscheinlichkeit von Überinvestitionen zunimmt. Ein weiterer Literaturzweig beschäftigt sich mit Window Dressing im Vorfeld des Börsengangs.

Insgesamt betrachtet zeichnet die neoinstitutionalistische Finanzierungstheorie in ihren Implikationen ein eher pessimistisches Bild für die fundamentale Performance von Börsenneueinführungen. Das Ausmaß der durchschnittlichen Verschlechterung der Performance hängt letztlich davon ab, inwieweit der Kapitalmarkt in der Lage ist, opportunistisches Verhalten zu antizipieren und eine geeignete Unternehmenskontrolle zu gewährleisten.

Der empirische Teil der Arbeit beruht auf einer Stichprobe von 115 Börsenneueinführungen, die im Zeitraum von 1987 bis 1997 erstmalig im Amtlichen Handel oder Geregelten Markt notiert wurden. Banken, Versicherungen und reine Holdinggesellschaften wurden aufgrund branchentypischer Bilanzstrukturen ausgeschlossen. Die Stichprobe umfasst ca. 80 % der Grundgesamtheit.

Die Untersuchung der fundamentalen Performance erfolgte durch eine breitangelegte statistische Analyse der Jahresabschlussdaten von zwei Jahren vor bis fünf Jahre nach dem Börsengang. Die Kursperformance wurde im Rahmen einer Ereignisstudie untersucht.

Aus der empirischen Untersuchung können folgende Schlussfolgerungen gezogen werden:

1) Die Unternehmen der Stichprobe steigern ihre Rentabilität signifikant vor dem Börsengang. In den Jahren nach dem Börsengang fällt diese stetig ab. Den Unternehmen gelingt es im Durchschnitt nicht, mit dem neu aufgenommenen Kapital Renditen wie vor der Börseneinführung zu erzielen. Drei Jahre nach dem Börsengang liegt die Rentabilität, je nach Kennzahl, auf einem Niveau von ca. 35 % bis 65 % des letzten Geschäftsjahres vor der Börseneinführung. Die negative Entwicklung zeigt sich auch im steigenden Anteil der Unternehmen, die einen Jahresfehlbetrag ausweisen. Weiterhin ist die Mehrheit der Unternehmen ab dem dritten Geschäftsjahr nach der Börseneinführung nicht mehr in der Lage, eine Eigenkapitalrendite über der Gesamtkapitalrendite zu erwirtschaften.
2) Ein ähnlich negatives Bild ergibt sich auch aus anderen Kennzahlengruppen. Im Jahr der Börseneinführung und im Jahr darauf kommt es zu einem Investitionsschub. Ab dem dritten Jahr nach dem Börsengang fallen die Investitionen auf ein Niveau, das unter dem vor dem Börsengang liegt. Weitgehend finden nur noch Ersatzinvestitionen statt. Die betriebliche Effizienz sinkt nach der Börseneinführung dauerhaft ab. Ebenso ist die Fähigkeit der Unternehmen, Zinszahlungs- und Tilgungsverpflichtungen aus laufenden Einnahmen zu bestreiten, rückläufig.
   Ein Teil des Rückgangs der fundamentalen Performance kann u.U. auf verstärkte Investitionen im Ausland zurückgeführt werden, die mit hohen Anlaufkosten verbunden sind. So steigt der Anteil des Auslandsumsatzes nach der Börseneinführung deutlich an.
3) Der Cash-flow entwickelt sich unterproportional zum Umsatz, der über den gesamten Betrachtungszeitraum jährlich mit ca. 5 % bis 15 % steigt. Der Gewinn nach Steuern liegt ab dem zweiten Jahr nach der Börseneinführung dauerhaft unter den Werten vor der Börseneinführung. Auffallend ist, dass der Gewinn nach Steuern als leicht manipulierbare Größe im letzten Geschäftsjahr vor dem

Börsengang um ca. 60 % steigt, der Cash-flow lediglich um ca. 30 %. Im Jahr der Börseneinführung dreht sich das Bild: Der Cash-flow steigt gegenüber dem Gewinn nach Steuern ca. dreimal so stark. Dies kann als Hinweis auf Window Dressing im Vorfeld des Börsengangs gewertet werden. Zudem kann die relativ hohe Bezugsbasis im letzten Geschäftsjahr vor der Börseneinführung den späteren Rückgang des Gewinns nach Steuern erklären.

4) Bei rückläufigen Erträgen wird die Höhe der Dividendenzahlungen zunächst aufrechterhalten. Hält die schlechte Ertragssituation an, wird auf Dividendenzahlungen ganz verzichtet.

5) Das relativ niedrige Niveau der fundamentalen Performance drei Jahre nach dem Börsengang entspricht bezüglich der Kennzahlenwerte zur Rentabilität und Kapitalstruktur in etwa den von Wohlschieß (1996) für den Zeitraum von 1988 bis 1992 errechneten Durchschnittswerten für ca. 400 börsennotierte Unternehmen, selektiert nach vergleichbaren Ausschlusskriterien. Dies kann als Hinweis auf ein bewusstes Emissions-Timing interpretiert werden: Unternehmen gehen nach bzw. während Perioden besonders günstiger Unternehmensentwicklung an die Börse.

6) Die empirischen Ergebnisse können weitgehend als Bestätigung der theoretischen Implikationen der Modelle zur adversen Selektion und Moral Hazard gewertet werden. Da die unterschiedlichen Modellklassen auf Grundlage unterschiedlicher Annahmen und Überlegungen zu Schlussfolgerungen kommen, die sich in den gleichen empirischen Effekten zeigen, ist es problematisch, die empirischen Ergebnisse als Bestätigung spezieller, einzelner Modelle zu interpretieren. So kann nicht geklärt werden, ob die Verschlechterung der Rentabilität auf Effekte adverser Selektion oder Überinvestitionen zurückzuführen ist. Dazu wäre es letztlich erforderlich, vergleichbare Unternehmen, die nicht an die Börse gegangen sind, mit in die Untersuchung einzubeziehen, was jedoch an einer mangelnden Verfügbarkeit von Daten scheitert. Es lassen sich allerdings Indizien für die Gültigkeit einzelner Modellgruppen finden. Der Vergleich mit der durchschnittlichen Performance börsennotierter Unternehmen weist z.B. auf ein bewusstes Emissions-Timing im Sinne einer adversen Selektion hin. Der Anstieg der Geschäftstätigkeit im Ausland in Verbindung mit dem Rückgang der Rentabilität kann als Hinweis auf Überinvestitionen im Sinne der Moral Hazard Problematik gewertet werden. Weiterhin können klare Indizien für Window Dressing im Vorfeld der Börseneinführung identifiziert werden.

7) Die Unternehmen der Stichprobe weisen ein Underpricing von +8,72 % im Mittelwert auf. Die Emissionsrendite ist bei ca. 84 % der Unternehmen positiv.
In den ersten 18 Monaten nach der Börseneinführung weicht die Kursperformance der Unternehmen kaum von Vergleichsindizes ab. Die monatlich kumulierte Rendite der Börsenneueinführungen liegt nach 18 Monaten bei +0,59 %.
Betrachtet man isoliert die Wertentwicklung der Börsenneueinführungen, zeigt sich, dass sich der Rückgang der fundamentalen Performance über einen Zeitraum von drei Jahren, gemessen z.B. in einer Verschlechterung der Rentabilitätskennzahlen in Höhe von ca. –35 % bis –65 %, in einer kumulierten Rendite von ca. –5 % widerspiegelt. Berücksichtigt man das Underpricing von ca. +9 %, haben Erstzeichner keinen direkten Verlust erlitten. Dies könnte dahingehend interpretiert werden, dass der meist von Banken festgelegte Emissionspreis in etwa dem Wert des Unternehmens entspricht und der Kapitalmarkt weitgehend in der Lage ist, eine Verschlechterung der fundamentalen Performance zu antizipieren.
Unter der Annahme effizienter Kapitalmärkte ist jedoch zu erwarten, dass die Stichprobe im Zeitablauf keine systematische Abweichung in der Wertentwicklung zu einem Portfolio vergleichbaren Risikos aufweist. 36 Monate nach der Börseneinführung beträgt die auf Basis des Deutschen Aktien Forschungsindex (DAFOX) errechnete kumulierte, abnormale Rendite ca. –14 %. Nach 60 Monaten liegt die kumulierte, unbereinigte Rendite bei ca. –15 %, die kumulierte, abnormale Rendite bei ca. –41 %. Der DAFOX kann aufgrund der Breite der vertretenen Unternehmen als geeigneter Bezugsmaßstab kaum abgelehnt werden. Bei der Verwendung des DAX 100 als Vergleichsindex entsteht ein ähnliches Bild. Die Ergebnisse stellen die Effizienz des Kapitalmarktes hinsichtlich der Bewertung von Börsenneueinführungen nachhaltig in Frage.
Da nationale und internationale Studien zur langfristigen Kursperformance, von wenigen Ausnahmen abgesehen, ebenfalls eine signifikante Underperformance von Börsenneueinführungen feststellen, handelt es sich nicht um ein Phänomen, das sich mit der Kenntnis um seine Existenz auflöst.

8) Die Studienmethodik wurde weiterhin auf 37 Unternehmen des Neuen Marktes angewandt. Dies entspricht ca. 85 % aller Unternehmen, die im Betrachtungszeitraum der Jahre 1997 und 1998 einen Börsengang am Neuen Markt durchgeführt haben. Aufgrund des kurzen Beobachtungszeitraums und des geringen Stichprobenumfangs können lediglich erste Hinweise auf die langfristige Performance gewonnen werden.
Im Vergleich zu den Unternehmen des Amtlichen Handels und Geregelten Marktes zeichnen sich die Unternehmen des Neuen Marktes durch ein erheblich

höheres Wachstum und durch eine höhere Investitionstätigkeit aus. Vergleichbare Hinweise auf Window Dressing im Vorfeld der Börseneinführung können nicht identifiziert werden. Ein Rückgang der fundamentalen Performance kann ebenfalls nicht festgestellt werden. Diese ist jedoch bei einer Beschränkung des Untersuchungszeitraums auf ein Geschäftsjahr nach dem Börsengang auch bei den Unternehmen des Amtlichen Handels und des Geregelten Marktes kaum möglich. Letztlich unterliegen Alteigentümer und Manager der Unternehmen des Neuen Marktes den gleichen Anreizstrukturen wie am Amtlichen Handels und Geregelten Markt. Aufgrund der spezifischen Geschäftsfelder und der kürzeren Unternehmenshistorie ist zu erwarten, dass vergleichsweise größere Informationsasymmetrien über den Wert der Unternehmen bestehen, so dass entsprechend der Implikationen der finanzierungstheoretischen Modelle mit einem ausgeprägteren Rückgang der fundamentalen Performance gerechnet werden kann. Dies kann jedoch erst in zukünftigen Forschungsarbeiten geklärt werden.
Eine auffällige Beobachtung kann ebenfalls Anregung für weitere Forschungen sein: Bei den Unternehmen des Neuen Marktes findet im Jahr vor der Börseneinführung oft ein massiver Eigenkapitalzufluss statt, der auf die Beteiligung von Venture Capital Gesellschaften bzw. Beteiligungsgesellschaften schließen lässt. Auf Basis dieser Finanzierungen könnten vorbörsliche Unternehmensbewertungen empirisch untersucht werden. Weiterhin könnte der Frage nachgegangen werden, ob mit externem Risikokapital finanzierte Unternehmen aufgrund einer positiven Selektion und einer verstärkten Unternehmenskontrolle eine systematisch unterschiedliche Performance aufweisen.

Nach eingehender Beschäftigung mit der Performance von Börsenneueinführungen ist der Verfasser der vorliegenden Arbeit zur Schlussfolgerung gelangt, dass systematische Fehlbewertungen eine zentrale Determinante des Marktes für Initial Public Offerings sind.

Anhang

Anhang 1: Unternehmensstichprobe geregelter Markt und Amtlicher Handel

Unternehmen	Jahr des Börsengangs
A. Moksel	1987
BBS Kraftfahrzeugtechnik	1987
Biotest	1987
Glunz	1987
GMN	1987
Hans Einhell	1987
INFO	1987
Linotype	1987
Stelcon	1987
Bijou Brigitte	1988
Compudent	1988
Computer 2000	1988
Kunert	1988
Macrotron	1988
MVG	1988
Oppermann	1988
SAP AG Systeme	1988
Schwälbchen Molkerei	1988
Spar Handels-AG	1988
CS-Interglas	1989
Data Modul AG	1989
Ehlebracht	1989
Ex-Cell-O-Holding	1989
Gerry Weber International	1989
Hach	1989
Honsel-Werke	1989
Jean Pascala	1989
Jil Sander	1989
Michael Weinig	1989
Rhön-Klinikum	1989
Schaerf	1989
Schleicher & Co International	1989
Schweizer Elektro	1989
Sedlbauer	1989
VBH Holding AG	1989

Weru	1989
B.U.S. Berzelius AG	1990
Dürr	1990
Fröhlich Bau	1990
Herlitz International Trading	1990
Hirsch	1990
Hymer	1990
Jado Design-Amarturen und Beschläge	1990
Jungheinrich	1990
Kaufhalle	1990
Kraftanlagen	1990
Revell	1990
Sartorius	1990
Signalbau Huber	1990
SIMONA	1990
Südmilch	1990
TIAG TABBERT	1990
Villeroy & Boch	1990
Vossloh	1990
Walter	1990
A. Friedrich Flender	1991
Barmag	1991
Eifelhöhen Klink	1991
Friedrich Grohe	1991
Kaufring	1991
Kögel Fahrzeugwerke	1991
Möbel Walter	1991
Otto Reichelt	1991
QUANTE	1991
Robert Cordier	1991
Steffen	1991
Turbon International	1991
BÖWE SYSTEC	1992
Rheiner Moden	1992
Röder Zeltsysteme und Service	1992
STO	1992
TIPTEL	1992
Walter Bau-Aktiengesellschaft	1992
Elektra Beckum	1993
Heilit und Woerner Bau-Aktiengesellschaft	1993

Hornbach-Baumarkt-AG	1993
Plettac	1993
WAYSS & FREYTAG	1993
Windhoff	1993
Berentzen-Gruppe	1994
BIEN-HAUS	1994
Fielmann	1994
Markant-Südwest Handelsgesellschaft	1994
Schaltbau	1994
Rolf Benz	1994
Adidas	1995
Alno	1995
Burgbad	1995
CREATON	1995
Merck KgaA	1995
Friatc	1995
Hucke	1995
IFA & Touristik	1995
Kiekert	1995
MVS Miete Vertrieb Service	1995
Praktiker Bau- und Heimwerker-AG	1995
Schwarz Pharma1	1995
SGL Carbon	1995
SKW Trostberg	1995
Bertrandt	1996
Deutsche Telekom	1996
GARDENA	1996
GRAMMER	1996
Leica Camera	1996
RINOL	1996
Sanacorp	1996
BERU	1997
DIS Deutsche Industrie Service	1997
Heidelberger Druckmaschinen	1997
Marbert	1997
ProSieben Media	1997
R.Stahl	1997
Schlott	1997
Stada-Arzneimittel	1997
UZIN UTZ	1997

Anhang 2: Unternehmensstichprobe Neuer Markt

Unternehmen	**Jahr des Börsengangs**
MobilCom	1997
Beta System	1997
SER Systeme	1997
Saltus Technology	1997
Mensch & Maschine	1997
Refugium	1997
Sachsenring Automobiltechnik	1997
EM.TV & Merchandising	1997
Singulus Technologies	1997
Hunzinger	1998
Transtec	1998
Drillisch	1998
CE Computer Equipment	1998
W.E.T.	1998
Cenit	1998
Kinowelt	1998
Elsa	1998
CE Consumer Electronics	1998
TDS Informationstechnologie	1998
Euromicron	1998
Teles	1998
TelDaFax	1998
Infomatec	1998
Höft & Wessels	1998
SoftM	1998
Plenum	1998
PSI	1998
Edel Company Music	1998
Heyde	1998
Deutsche Entertainment	1998
Brokat Infosystems	1998
Micrologica	1998
Articon	1998
MB Software	1998
Computec Media	1998
Centrotec	1998
Plambeck	1998

Anhang 3: Erklärungsansätze für das Underpricing[442]

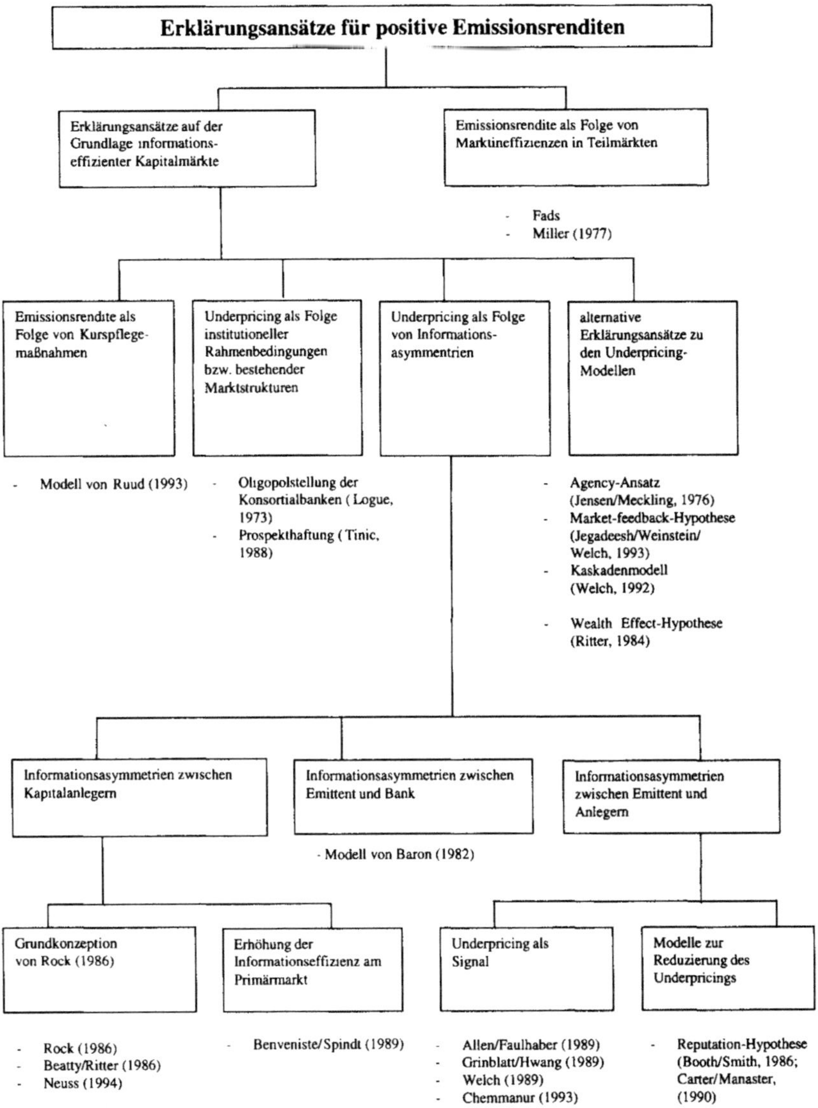

[442] Die Systematisierung wurde von Erhardt (1997), S. 111, übernommen.

Literaturverzeichnis

Aggarwal, R./R. Leal/F. Hernandez: The aftermarket performance of initial public offerings, in: Financial I, Vol. 22, 1993, S. 42-53.

Aggarwal, R./P. Rivoli: Fads in the initial public offering market?, in: Financial Management, Vol. 19, 1990, S. 45-57.

Agrawal, A./G.N. Mandelker: Managerial incestives and corporate investment and financing decisions, in: Journal of Finance, Vol. 42, 1987, S. 823-837.

Aharoy, J./Chan-Janelin/Loeb, M.P.: Initial Public Offerings, Accounting Choices, and Earnings Management, in: Contemporary Accounting Research, Vol. 10, 1993, S. 61-81.

Akerlof, G.A.: The market for „lemons": Quality uncertainty and the market mechanism, in: Quarterly Journal of Economics, Vol. 84, 1979, S. 488-500.

Allen, F./G.R. Faulhaber: Signaling by underpricing in the IPO market, in: Journal of Financial Economics, Vol. 23, 1989, S. 303-323.

Amihud, J./B. Lev: Managerial incentives and corporate decision, in: Bell Journal of Economics, Vol. 12, 1981, S. 605-617.

Amihud, Y./B. Lev/N.G. Travlos: Corporate control and the choice of investment financing: The case of corporate aquisitions, in: Journal of Finance, Vol. 45, 1990, S. 603-616.

Arrow, K.J.: The economics of agency, in: Pratt, J.W./R.J. Zeckhauser: Principals and agents: The structure of business, Boston: Harvard University Press, 1985, S. 37-51.

Aussenegg, W.: Die Performance österreichischer Initial Public Offerings, in: Finanzmarkt und Portfoliomanagement, Nr. 4, 1997, S. 413-431.

Ayres, F.L.: Perceptions of Earnings Quality: What managers need to know, in: Management Accounting, 1994, S. 27-29.

Baetge, J.: Konzernbilanzen, Düsseldorf, 1995, 2. Aufl.

Baetge, J.: Bilanzanalyse, Düsseldorf, 1998.

Bank, M.: Gestaltung von Finanzierungsbeziehungen, Diss., Wiesbaden, 1998.

Bank, M.: Behavioral Finance und Börsenkursmanipulation, unveröffentliche Habilitationsschrift, Universität Erlangen-Nürnberg 2000.

Bank, M./F.Mager: Die Warteoption im zeitstetigen Investitionsmodell, in: Das Wirtschaftswissenschaftliche Studium (WiSt), Heft 6, 2000, S. 302-307.

Barber, B.M./J.D. Lyon: Detecting abnormal operating performance: The empirical power and specification of test statistics, in: Journal of Financial Economics, Vol. 41, 1996, S. 359-399.

Barber, B.M./J.D. Lyon: Detecting long-run abnormal stock returns: The empirical power and specification of test statistics, in: Journal of Financial Economics, Vol. 43, 1997, S. 341-372.

Barberis, N./A. Shleifer/R. Vishny: A model of investor sentiment, in: Journal of Financial Economics, Vol. 49, 1998, S. 307-434.

Baron, D.P.: A Model for the Demand for Investment Banking Advising and Distribution Services for New Issues, in: Journal of Finance, Vol. 37, 1982, S. 955-976.

Barry, C.P./R.H. Jennings: The opening price performance of initialpublic offerings of common stockn in: Financial Management, Vol. 22, 1993, S. 54-63.

Barry, C.B. et al.: The role of venture capital in the creation of public companies, in: Journal of Financial Economics, Vol. 27, 1990, S. 447-471.

Basile, I.: Gli intermediari creditizi e la quotazione die borsa, in: Cattaneo, M./F. Cessarini: L'ammissione alla quotazione die borsa: un'analisi interdisciplinare, Mailand 1988, S. 281-364.

Baskin, J.: An empirical investigation of the pecking order hypthesis, in: Financial Management, Vol. 18, 1989, S. 26-35.

Bayless, M./S. Chaplinsky: Is there a window of opportunity for seasoned equity issuance? In: Journal of Finance, Vol. 51, 1996, S. 253-278.

Beatty, R.P./J.R. Ritter: Investment Banking, Reputation, and the Underpricing of Initial Public Offerings, in: Journal of Financial Economics, Vol. 15, 1986, S. 213-232.

Beneviste, L.M./P.A. Spindt: How investment bankers determine the offer price and allocation of new stocks, in: Journal of Financial Economics, Vol. 24, 1989, S. 343-361.

Bergmann, Y.Z./J.L. Callen: Opportunistic underinvestment in debt renegotiation and capital structure, in: Journal of Financial Economics, Vol. 29, 1991, S. 137-171.

Berkovitch, E./M.P, Narayanan: Timing of Investment Decisions in Imperfectly Competitive Financial Markets, in: Journal of Business, Vol. 66, 1993, S. 219-248.

Bhattacharya, S./G. Chiesa: Proprietary information, financial intermediation, and research incentives, Discussion Paper No. 186, London School of Economics Financial Markets Group.

Bleymüller, J./G. Gehlert/H. Gülicher: Statistik für Wirtschaftswissenschaftler, München 1994, 2. Aufl.

Booth, J.R./R.L. Smith: Capital raising, underwriting and the certification hypothesis, in: Journal of Financial Economics, Vol. 15, 1986, S. 261-281.

Boubraki, N./ J.C. Cosset: The Financial and Operating Performance of Newly Privatized Firms: Evidence from Developing Countries, in: Journal of Finance, Vol. 53, 1998, S. 1081-1110.

Brealy, R./S.C. Myers: Principles of Corporate Finance, New York, 1991, 4. Aufl.

Büning, H./G. Trenkler: Nichtparametrische statistische Verfahren, Berlin 1994, 2. Aufl.

Busse von Colbe et al.: Ergebnis nach DVFA/SA, Gemeinsame Empfehlung, Stuttgart, 1996, 2. Aufl.

Campell, T.S.: Optimal investment financing decisions and the value of confidentality, in: Journal of Financial and Quantitative Analysis, Vol. 14, 1979, S. 913-924.

Carter, R.B./F.H. Dark/A.K. Singh: Underwriter reputation, initial returns, and the long-run performance of IPO stocks, in: Journal of Finance, Vol. 53, 1998, S. 285-311.

Carter, R./S. Manaster: Initial Public Offerings and Underwriter Reputation, in: Journal of Finance, Vol. 45,1990, S. 1045-1067.

Chaney, P./C.M. Lewis: Income smoothing and underperformance in initial public offerings, in: Journal of Corporate Finance, Vol. 4, 1998, S. 1-29.

Chemmanur, T.J.: The Pricing of Initial Public Offerings: A Dynamic Model with Informationa Production, in: Journal of Finance, Vol. 48, 1993, S. 285-304.

Choe, H./R. Masulis/V. Nanda: Common stock offerings across the business cycle, in: Journal of Empirical Finance, Vol. 1, 1993, S. 3-31.

Coenenberg, AG: Jahresabschluss und Jahresabschlussanalyse, Landsberg/Lech 1995, 15. Aufl.

Cooney, J.W./ A. Kalay: Positive information from equity issue announcements, in: Journal of Financial Economics, Vol. 33, 1993, S. 149-172.

Copeland, T.E./J.F. Weston: Financial theory and corporate policy, Reading Mass. 1992, 2. Aufl.

Cornet, M.M./H. Mehran/H. Tehranian: Are financial markets overly optimistic about the prospects of firms that issue equity? Evidence from voluntary versus involuntary equity issuances by banks, in: Journal of Finance, Vol. 53, 1998, S. 2139-2159.

Daniel, K./D. Hirshleifer/A. Subrahmayam: Investor psychology and security market under- and overreactions, in: Journal of Finance, Vol. 53, 1998, S. 1839-1885.

Dawson, S.M./N. Reiner: Raising capital with initial public share issue in Germany, in: Management International Review, Vol. 28, 1988, S. 64-72.

DeAngelo, L.E.: Accounting Numbers as Market Valuation Substitutes: A Survey of Management Buyouts of Public Stockholders, in: Accounting Review, Vol. 61, 1986, S. 400-420.

DeAngelo, H./L. Angelo: Managerial ownership of voting rights: A study ofdpublic corporations with dual classes of common stock, in: Journal of Financial Economics, Vol. 14, 1985, S. 33-69.

DeAngelo, L.E./R. Masulis: Optimal capital structure under corporate and personal taxation, in: Journal of Financial Economics, Vol. 8, 1980, S. 3-30.

DeBondt, W.F.E./R.Thaler: Does the stock market overreact?, in: Journal of Finance, Vol. 40, 1985, S. 793-805.

DeBondt, W.F.E./R.Thaler: Further evidence on investor overreaction and stock market seasonality, in: Journal of Finance, Vol. 42, 1987, S. 557-581.

Dechow, P.: Accounting earnings and cash flow as measures of firm performance: The role of accruals, in: Journal of Accounting and Economics, Vol. 18, 1994, S. 3-42.

Dechow, P.M./R.G.Sloan/A.P. Sweeney: Detecting Earnings Management, in: Accounting Review, Vol. 70, 1995, S. 193-225.

Degeorge, F/R. Zeckhauser: The Reverse LBO decision and firm performance: Theory and Evidence, in: Journal of Finance, Vol. 48, 1993, S. 1323-1348.

Deutsche Börse AG: www.exchange.de/Internet/exchange/index.htm, 23.2.2000.

Deutsche Bundesbank: Kapitalmarktstatistik Dezember 1999.

Deutsches Aktieninstitut (DAI): Factbook 1999, Frankfurt a. M. 2000.

Diamond, D.W.: Financial intermediation and delegated monitoring, in: Review of Economic Studies, Vol. 51, 1984, S. 393-414.

Dimson, E./P. Marsh: Event study methodology and the size effect – the case of UK press recommendations, in: Journal of Financial Economics, Vol. 17, 1986, S. 113-141.

Döhrmann, A.: Underpricing oder fair value – Das Kursverhalten deutscher Erstemissionen, Diss., Wiesbaden 1990.

D'souza, J./W.L. Megginson: The financial and operating performance of privatized firms during the 1990s, in: Journal of Finance, Vol. 54, 1990, S. 1397-1438.

Eidel, U.: Moderne Verfahren der Unternehmensbewertung und Performance-Messung, Diss., Berlin, 1999.

Erhardt, O.: Börseneinführungen von Aktien am deutschen Kapitalmarkt, Diss., Wiesbaden 1997.

Fama, E.F.: Efficient capital markets: A review of theory and empirical work, in: Journal of Finance, 1970, Vol. 25, S. 383-417.

Fama, E.F.: Agency problems and the theory of the firm, in: Journal of Political Economy, Vol. 88, 1980, S. 288-307.

Fama, E.F.: Efficient capital markets: II, in: Journal of Finance, Vol. 46, 1991, S. 1575-1617.

Fama, E.F.: Common risk factors in the return of stocks and bonds, in: Journal of Financial Economics, Vol. 33, 1993, S. 3-56.

Fama, E.F.: Market efficiency, long-term returns, and behavioral finance, in: Journal of Finance, Vol. 49, 1998, S. 283-306.

Fama, E.F./L. Fisher/M. Jensen/R. Roll: The adjustment of stock prices to new information, in: International Economic Review, Vol. 10, 1969, S. 1-21.

Fama, E.F./K. French: Permanent and temporary components of stock prices, in: Journal of Political Economy, Vol. 96, 1988, S. 246-273.

Fama, E.F./K. French: The cross-section of expected returns, in: Journal of Finance, Vol. 47, 1992, S. 427-465.

Fama, E.F./K. French: Common risk factors in the returns on stocks and bonds, in: Journal of Financial Economics, Vol. 33, 1993, S. 3-56.

Fama, E.F./K. French: Forecasting Profitability and Earnings, in: Journal of Business, Vol. 73, 2000, S. 161-171.

Fazzari, S./ R.G. Hubbard/B.C. Petersen: Financing Constraints and Corporate Investment, in: Brookings Papers on Economic Activity, Vol. 1, 1988, S. 141-195.

Feidicker, M.: Kreditwürdigkeitsprüfung – Entwicklung eines Bonitätsindikators, Diss., Düsseldorf 1992.

Francfort, A.J./B. Rudolph: Zur Entwicklung der Kapitalstrukturen in Deutschlands und in den Vereinigten Staaten von Amerika, in: Zeitschrift für betriebswirtschaftliche Forschung, Nr. 44, 1992, S. 1059-1079.

Friedlan, J.M.: Accounting choices of issures of initial public offerings, in: Contemporary Accounting Research, Vol. 11, 1994, S. 1-31.

Gerke, W.: Capital Market, in: Grochla et al.: Handbook of German business management, Heidelberg 1990.

Gerke, W.: Optimierung der Börsenstruktur, in: Finanzmarkttheorie und Börsenstruktur, hrsg. V. Arbeitsgemeinschaft der Deutschen Wertpapierbörsen, Frankfurt a. M. 1992, S. 197-218.

Gerke, W.: Informationsasymmetrien am Markt für Beteiligungen an mittelständischen Unternehmen, in: Gebhardt, G./W. Gerke/M. Steiner: Handbuch des Finanzmanagements, München, 1993, S. 619-640.

Gerke, W: Agency-Theorie, in: Gerke, W./M. Steiner: Handwörterbuch des Bank- und Finanzwesens, Stuttgart, 1995a, 2. Aufl., S. 18-22.

Gerke, W: Venture Capital, in: Gerke, W./M. Steiner: Handwörterbuch des Bank- und Finanzwesens, Stuttgart, 1995b, 2. Aufl., S. 1885-1890.

Gerke, W./M. Bank: Die Entscheidung zum Going Public unter besonderer Berücksichtigung der Marktmikrostruktur und Informationswirkung, in: Hummel, D./Bühler, W/L.Schuster: Banken in globalen und regionalen Umbruchsituationen, Stuttgart 1997a.

Gerke, W./M. Bank: Möglichkeiten der Berücksichtigung von Handlungsoptionen in der Investitionsrechnung, in: Claussen, C.P./O. Hahn/W. Kraus: Umbruch und Wandel – Herausforderungen zur Jahrtausendwende, München, 1997b, S. 563-579.

Gerke, W./M. Bank: Finanzierung, Grundlagen für die Investitions- und Finanzierungsentscheidung im Unternehmen, Stuttgart 1998.

Gerke, W./R. Bosch: Designated Sponsors im XETRA-Handel, Hrsg. Deutsche Börse AG, Frankfurt am Main, 2000.

Gerke, W. et al.: Probleme deutscher mittelständischer Unternehmen beim Zugang zum Kapitalmarkt, Baden-Baden 1995.

Gerke, W./H.-W. Rapp: Eigenkapitalbeschaffung durch Erstemission von Aktien, in: Gebhardt, G./W. Gerke/M. Steiner: Handbuch des Finanzmanagements, München, 1993, S. 287-312.

Göppl, H./A. Sauer: Die Bewertung von Börsenneulingen: einige empirische Ergebnisse, in: Finanz- und Rechnungswesen, Wiesbaden 1990, S. 157-178.

Göppl, H. et al.: Risk Book, German stocks 1976-1995, Franfurt a. M. 1996.

Goot, van L.R.T.: Valuing new issues, information quality of initial public offerings at the Amsterdam stock exchange, Diss., Amsterdam 1997.

Green, J./S. Scotchmer: Novelty and disclosure in patent law, in: Rand Journal of Economics, Vol. 21, 1990, S. 131-146.

Green, R.C./Talmor: Asset substitution and the agency cost of debt finance, in: Journal of Banking and Finance, Vol. 10, 1986, S. 391-399.

Griffin, D./A.Tversky: The weighting of evidence and the determinants of confidence, in: Cognitive Psychology, Vol. 24, 1992, S. 411-435.

Grinblatt, M/C.Y. Hwang: Signalling and the pricing of new issues, in: Journal of Finance, Vol. 44, 1989, S. 393-420.

Gualtieri, P.: Gli effetti della quotazione ufficiale di borsa sulle gestione finanziaria aziendele, in: Cattaneo, M./F. Cessarini: L'ammissione alla quotazione die borsa: un'analisi interdisciplinare, Mailand 1988, S. 99-169.

Hahn, O.: Finanzwirtschaft, Landsberg/Lech, 1983, 2. Aufl.

Hansen, R.S./Crutchley, C.: Corporate earnings and financings: An empirical analysis, Vol. 63, 1990, S. 347-371.

Harris, M./A. Raviv: The theory of capital structure, in: Journal of Finance, Vol. 45, 1991, S. 321-349.

Hart, O.: The market mechanism as an incentive scheme, in: Bell Journal of Economics, Vol. 14, 1983, S. 366-382.

Hart, O.: Firms, contracts, and financial structure, Oxford 1995.

Healy, P.M: The Effect of Bonus Schemes on Accounting Decisions, in: Journal of Accounting and Economics, Vol. 21, 1985, S. 85-107.

Heigl, A.: Unternehmensbesteuerung, München, 1994

Hellwege, J./N. Liang: Is there a pecking order? Evidence from a panel of IPO firms, in: Journal of Financial Economics, Vol. 40, 1996, 429-458.

Hirshleifer, J.: Investment, Interest and Capital, Englewood Cliffs, 1970.

Hoppenstedt: Bilanzdatenbank Benutzerhandbuch, Darmstadt, o. J.

Hoshi, T./A. Kashyap/D. Scharfstein: Corporate structure, liquidity, and investment: evidence from Japanese industrial groups, in: Quartely Journal of Ecoonomics, Vol. 56, 1991, S. 33-60.

Hüls, D.: Früherkennung insolvenzgefährdeter Unternehmen, Diss., Düsseldorf 1995.

Husmann, R.: Analyse der wirtschaftlichen Lage des Konzerns im Rahmen der Konzernabschlussprüfung, Diss., München, 1997.

Ibbotson, R.G.: Price performance of common stock new issue, in: Journal of Financial Economics, Vol. 3, 1975, S. 235-272.

Ibbotson, R.G./J. Jaffe: Hot issue markets, in: Journal of Finance, Vol. 30, 1975, S. 1027-1042.

Jaffee, D.M./T. Russel: Imperfect information, uncertainty and credit rationing, in: Quarterly Journal of Economics, Vol. 90, 1976, S. 651-666.

Jegadeesh, N./M. Weinstein/I. Welch: IPO signaling and subsequent equity offerings: An empirical investigation, in: Journal of Financial Economics, Vol. 34, 1993, S. 153-176.

Jain, B.A./O. Kini: The Post-Issue Operating Performance of IPO Firms, in: Journal of Finance, Vol. 49, No. 5, 1994, S. 1699-1726.

Jenkinson, T./A. Ljungqvist: Going Public, Oxford 1996.

Jensen, M.C.: Agency costs of free cash flow, corporate finance, and takeover defense, in: American Economic Review Vol. 76, 1986, S. 323-329.

Jensen, M.C.: The Modern Industrial Revolution, Exit, and the Failure of Internal Control System, in: Journal of Finance, Vol. 48, 1993, S. 831-880.

Jensen, M.C./W.H. Meckling: Theory of the firm: Managerial behavior, agency costs and ownership structure, in: Journal of Financial Economics 3, 1976, S. 306-360.

Jensen, M.C/K.J. Murphy: Performance pay and top-management incentives, in: Journal of Political Economy, Vol. 98, 1990, S. 225-264.

Jung, K./Y.C. Kim/R.M. Stulz: Timing investment opportunities, managerial discretion, and the security issue decision, in: Journal of Financial Economics, Vol. 42, 1996, S. 159-185.

Kang, S./K. Sivaramakrishnan: Issues in testing earnings management and an instrumental variable approach, in: Journal of Accounting Research, Vol. 33, 1995, S. 353-367.

Kaserer, C.: Underpricing, Unternehmenskontrolle und die Rolle der Banken, in: Der Gang an die Börse, Skriptum der Humboldt Universität Berlin zur wissenschaftlichen Konferenz am 25. September 1996, Berlin.

Kaserer, C./V. Kempf: Das Underpricing-Phänomen am deutschen Kapitalmarkt und seine Ursachen, in: Zeitschrift für Bankenrecht und Bankwirtschaft, Heft 1, 1995, S. 45-68.

Kellog, I./L. Kellog: Fraud, window dressing, and negligence in financial statements, Shepard's Commercial Law Series, McGraw Hill, 1994.

Keloharju, M.: The winner's curse, legal liability, and the long-run price performance of initial public offerings in Finland, in: Journal of Financial Economics, vol. 34, 1993, S. 251-277.

Kim, J.-B./I. Krinsky/J. Lee: The aftermarket performance of initial public offerings in Korea, in: Pacific-Basin Finance Journal, Vol. 3, 1995, S. 429-448.

Kim, M./V. Maksimovic: Technology, debt and the exploitation of growth options, in: Journal of Banking and Finance, Vol. 14, 1990, S. 1113-1131.

Korajczyk, R./D.Lucas/R. McDonald: The effect of information releases on the Pricing and Timing of Equity Issues, in: Review of Financial Studies, Vol. 4, 1991, S. 685-708.

Kraus, A./R. Litzenberger: A state preference model for optimal financial leverage, in: Journal of Finance, Vol. 28, 1973, S. 911-922.

Küting, K./C.-P. Weber: Die Bilanzanalyse, Stuttgart, 1997a, 3. Aufl.

Küting, K./C.-P. Weber: Der Konzernabschluss, Stuttgart, 1997b, 4. Aufl.

Küting, K.: Möglichkeiten und Grenzen der Bilanzanalyse am Neuen Markt (Teil II), in: Finanzbetrieb, Nr.11, 2000, S.674-683.

Langemann, A.: Ökonomische Vorteile eines Börsengangs: theoretische Begründbarkeit und empirische Evidenz, Diss., Frankfurt am Main, 2000.

Lee, I.: Do managers knowingly sell overvalued equity?, in: Journal of Finance, Vol. 52, 1997, S. 1439-1466.

Lee, P.J./S.L. Taylor/T.S. Walter: Expected and realized returns for Singaporean IPOs: Initial and long-run analysis, in: Pacific Basin Finance Journal, Vol. 4, 1996. S.153-180.

Leland, H.E./D. Pyle: Informational asymmetries, financial structure, and financial intermediation, in: Journal of Finance, Vol. 32, 1977, S. 371-387.

Lerner, J.: Venture capitalists and the decision to go public, in: Journal of Financial Economics, Vol. 35, 1994, S. 293-316.

Levis, M.: The long-run performance of initial public offerings: The U.K. Experience 1980-1988, in: Financial Management, Vol. 22, 1993, S. 28-41.

Lintner, J.: Distributions of incomes of corporations among dividends, retained earnings and taxes, in: American Economic Review, Vol. 46, 1956, S. 97-113.

Ljungquist, A.P.: Underpricing and long-term performance of German initial public offerings, 1978-92, Arbeitspapier, 1994, Nuffield Collgege, Oxford.

Ljungquist, A.P.: Pricing initial public offerings: Further evidence from Germany, in: Eruopean Economic Review, Vol. 41, 1997, S. 1309-1320.

Löffler, G.: Zeichnungsrenditen am Neuen Markt: Gleichgewicht oder Ineffizienz, Arbeitspapier, Johann Wolfgang Goethe-Universität, Frankfurt am Main, 2000

Logue, D.E.: On the pricing of unseasoned equity issues, 1965-1969, in: Journal of Financial and Quantitative Analysis, Vol. 8, 1973, S. 91-103.

Loughran, T.: NYSE vs. NASDAQ returns: Market microstructure of the poor performance of initial public offerings?, in: Journal of Financial Economics, Vol. 33, 1993, S. 241-260.

Loughran, T./J.R. Ritter: The new issues puzzle, in: Journal of Finance, Vol. 50, 1995, S. 23-51.

Loughran, T./J.R. Ritter: Operating performance of firms conducting seasoned equity offerings, in: Journal of Finance, Vol. 52, 1997, S. 1823-1850.

Loughran, T./ J.R. Ritter/K. Rydquist: Initial public offerings, international insights, in: Pacific Basin Finance Journal, Vol. 2, 1994, S. 165-199.

Lucas, D./R. McDonald: Equity issues and stock price dynamics, in: Journal of Finance, Vol. 45, 1991, S. 1019-1043.

Mann, S.V./N.W. Sichermann: The agency costs of free cash flow: acquisition activity and equity issues, in: Journal of Business, Vol. 64, S. 213-227.

Markowitz, H.: Portfolio Selection, in: Journal of Finance, Vol. 7, 1951, S. 77-91.

Markowitz, H.: Portfolio Selection. Efficient diversification of instruments, New York, 1959.

Marsh, P.: The choice between equity and debt: An empirical study, in: Journal of Finance, Vol. 37, 1982, S. 121-144.

Megginson, W.L./R.C. Nash/M. van Randenborgh: The financial and operating performance of newly privatised firms: An international empirical analysis, in: Journal of Finance , Vol. 49, 1994, S. 403-452.

Mella, F.: Aus Sicht der Anleger: Chancen und Risiken von Neuemissionen, in: Herdt, H.K./E. Padberg/D. Walther: Der Gang an die Börse, Düsseldorf, 1988, S. 52-58.

Mikkelson, W./M. Partch /K. Shaw: Ownership and operating performance of companies that go public, in: Journal of Financial Economics, Vol. 7, 1997, S. 279-308.

Milgrom, P./J. Roberts: Economics, Organizations and Management, Englewood Cliffs, NJ: Prentice Hall, 1992.

Miller, M.H.: Debt and Taxes, in: Journal of Finance, Vol. 32, 1977, S. 261-275.

Miller, M.H./F. Modigliani: Dividende policy, growth, and the valuation of shares, in: Journal of Business, Vol. 34, 1961, S.411-433.

Miller, M.H./K. Rock: Dividend policy under asymmetric information, in: Journal of Finance, Vol. 40, 1985, S. 1031-1051.

Mitchel, M./E. Stafford: Managerial decisions and long-term stock price performance, in: Journal of Business, Vol. 73, 2000, S. 287-329.

Modigliani, F./M.H. Miller: The cost of capital, corporation finance and the theory of investment, in: American Economic Review, Vol.48, 1958, S. 261-297.

Moore, G.H.: Business cycles, inflation and forecasting, National Bureau of Economic Studies in Business Cycles, Nr. 24, Ballinger Publishing Company, 1980.

Moxter, A.: Optimaler Verschuldungsgrad und Modigliani-Miller-Theorem, in: Forster, K.-H/P. Schuhmacher, 1970, S. 128-155.

Muscarella, C.J./M.R. Vetsuypens: Efficiency and organizational structure: A study of reverse LBOs, in: Journal of Finance, Vol. 45, 1990, S. 1389-1413.

Myers, S.: Determinants of Corporate Borrowing, in: Journal of Financial Economics, Vol. 5, 1977, S. 147-175.

Myers, S.: The capital structure puzzle, in: Journal of Finance, Vol. 39, 1984, S. 575-592.

Myers, S./N. Majluf: Corporate financing and investment decisions when firms have information that investors do not have, in: Journal of Financial Economics, Vol. 13, 1984, S. 187-221.

Neumann, M.: Theoretische Volkswirtschaftslehre III, München, 1982.

Neuss, W.: Unterbewertung beim Gang an die Börse: Ein Modell mit Informationsvorsprung eines Teils der Anleger, in: Zeitschrift für betriebswirtschaftliche Forschung, Jg. 46, 1994, S. 145-170.

Odean, T: Are investors reluctant to realize their losses? In: Journal of Finance, Vol. 53, 1998, S. 1775-1798.

Oerke, M.: Ad-Hoc-Mitteilungen und deutscher Aktienmarkt, Diss., Wiesbaden 1999.

Ohlson, J.A.: Earnings, Book Values, and Dividends in Equity Valuation, in: Contemporary Accounting Review, Vol. 11, 1995, S. 661-687.

Opler, T.C/S. Titman: Financial distress and corporate performance, in: Journal of Finance, Vol. 49, 1994, S. 1015-1040.

Pagano, M.: The flotation of companies on the stock market – a coordination failure model, in: European Economic Review, Vol. 37, 1993, S. 1101-1125.

Pagano, M./F. Panetta/L. Zingales: Why do companies go public? An empirical analysis, in: Journal of Finance, Vol. 53, 1998, S. 27-64.

Peemöller, V.H.: Der Aufsichtsrat in der Krise, Aufgaben, Problemfelder, Verbesserungsmöglichkeiten, in: Schachtschneider, K.A.: Wirtschaft, Gesellschaft und Staat im Umbruch, Festschrift der Wirtschafts- und Sozialwissenschaftlichen Fakultät der Friedrich-Alexander-Universität Erlangen-Nürnberg 75 Jahre nach der Errichtung der Handelshochschule Nürnberg, Berlin 1995, S. 183-201.

Peemöller, V.H./R., Husmann: Stand und Entwicklung der Währungsumrechnung ausgewählter Konzerne in Deutschland, in: Deutsche Betriebswirtschaft, 1996, S. 101-107.

Rajan, G. Raghuram / Luigi Zingales: What do we know about capital structure? Some evidence from international data, in: Journal of Finance, Vol. 50, 1994, S. 1421-1460.

Rajan, R./H. Servaes: Analysts following of initial public offerings, in: Journal of Finance, Vol. 52, 1997, S. 507-529.

Richter, W.F./W. Wiegard: Zwanzig Jahre „Neue Finanzwirtschaft" – Teil I: Überblick und Theorie des Marktversagens, in: Zeitschrift für Wirtschafts- und Sozialwissenschaften, Vol. 113, 1993, S. 169-224.

Ritter, J.R.: The „hot issue market of 1980, in: Journal of Business, Vol. 57, 1984, S. 215-240.

Ritter, J.R.: The long-run performance of initial public offerings, in: Journal of Finance, Vol. 46, 1991, S. 3-28.

Ritter, J.R.: Initial Public Offerings, in: Jarrow, R. et al.: Handbooks in OR & MS, Vol. 9, 1995, S.993-1016.

Robichek, A./S.Myers: Optimal financing decisions, Englewood Cliffs, 1965.

Rock, K.: Why new issues are underpriced, in: Journal of Financial Economics, Vol. 15, 1986, S. 187-212.

Roosenboom, P./T. van der Goot/G. Mertens: Myopic earnings management or income smoothing? An empirical analysis of dutch IPOs, Universitäten Tilburg und Amsterdam/Niederlande, Arbeitspapier Stand April 1999.

Ross, S.A.: The determination of financial structure: The incentive signalling approach, in: Bell Journal of Economics, Vol. 8, 1977, S. 23-40.

Ruud, J.S: Underwriter price support and the IPO underpricing puzzle, in: Journal of Financial Economics, Vol. 34, 1993, S. 135-151.

Sachs, L.: Angewandte Statistik, Berlin, 1992, 7. Aufl.

Sapusek, A.: Fundamental Performance of Initial Public Offerings: Empirical Evidence from Germany, Martin-Luther-Universität Halle-Wittenberg, Betriebswirtschaftliche Diskussionsbeiträge, Beitragsnummer 98,25, 1998.

Sapusek, A.: Benchmark-Sensitivity of IPO long-run performance: An empirical Study for Germany, in: Schmalenbach Business Review, Vol. 52, 2000, S. 374-405.

Scheffler, W.: Betriebswirtschaftliche Analyse der Steuerbegünstigungen für Investitionen in den neuen Bundesländern, in: Deutsches Steuerrecht, Nr. 16, 1991, S. 524-531.

Scheffler, W.: Einfluss der Besteuerung auf die Finanzierungspolitik eines internationalen Konzerns, in: Deutsches Steuerrecht, 1992, S. 118-125.

Scheffler, W.: Besteuerung von Unternehmen, Band 1, Heidelberg 1998, 3. Aufl.

Schmidt, R.H. et al.: Underpricing bei deutschen Erstemissionen 1984/85, in: Zeitschrift für Betriebswirtschaft, Heft 11, 1989, S. 1193-1203.

Schwenold, F.: Logit-Analysen externer Finanzierungsentscheidungen börsennotierter deutscher Aktiengesellschaften, Arbeitsbericht Johann Wolfgang Goehte-Universität/Frankfurt a.M., Stand Februar 1999.

Schwert, G.W.: Why does stock market volatility change over time? in: Journal of Finance, Vol. 44, 1989, S. 1115-1153.

Seelbach, H.: Finanzierung, München 1980.

Sharpe, W.F.: Capital asset prices: A theory of equilibrium under conditions of risk, in: Journal of Finance, Vol. 19, 1964, S. 425-442.

Shiller, R.J.: Speculative prices and popular models, in: Journal of Economic Perspective, Vol. 4, 1990, S. 55-65.

Shleifer, A./R. Vishny: Large shareholders and corporate control, in: Journal of Political Economy, Vol. 94, 1986, S. 461-488.

Shyam-Sunder, L./S.C. Myers: Testing static tradeoff against pecking order models of capital structure, in: Journal of Financial Economics, Vol. 51, 1999, S. 219-244.

Skinner, D.J.: The investment opportunity set and accounting procedure choice, in: Journal of Accounting and Economics, Vol. 16, 1993, S. 407-445.

Stehle, R: Eigenkapitalquoten und Fremdkapitalstruktur börsennotierter deutscher Aktiengesellschaften, Zeitschrift für betriebswirtschaftliche Forschung, Vol. 64, 1994, S. 811-837.

Stehle, R./O. Erhardt: Renditen bei Börseneinführungen am deutschen Kapitalmarkt, in: Zeitschrift für Betriebswirtschaft, 1999, S. 1395-1422.

Steib, S./N. Mohan.: The German reunification, changing capital market conditions, and the performance of german initial public offerings, in: Quarterly Review of Economics and Finance, Vol. 37, 1997, S. 115-137.

Steiger, M.: Institutionelle Investoren im Spannungsfeld zwischen Aktienmarktliquidität und Corporate Governance, Diss., Baden-Baden 2000.

Stein, J.: Efficient Capital Markets, Inefficient Firms: A Model of Myopic Corporate Behavior, in: Quarterly Journal of Financial Economics, Vol. 104, 1989, S. 655-669.

Stern, R.L./P. Bornstein: Why new issues are lousy investments, in: Forbes Magazine, Dezember 1985, S. 152-190.

Stiglitz, J.E./A. Weiss: Credit rationing in markets with imperfect information, in: American Economic Review, Vol. 71, 1981, S. 393-410.

Stulz, R.M.: Managerial discretion and optimal financing policies, in: Journal of Financial Economics, Vol. 26, 1990, S. 3-27.

Syham-Sunder, L./Myers, S.C.: Testing static tradeoff against pecking order models of capital structure, in: Journal of Financial Economics, Vol. 51, 1999, S. 219-244.

Szewczyk, S./R. Varma: Raising capital with private placement of cebt, in: Journal of Financial Services, Vol. 14, 1991, S. 1-13.

Teoh, S.H./Welch,I./T.J. Wong: Earnings Management and the Long-Rung Market Performance of Initial Public Offerings, in: Journal of Finance, Vol. 53, 1998a, S. 1935-1974.

Teoh, S.H./Welch,I./T.J. Wong: Earnings Management and the Underperformance of Seasoned Equity Offerings, in: Journal of Financial Economics, Vol. 50, 1998b, S. 63-99.

Tinic, S.M.: Anatomy of initial public offerings of common stocks, in: Journal of Finance, Vol. 43, 1988, s. 1935-1974.

Titman, S./R. Wesels: The determinants of capital structure choice, in: Journal of Finance, Vol. 43, 1988, S. 1-19.

Uhlir, H.: Going public in the F.R.G., in: Guimares R. et al.: A reappraisal of the efficiency of financial markets, Berlin 1989, S. 369-393.

Yosha, O.: Information disclosure cost and the choice of financing source, in: Journal of Financial Intermediation, Vol. 4, 1995, S. 460-482.

Wasserfallen, W./C.Wittleder: Pricing initial public offerings, in: European Economic Review, Vol. 38, 1994, S. 1505-1517.

Weigand, J.: Unternehmenssteuerung, Rentabilität und Kapitalstruktur, unveröffentlichte Habilitationsschrift, Universität Erlangen-Nürnberg, 1999.

Welch, I.: Seasoned offerings, imitation costs, and the underpricing of initial public offerings, in: Journal of Finance, Vol. 44, 1989, S. 421-450.

Welch, L.: Sequential sales, learning and cascades, in: Journal of Finance, Vol. 47, 1992, S. 695-732.

Wenger, E.: Die Rolle der Banken in der Industriefinanzierung und in der Unternehmenskontrolle am Beispiel der Bundesrepublik Deutschland, in: Wirtschaftspolitische Blätter, Nr. 2-3, 1990, S. 155-168.

Wenger, E./C. Kaserer: The german system of corporate governance – a model which should not be imitated, in: Black, S.W./M. Moeschl: Concepts and convergence of financial markets, Amsterdam, 1998, S. 41-78.

Weston, J.F./K.S. Chung/J.A. Siu: Takeovers, restructuring, and corporate finance, London 1998, 2. Aufl.

White, F.I./A.C. Sondhi/D. Fried: The Analysis and Use of Financial Statements, New York 1994.

Whited, T.: Debt, liquidity constraints, and corporate investment: evidence from panel data, in: Journal of Finance, Vol. 47, S. 1425-1460.

Wittleder, C.: Die Publikumsöffnung deutscher Aktiengesellschaften, Diss., Köln 1989.

Wöhe, G.: Betriebswirtschaftliche Steuerlehre I/1, Die Steuern des Unternehmens – Das Besteuerungsverfahren, München, 1988, 6. Aufl.

Wohlschieß, V.: Unternehmensfinanzierung bei asymmetrischer Informationsverteilung, Diss., Wiesbaden 1996.

Wruck, K.H.: Equity ownership concentration and firm value – evidence from private equity financings, in: Journal of Financial Economics, Vol. 23, 1989, S. 3-28.

Wu, C.: Information Asymmetry and the sinking fund provision, Journal of Financial and Quantitative Analysis 28(3), 1993, S.399-416.

Zeckhauser, T.J./J.Pound: Are large shareholders effective monitors? An investigation of share ownership and corporate performance, in: Hubbard, R.G.: Asymmetric Information, corporate finance, and investment, Chicago 1990, S. 149-180

Zingales, L.: Insider ownership and the decision to go public, in: Review of Economic Studies, Vol. 62, 1995, S. 425-448.

Zwiebel, J.: Dynamic Capital Structure under Management Entrenchment, in: American Economic Review, Vol. 86, 1996, S. 1197-1215.

GPSR Compliance

The European Union's (EU) General Product Safety Regulation (GPSR) is a set of rules that requires consumer products to be safe and our obligations to ensure this.

If you have any concerns about our products, you can contact us on ProductSafety@springernature.com

In case Publisher is established outside the EU, the EU authorized representative is:

Springer Nature Customer Service Center GmbH
Europaplatz 3
69115 Heidelberg, Germany

Batch number: 10815964

Printed by Printforce, the Netherlands